3訂版
運動生理学の基礎と発展

執筆者

第1章	森本　茂	（横浜国立大学名誉教授）
	加茂　美冬	（元日本女子体育大学教授）
第2章	桜井智野風	（桐蔭横浜大学教授）
第3章	竹倉　宏明	（元鹿屋体育大学教授）
	春日　規克	（愛知教育大学教授）
第4章	宮地　元彦	（医薬基盤・健康・栄養研究所部長）
	荻田　太	（鹿屋体育大学教授）
第5章	荻田　太	（鹿屋体育大学教授）
	宮地　元彦	（医薬基盤・健康・栄養研究所部長）
第6章	田中　弘之	（鳴門教育大学大学院教授）
第7章	春日　規克	（愛知教育大学教授）
第8章	湊　久美子	（和洋女子大学教授）
第9章	田巻　弘之	（新潟医療福祉大学教授）
	春日　規克	（愛知教育大学教授）
第10章	小坂井留美	（北翔大学教授）
	小野寺　昇	（川崎医療福祉大学教授）
	春日　規克	（愛知教育大学教授）

3訂版の序

　前回の改訂からかなりの年数が経ち，この間に何度もの授業を繰り返す中で気づいた説明不足や従来では知り得なかった新たな知見を加えることで，運動場面で起こる生体内の事象を理解しやすくすることを今回の3訂版の目的とした．

　医学，生物学の最近の発展には目覚しいものがあり，生体内での遺伝子や分子の営みの解明が急速に進んでいる．それらの知識を基盤とする運動生理学の研究においても新しい知見は増え続けている．しかし，それらすべてをこのテキストで取り上げ説明し，最先端の科学を示すことが使命ではない．このテキストはあくまで，初めて運動生理学を学ぼうとする学生たちにとって，スポーツ科学としての生理学をより理解しやすいものとすることを目指すものである．しかし，科学が進む以上は，その科学を理解するための基礎知識も増やさざる得ない．また，本書から運動生理学を学ぼうとする学生たちの多くは，運動が生体におよぼす影響や，運動と栄養の組み合わせ，気温など異なる外環境下の運動による生体への影響などを十分に理解していることを求められる職業を将来に希望していると考えられる．現代社会において，健康に関する情報が専門書以外の一般書籍やマスコミでも溢れている中で，それらを理解し，また，正しい情報を抽出し活用していく力を身につけておくことが求められる．今回の改訂に際しては，生理学の基礎的内容や分子レベルの知見が各章に加筆されている．これは運動生理学研究の発展にともなって一般化されつつある運動に対する生体反応の知見をより理解するために，それらの基礎的知識の必要性を感じたためである．

　運動生理学を学ぼうとする学生たちの多くは，自らの豊富な運動体験を持ち，運動時に起こる鼓動や息遣いの変化，時には痛みなどを通して生体変化を強く感じている．生体変化はすべてが物理化学的変化で説明できるはずであるが，運動時に自らの内部に感じられた変化を物理化学的に置き換える事はとても困難である．運動を引き起こす脳神経の活動電位変動，神経からの指令を受けた骨格筋のたんぱく質の立体構造の変化や収縮による筋力発現の物理的メカニ

ズム，動力源となるエネルギー産生系や運動の維持を可能とする呼吸・循環器の酸素取り込み・運搬・利用・代謝過程での化学的しくみ，また正常な働きを維持調節するための内分泌や泌尿器系，免疫機構，酸塩基平衡の分子の振るまいなど，それ一つ一つはかなりの細部まで解明されて来ている．しかし逆に，それらが相互に協応連絡して，ダイナミックな運動の中で生体機能をいかに安定的させているかといった統合的機能の理解までには到底達していない．

　運動生理学とは，解剖学，生理学などの基礎医学と生物学などを基盤とする学問であるが，運動という生体の統合した機能を説明することが使命ゆえに，基礎研究だけでは到底理解できていない学問領域に踏み込んで考察しなくてはならない困難さがある．それがゆえに，自らの体の変化を感じたことのある運動経験は，本書が示す生体の科学性の理解に大いに助けとなると考える．本書は，基礎的知見と運動生理学研究から得られた知識を基に，運動時の生体内のドラマチックな変化を想定できるように記述したものであり，是非，自らの運動経験に照らし合わせて，運動により起きる生理現象について理解を深めていただければ幸いである．

　　　2018 年 8 月

　　　　　　　　　　　　　　執筆者一同

目　次

第1章　運動と神経・感覚 ―――――――――――――――――――――― 1
―運動を発現させ，動きを制御するしくみ―

基礎編

神経系による運動発現のしくみ ―――――― 2

1．神経系とは ―――――――――――― 2
 1）神経系の分類
 2）末梢神経と中枢神経との関係
 3）神経系を構成する細胞
2．ニューロンにおける情報の伝達 ―― 5
 1）静止電位と活動電位
 2）活動電位の伝導
 3）シナプス伝達―ニューロンから
 　　ニューロンへの連絡―
 4）ニューロンにおける情報の統合
3．反射のしくみ ―――――――――― 8
 1）感覚の受容と適刺激
 2）体性反射とその例
 3）自律反射―反射による内臓の調
 　　節―
4．中枢神経と身体運動 ―――――― 13
 1）大脳皮質―運動野と感覚野―
 2）大脳基底核
 3）大脳辺縁系
 4）間脳
 5）小脳
 6）脳幹
 7）脊髄

発展編

運動の発現とパフォーマンス ―――――― 15

1．不随意運動 ―――――――――― 15
 1）反射運動
 2）定型運動（自動運動）
2．随意運動 ―――――――――――― 17
 1）運動の発動欲求とプランの作成
 2）運動プログラム・戦術の選択と
 　　形成
 3）運動の実行
 4）運動単位による運動の調節
3．神経・感覚と体力 ―――――――― 22
 1）神経系の働きと筋力
 2）神経系の働きとパワー
 3）神経系の働きと持久力（筋疲労）
 4）神経系の働きと敏捷性
 5）神経系の働きとバランス能力
 6）神経系の働きと柔軟性
4．神経・感覚とスキル ―――――――― 28
 1）スキルと反射
 2）感覚と予測
 3）スキルの発達とニューロンの適応
 4）スキルと小脳の働き
5．筋における神経活動の記録方法 ― 31
 1）筋電図
 2）筋音図
6．脳における神経活動の計測方法
 ―――――――――――――――― 34

第2章　運動とホルモン ―――――――――――――――――――――――― 37
―内分泌系と自律神経によるコンディションの調節―

基礎編

ホルモンの作用 ―――――――――――― 38

1．ホルモンとは何か？ ――――――― 38
 1）内分泌とは
 2）おもな内分泌腺
 3）ホルモン作用の特性
 4）ホルモンの分類

発展編

運動とホルモン分泌の変化 ――――――― 45

1．運動によるホルモン分泌 ――――― 45
2．運動とホルモンの作用 ―――――― 46
 1）運動による筋の発達とホルモン
 2）運動による骨代謝とホルモン
 3）運動による糖代謝とホルモン

2．おもなホルモンとその生理機能——40
3．自律神経とホルモンの連携
　　——————————42
　　1）自律神経とホルモンの情報伝達
　　2）自律神経の拮抗作用
　　3）その他の情報伝達

4）運動による脂肪代謝とホルモン
3．運動によるストレスとホルモン
　　——————————53
　　1）脳などの中枢の興奮によるスト
　　　　レスとホルモン作用
　　2）筋収縮によるストレスとホルモ
　　　　ン作用
　　3）運動の代謝産物によるストレス
　　　　とホルモン作用
4．運動時の水分調節とホルモン——54
5．体温調節とホルモン——————56

第3章　運動と筋肉 ————————————————59
—力発揮のしくみと筋力トレーニング—

基礎編
骨格筋の構造と働き ————————60
1．骨格筋の微細構造————————60
2．骨格筋が収縮するしくみ
　　—興奮収縮連関と滑走説— ——62
　　1）活動電位と筋収縮
　　2）興奮収縮連関
　　3）筋収縮のメカニズム—滑走説—
3．筋収縮のためのエネルギー——64
　　1）筋収縮のエネルギー
　　2）骨格筋中のATP
　　3）無酸素系ATP合成機構
　　4）有酸素系ATP合成機構
　　5）エネルギー産生と運動の持続
4．筋線維タイプ————————67
　　1）赤筋と白筋，遅筋と速筋
　　2）筋線維タイプの分類方法
　　3）Type I 線維と Type II 線維
　　　　—収縮速度の違いによる分類—
　　4）SO線維，FOG線維，FG線維
　　　　—収縮速度+酵素活性による分類—

発展編
運動と骨格筋の変化 ————————70
1．運動と筋力，筋肥大————68
　　1）筋収縮の3様式
　　2）最大筋力を決める要因
　　3）筋肥大のしくみ
　　4）筋線維の萎縮
2．運動と筋線維タイプ————75
　　1）短距離選手とマラソン選手の筋
　　　　線維
　　2）筋線維タイプの決定
　　3）トレーニングによる筋線維タイ
　　　　プの移行
3．骨格筋のトレーニングの概要——78
　　1）瞬発的トレーニングと骨格筋
　　2）筋力トレーニングと骨格筋
　　3）持久的トレーニングと骨格筋
　　4）イメージトレーニングによる筋
　　　　力増大
　　5）トレーニングの種類と骨格筋の
　　　　機能変化
4．運動と筋疲労————————81
　　1）筋疲労とは
　　2）中枢性疲労と末梢性疲労
　　3）乳酸—単なる疲労物質ではない—

5．運動と筋肉痛—————————84
　　1）遅発性筋肉痛—翌日身体が痛い
　　2）筋肉痛が起こるしくみ
　　3）筋肉痛と加齢

第4章　運動と呼吸—————————89
―酸素の取り込みと呼吸機能の調節―

基礎編

呼吸器の構造と働き—————90
　1．呼吸器の構造—————90
　2．呼吸器の働き—————90
　　1）酸素の取り込みと二酸化炭素の
　　　　排出
　　2）呼吸の調節
　　3）ガス交換のしくみ
　　4）呼吸機能の測定

発展編

運動と呼吸機能の調節—————95
　1．運動にともなう呼吸の変化—————97
　　1）呼吸数と換気量の変化
　　2）動脈血の酸素飽和度の変化
　　3）運動強度と換気量の変化
　　　　―無酸素性作業閾値，換気性閾
　　　　値―
　2．運動時の酸素利用—————99
　　1）酸素摂取量，酸素借，酸素負債の
　　　　変化
　　2）最大酸素摂取量と最大酸素借の
　　　　変化
　3．トレーニングによる呼吸機能の適応
　　　　—————105
　　1）トレーニングによる最大酸素摂
　　　　取量の向上
　　2）トレーニングによる呼吸機能の
　　　　向上

第5章　運動と循環—————————111
―身体の流通システム―

基礎編

循環のしくみと働き—————112
　1．心臓・血管系の構造—————112
　　1）血液の循環経路―体循環と肺循
　　　　環―
　　2）心臓の構造
　　3）刺激伝導系
　　4）血管系
　2．循環機能の働き—————114
　　1）心拍数，1回拍出量，心拍出量

発展編

運動と循環機能のコントロール—————121
　1．運動にともなう循環機能の変化
　　　　—————121
　　1）運動時の心拍数の変化
　　2）運動時の1回拍出量の変化
　　3）運動時の心拍出量の変化
　　4）運動時の血圧の変化
　2．トレーニングによる循環機能の適
　　　　応—————126

2）血圧
3）血管のポンプ作用
3．循環機能の調節——————116
1）心臓中枢による循環調節
2）血圧の調節
4．循環機能の測定——————118
1）心電図—心臓の健康診査—
2）血圧測定—血管の健康診査—

1）トレーニングによる心臓の適応
2）トレーニングによる動脈の適応
3）トレーニングによる毛細血管の
適応
4）トレーニングによる持久性能力の
向上
5）不活動による循環機能の適応

第6章　運動と血液・尿——————135
—身体の流通物質の働きと調節—

基礎編

血液の成分と働き——————136
1．血液成分——————136
1）血漿成分
2）血球成分

発展編

運動と血液の動態——————140
1．運動と血球成分の変化——————140
1）運動による赤血球数の変化
2）運動による血液粘度の変化
3）高地トレーニングと赤血球の変化
4）運動性貧血
5）運動による血小板の変化
2．運動による免疫系への影響——146
3．運動による血清逸脱酵素の変化
——————147
4．運動と血液緩衝作用——————148

基礎編

尿の生成と排泄——————152
1．尿の生成と排泄——————152
1）腎臓の構造と機能
2）糸球体濾過
3）近位尿細管
4）遠位尿細管と集合管
5）腎臓による酸塩基平衡の調節

発展編

運動と尿の動態——————156
1．運動による腎機能の変化——————156
1）運動による尿量の変化と血圧の
調節
2）運動による尿成分の変化
2．血液・尿分析とドーピング
——————161

第7章　運動と体温——————165
—体温調節の重要性とそのしくみ—

基礎編

体温調節のしくみ——————166
1．体温とは——————166
1）体内温度の分布
2）環境温による皮膚温の変化
2．体熱平衡——————167

発展編

運動時の体温調節——————175
1．運動と体温調節——————175
1）運動時の体温変化
2）準備運動による体温（筋温）上昇

1）熱の伝導と対流
2）熱の輻射と蒸発
3）体熱放散の割合
4）暑さ，寒さの感覚
3．体温調節中枢―――――169
1）温度の感覚器と体温調節中枢
2）体温のセットポイント
4．環境温と体温調節―――――170
1）恒常的体温調節域
2）高温環境での体温調節
3）低温環境での体温調節

2．高温環境下の運動―――――177
1）運動時のセットポント
2）高温下の長時間運動時と
体温調節
3）高温高湿下での身体反応―熱中
症―
3．低温環境下の運動―――――182
1）低温下の長時間運動
2）低温下の運動機能
3）低水温時の身体反応
4）低体温での身体反応
5）寒冷下による局所障害
4．発汗機能のトレーニング効果―185

第8章　運動と栄養・代謝―――――――――――――189
―栄養の働きと運動時のエネルギー代謝―

基礎編
栄養・食事とエネルギー―――――190
1．栄養素，食品と食事―――――190
1）栄養と栄養素
2）食品と食品群
3）献立構成
2．栄養素の特徴と食品―――――192
1）たんぱく質
2）脂質
3）炭水化物
4）ビタミン
5）ミネラル（無機質）
3．健康的な栄養・食事―――――195
1）PFC比率（エネルギー比率）
2）スポーツ選手の栄養・食事
3）スポーツ選手の減量と栄養・食事

発展編
運動とエネルギー代謝―――――199
1．栄養素がエネルギーに変換されるし
くみ――――――――――199
1）運動のエネルギー源
2）熱源栄養素の代謝
2．運動時のエネルギー代謝量―――205
1）運動時のエネルギー消費（代謝）
量
2）日常生活中のエネルギー消費（代
謝）量
3．スポーツ活動と栄養―――――208
1）運動時のエネルギー源と炭水化
物・脂質
2）スポーツ選手の身体づくりと栄養
3）スポーツ選手の栄養アセスメント

第9章　運動と発育・発達―――――――――――――217
―発育・発達のメカニズムと運動の効果―

基礎編
発育・発達の性差と個人差―――――218
1．身体の発育・発達―――――218
1）発育する身体
2）身長発育とPHV年齢

発展編
運動と発育・発達―――――224
1．身体機能の発達と運動―――――224
1）幼児期・児童期の運動
2）思春期の運動

2．骨の発育————————219
　　1）乳幼児期の骨
　　2）骨の長育
3．体重の発育——————222
　　1）発育期の体重の意義
　　2）体重の発育

2．月経と運動——————231
　　1）月経の運動への影響
　　2）月経異常と運動
3．子どもの体力低下とスポーツ障害
　　————————————234
　　1）子どもの体力低下
　　2）子どもの骨折の増加
　　3）発育期のスポーツ障害

10章　運動と加齢————————————241
— QOL の向上と運動の効用—

基礎編

加齢による身体の変化————242
　1．加齢と老化——————242
　　　1）老化にともなう身体の変化
　　　2）老化を引き起こす因子

発展編

加齢と運動の効果————————246
　1．加齢と体力・運動能力————246
　　　1）体力とは
　　　2）加齢と体力・運動能力の変化
　2．中・高齢者の運動——————251
　　　1）体力維持・改善のための至適運動
　　　2）運動習慣と体力
　　　3）高齢者の運動能力—マスターズ陸上競技—
　3．生活習慣病予防と運動————254
　　　1）疾病予防と運動の効果
　　　2）生活習慣病予防と運動の実際
　4．骨粗鬆症予防と運動—————258
　　　1）閉経と骨密度
　　　2）骨粗鬆症予防の運動
　5．寿命と運動—————————260
　　　1）日本人の平均寿命
　　　2）寿命への運動の効果

運動と神経・感覚
―運動を発現させ，動きを制御するしくみ―

　一流選手の巧みな動きやすばらしいパフォーマンスには感嘆し魅了される．どうしたらあのような巧みな動きができるのだろうか．
　運動を的確に行うには，周りの状況を把握しつつ運動をどのように行うかプランを立て，具体的な運動プログラムを選択・形成し，筋肉に適切に指令することが必要となる．これらの活動は大脳を中心とした脳・神経系の働きによるものである．一流選手と初心者の動きや技術の違いも脳・神経系の働きの良し悪しによる．
　一方，私たちは日常生活において，例えば，歩きながら衣服のボタンを掛ける，歯ブラシで奥歯を磨くなどの動作を，特別な意識もなしに行っているが，これらは実に複雑な動きをともなうものである．このような行動は生理学の分野では「運動」と表現され，脳・神経系によって発現され制御されている．
　複雑な運動制御に関しては，生理科学の世界でもほとんど分かっていないのが現実であるが，本章では巧みな動きを作り出す脳と神経の働きについて，実験研究的に示される運動能力との関係から解説する．

| 基礎編 | 神経系による運動発現のしくみ |

スポーツの得意・不得意や技能の未熟・熟練は，神経系による身体のコントロール能力にほかならない．ここでは神経系を構成する基本要素と情報伝達のしくみを学ぶ．

1. 神経系とは

1) 神経系の分類

①中枢神経系

私たちの身体（個体）は，約37兆個の「細胞」から作られており，この細胞は生物体としての最小単位となる．機能の似かよっている細胞が集合して「組織」を形成する．この組織がその働きをより高度に遂行するために集合したものを「器官（臓器）」という．さらに，共同して働く器官（臓器）を群として11種類の「系（器官系）」にまとめられ個体を構成している（図表1）．

器官系は相互に情報交換が行われており，神経系と内分泌系でその相互作用を統合調整し，生命維持に最適な状態が整えられている．

神経系は身体機能の制御と統合を司っており，中枢神経と末梢神経に分類されている（図表2）．中枢神経系は，頭蓋骨内に収められる「脳」と脊椎骨の椎孔に収まる「脊髄」からなる．

脳と脊髄は連続的につながる管状構造からなり，硬膜，クモ膜，軟膜で包まれている．脳は構造・機能上から，大脳（大脳皮質，大脳基底核，大脳辺縁系），小脳，脳幹（中脳，橋，延髄），間脳（視床，視床下部，下垂体，松果体）に分

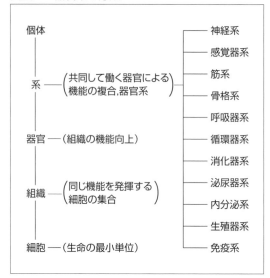

図表1　器官系の分類

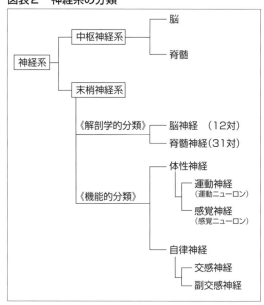

図表2　神経系の分類

類され，それぞれが特有の働きを持っている（図表3, 18）．

---

❶ニューロン：生体内で用いられている情報連絡の方法は電気と化学物質（ホルモンなど）である．化学物質は血流に乗せて情報を送るため時間的に遅い連絡となる．これに対して，ニューロンは活動電位といわれる電気を用いているためすばやく連絡できる．そのため特殊な形態となっている．

図表3　脳の構造（内側面）

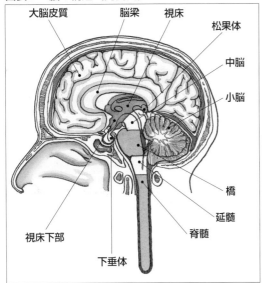

図表4　脊髄の構造

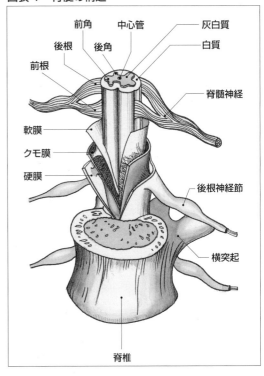

脊髄は中央に中心管が有り，その回りを神経細胞群からなる灰白質が形成され，さらにその周囲は神経細胞から出た神経線維層の白質が囲んでいる（図表3・4）．

約37兆個の細胞のうち千数百億個が神経系を構成する神経細胞である．ひとつの神経細胞は神経系機能の最小単位であり，単に「神経」や「ニューロン❶」と呼ばれる．

② 末梢神経系

末梢神経系は，中枢神経系への「状況報告」と中枢神経系からの「運動指令」伝達の働きをしている．換言すれば，末梢神経は中枢神経系と筋肉，感覚器を繋ぐ通信網である．

末梢神経は，解剖学的には脳神経と脊髄神経に分類される（図表2）．また，生理学的機能から体性神経と自律神経に分類される．

体性神経は中枢神経系と筋をつないで運動指令を伝達する運動ニューロンと，感覚器と中枢神経系をつないで感覚情報を伝達する感覚ニューロンからなっている．

自律神経は交感神経と副交感神経からなり，呼吸，循環，体温調節などの働き（自律機能）

図表5　感覚ニューロンの支配領域：皮膚節

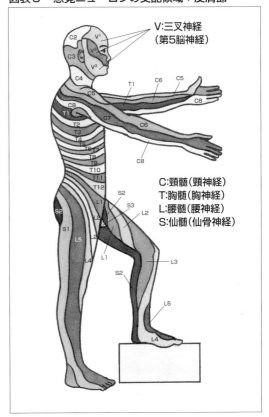

図表6 ニューロンの構造

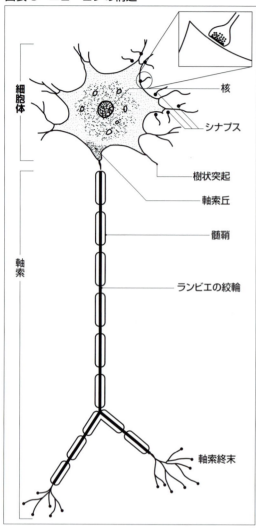

図表7 細胞内外イオン濃度とNa$^+$-K$^+$ポンプ

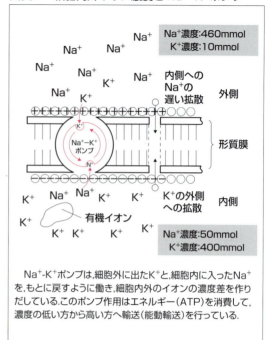

Na$^+$-K$^+$ポンプは,細胞外に出たK$^+$と,細胞内に入ったNa$^+$を,もとに戻すように働き,細胞内外のイオンの濃度差を作りだしている.このポンプ作用はエネルギー(ATP)を消費して,濃度の低い方から高い方へ輸送(能動輸送)を行っている.

図表8 静止電位と活動電位

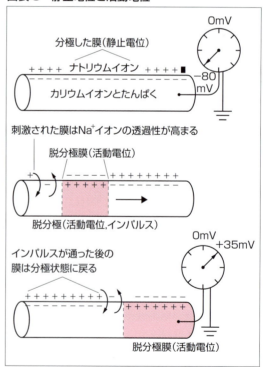

を無意識(不随意)に制御している.

2) 末梢神経と中枢神経との関係

　感覚ニューロンと運動ニューロンは決まった道筋を通って,脊髄に接合している.その接合は「ベル・マジャンディの法則」といわれるもので,感覚ニューロンは脊髄後根から後角に入り,運動ニューロンは自律神経とともに前角から脊髄前根に出る(図表4).

　感覚ニューロンは脊柱の構造から身体を輪切りにしたような形で分布して,特に皮膚の感覚情報を得ている(図表5).これを「皮膚節」という.

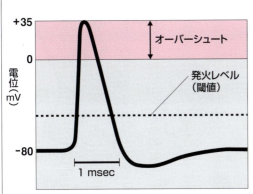

図表9 神経線維の活動電位

安静時には細胞内がマイナスであるが,発火レベルまで電位が上昇すると急峻に電位が上昇し,0Vを越え細胞内がプラスになる(オーバーシュート).続いてすぐさま電位は低下に転ずる.一時的に安静時より低下した後,安静時の状態に戻る.

さらに,脊髄神経が出る脊椎の位置によって支配する骨格筋も決まってくる.

3) 神経系を構成する細胞

ニューロンは身体の位置する場所によって異なる形をしているが,基本的には,樹状突起,細胞体,軸索の3つの部分から成り立っている(図表6).大きなニューロンでは細胞体が20μm,軸索の長さは1mになるものもある.

樹状突起や細胞体には100〜10万ものニューロンの軸索終末(シナプス)が接続しており,さまざまな情報を受け取り,細胞体はそれらの情報を集約する.また,細胞体は核やミトコンドリアをふくみ,たんぱく質合成や物質代謝の役割もしている.軸索は次のニューロンへの情報を伝える通路である.

2. ニューロンにおける情報の伝達

ニューロンはそれぞれ一つ一つ独立した別個の細胞であり,お互いが連続した構造をとっているわけではない.ニューロンとニューロンとはどのように情報を伝えているのだろうか.

1) 静止電位と活動電位

生体内には多くの水分(体液)があり,細胞内液と細胞外液に分けられる.その体液には多種のイオンが存在し(p.149参照),細胞内外で濃度差がある.

ニューロンの内部はカリウムイオン(K^+)濃度が,外部はナトリウムイオン(Na^+)濃度が高い状態を保っている(図表7).しかも細胞膜はK^+を自由に通す性質がある(K^+の選択的透過性).このような時,細胞内は細胞外に対して陰性電位を発生する.イオン濃度差にも依存するが,神経細胞内の電位は普通−60〜−90mVであり,情報連絡をしていない電位(膜電位)ということで「静止電位」と呼んでいる.

一方,ニューロンが興奮すると,細胞膜の透過性が突然高くなり,細胞外Na^+が細胞内へ流入する.この時,細胞内は細胞外に対してNa^+が高濃度となり,陽性電位を発生する(図表8).このNa^+透過性の亢進はすぐに終了し静止電位に戻る.この一過性の電位変化を「活動電位」と呼ぶ.活動電位は,「脱分極」,「興奮」,「インパルス」,「発火」などと呼ばれることもある(図表9).

活動電位は実験的には神経に電極をあて,適度な電流を流すと発生する.このように活動電位を発生させる原因を「刺激❷」という.活動電位を発生し得る最低の電流を「刺激閾値」といい,神経軸索の太さによって異なっている.

刺激閾値以下の弱い刺激で膜電位が変化しても,活動電位を発生せずに静止電位へと戻る.刺激が閾値電位に達すると一定の大きさで活動

---

❷刺激の三要素:電気刺激で活動電位を発生させるには,適当な強さの電流をある時間流さなくてはならない.さらに電流を時間的にゆっくり,またはすばやく強くするか(電流の時間に対する変化量)にも影響される.強さ,時間そして変化量を刺激の3要素という.

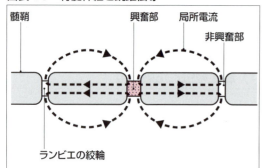

図表10　有髄神経と跳躍伝導

興奮部（活動電位発生部分）から非興奮部（静止電位）にむかって電流が発生する．この局所電流が刺激となって非興奮部を興奮させる．髄鞘部分は絶縁されているために細胞外へ電流がもれない．このようにランビエの絞輪を次々に活動電位が跳躍していく．

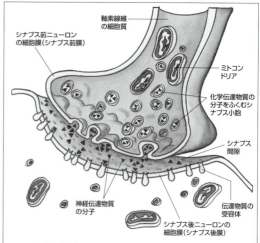

図表11　シナプスの構造とシナプス伝達

シナプス伝達の過程の要約
① シナプス前ニューロンでの活動電位の到達
② シナプス小胞の動きの活性化
③ シナプス小胞のシナプス前膜との融合
④ シナプス小胞内の伝達物質がシナプス間隙へ放出される
⑤ 伝達物質のシナプス間隙内への広がり（拡散）
⑥ 伝達物質が後膜上の伝達物質受容体への結合
⑦ シナプス後部膜のNa$^+$,K$^+$透過性上昇
⑧ シナプス電位の発生（EPSP）

電位が発生するが，それ以上の強い刺激でもその活動電位の大きさは変化しない．これを「全か無かの法則」という．

2）活動電位の伝導

細胞体（軸索丘）で活動電位が発生すると，この活動電位は軸索終末部に伝わっていく．この現象を「伝導」という．活動電位が発生した部位（興奮部）の細胞内（軸索内）は正電位となり，負電位である隣りあう非興奮部へ，さらに細胞膜を横切り細胞外を通って興奮部へ戻る電流が発生する．この電流を「局所電流」という（図表10の点線）．活動電位の発生と局所電流の発現，そして次の軸索部での活動電位の発生と継続して，活動電位は軸索終末まで伝導する．

伝導の速さは軸索の太さと比例関係にあり，太い軸索を持つニューロンほど伝導速度が速い．また，軸索を髄鞘❸という電気絶縁体で一定間隔に被覆したニューロン（有髄神経線維，図表6）もある．その非絶縁部分（ランビエの絞輪）で活動電位を発生させ，あたかも活動電位がとびとびに発生するようなしくみで，伝導速度を速くしている（跳躍伝導）（図表10）．

身体の中でもっとも速い伝導速度を持つ神経は「α運動ニューロン」と呼ばれ，毎秒120mの速度を持つ．一方，自律神経や鈍痛を伝えるニューロンの軸索は髄鞘がなく「無髄神経線維」と呼ばれ，その伝導速度は著しく遅い（毎秒2〜0.5m）．

また，実験的に神経線維の一点を刺激し活動電位を発生させると，その点から線維内を両方向に活動電位は伝導していく（両側性伝導）．さらに，神経軸索の直径が一定ならば活動電位の

---

❸髄鞘：有髄神経が髄鞘で被覆されている軸索を持つのに対し，無髄神経は髄鞘のない軸索を持つ神経である．このため活動電位の伝導速度は非常に遅い性質となる．髄鞘とは，シュワン細胞が軸索の周りを昆布巻きのように取り巻いて構成される．ミエリン質の絶縁性の高い物質で覆われている．

図表12 シナプス後電位：EPSPとIPSP

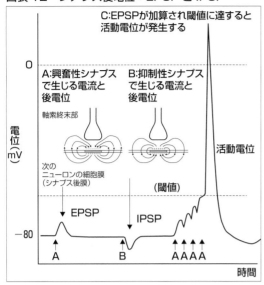

図表13 シナプス回路と情報の伝達と抑制

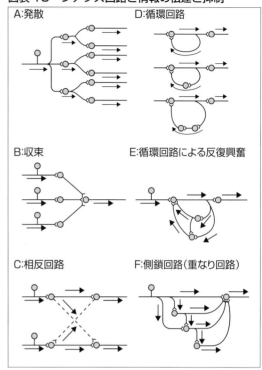

大きさも伝導速度も伝導中には変化しない（不減衰伝導）．また，神経は多数の神経線維の束でできているが，1本の神経線維の興奮は他の線維には乗り移らない（絶縁性伝導）．

3) シナプス伝達
―ニューロンからニューロンへの連絡―

ニューロンの軸索終末は，次のニューロンの樹状突起や細胞体に接続している．この接続部分を「シナプス」という（図表11）．軸索を伝導してきた活動電位はこのシナプスで次のニューロンに伝えられる．これを「シナプス伝達」という．

ニューロンはそれぞれに独立した細胞であり，軸索終末は次のニューロンと接近してはいるが接触や融合はしてはいない．そのため，ごくわずかの隙間（10～30nm）がある．この隙間を「シナプス間隙」と呼ぶ．軸索終末はボタン状に膨らんでおり，その中には化学伝達物質❹をふくんだ小さなシナプス小胞が多数詰まっている．シナプス前膜から放出された伝達物質はシナプス間隙に拡散し，一部が次のニューロンのシナプス後膜に存在する伝達物質受容体に結合する．この結合によって，後膜のK^+とNa^+の透過性が上昇するようになる．K^+とNa^+の透過性の上昇は，ゆっくりとした脱分極性の電位を発生させる．この電位を「シナプス後電位」という（図表12）．

脱分極性のシナプス後電位はニューロンに活動電位を発生しやすい方向に働きかける．興奮性に働きかけるといった意味で，興奮性シナプス後電位（EPSP：Excitatory Post Synaptic Potential）という（図表12, ↑A）．

頻回に発生するEPSPは加算され（図表12, A↑）膜電位が脱分極方向に大きくなり，閾値電位に達すると活動電位を発生する．

---

❹伝達物質：末梢神経の伝達物質はアセチルコリン，ノルアドレナリンなどであり，中枢神経の伝達物質はグルタミン酸，ガンマアミノ酪酸，ドーパミン，セロトニンなど多くの種類がある．一つのニューロンは1種類の伝達物質を作り，放出すると考えられていたが，実際には複数の伝達物質をもちシナプスで複雑な調節作用が行われていることがわかってきた．

図表14　反射弓：反射の3要素のつながり

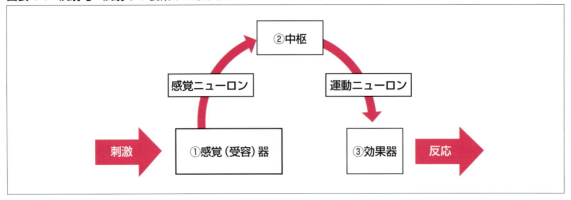

4) ニューロンにおける情報の統合

すべてのシナプスが同じ伝達物質を持つわけではない．伝達物質にはいくつかの種類がある．その働きから興奮性伝達物質と抑制性伝達物質に大別できる．興奮性伝達物質はEPSPを発生させる．それに対して抑制性伝達物質は，その受容体における塩素イオン（Cl^-）の透過性を高めることでニューロンを興奮させないように，あるいは興奮しにくくする方向に働く抑制性シナプス後電位（IPSP；Inhibitory Post Synaptic Potential）を発生する（図表12，↑B）．EPSPは脱分極する方向であるが，IPSPはその反対に過分極する方向の電位変化である．

一つのニューロンには多くのシナプスが接合し，EPSPとIPSPが混在して発生している．神経細胞体は多くのEPSPとIPSPとの「足し算」を行い，その結果が閾値を越えれば活動電位を発生し，達しなければ発生しない．つまり，この足し算は集まってきた情報のまとめの作業である．（図表12，C）

また，一つのニューロンは多くのニューロンに接合し，複雑なニューロン回路を形成している（図表13）．そのため，一つの情報が多数のニューロンに伝わる（発散）．また逆に，多くの情報が一つに収束する．この過程でEPSP，IPSPの混在が関与してくる．この作用がニューロンでの統合作用である．この統合作用は巧みな運動を実現させる基本となる働きである．発生した活動電位は次のニューロンへの情報となり，伝導―伝達を行う．

3. 反射のしくみ

生体内環境はある変動幅を持ってほぼ一定に保たれている．これらは不髄意の反射によるものである．反射とは，おもに脊髄を中心に刺激に対し，意識する前にある決まった一定の運動が生じる現象である．反射を発現する器官は，①感覚（受容）器，②反射中枢（神経系），③筋組織，腺組織などの効果器の3要素からなる．各要素の間には，感覚ニューロン，運動ニューロンが情報連絡路となり，また，この3要素のつながりを「反射弓」という（図表14）．

反射はその効果器から，体性反射と自律神経反射に分けることができる．体性反射とは骨格筋を収縮させるもので，腱反射（深部反射）に代表される．自律神経反射とは，自律神経系を

❺適刺激：ある感覚受容器にとって，もっとも敏感に応じることのできる特定の刺激をいう．

介して，内臓筋を収縮させたり内・外分泌腺の分泌を促進あるいは抑制したりするものである．また，受容器の部位や，反射経路のシナプスの数，反射中枢の場所，生理的反応などにより分類される．

1) 感覚の受容と適刺激

感覚刺激を受容した部位に感覚が発生することを感覚の「投射」という．指先に針を刺すと痛みを感じる．その時，痛みは脳で感じるが，痛みは針を刺した指先に生じている．これが投射であり，この投射があるために感覚刺激の加わった場所を知ることができる．刺激の加わった場所を脳が知ることを「定位」という．

感覚情報は大脳新皮質感覚野の特定のニューロン群を興奮させるが，同時にその周辺のニューロン群の活動を抑える働きがある．その結果，感覚刺激によって興奮するニューロン群を周辺から際立たせることになり，感覚を受容した場所の定位がさらに明確になる．このような現象を「周辺抑制」または「側方抑制」と呼んでいる．

基本的には，一つの感覚器は1種類の感覚刺激を受容し，その感覚刺激を「適刺激❺」という．感覚器は独自の感覚には敏感であり，高い感度で反応するが，それ以外の感覚に対しては感度が低くなっている．

2) 体性反射とその例

筋運動として現れる反射，つまり効果器が骨格筋である反射を体性反射という．

①膝蓋腱反射（伸張反射）

膝の下を叩くと膝関節が伸展する．この現象は「膝蓋腱反射」と呼ばれる．

この膝蓋腱反射では，その反射を起こす起源となる活動電位（情報の発現）は感覚器から発生している．感覚器での活動電位発生は感覚刺

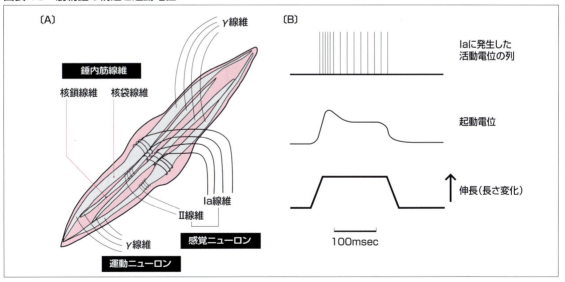

図表15 筋紡錘の構造と起動電位

❻筋紡錘：筋内にある長さが3～7mmの筋の長さの変化を検出する受容器．筋紡錘の中には6～14本の細い特殊な横紋筋線維（錘内筋線維）が並んでおり，錘内筋線維は太い核袋線維と細い核鎖線維に分けられる．これらの線維の中央部には収縮要素がない受容器部があり，核袋線維と一部の核鎖線維に感覚ニューロン（一次終末，Ia線維）がまきついている．また，二次終末（II線維）がおもに核鎖線維の端に分布している．Ia線維は骨格筋線維の伸びた大きさと，伸びる速さを感覚し（動的），II線維は伸ばされた筋が静止状態にあるときに働く．錘内筋線維はγ運動ニューロンの支配を受けている．γ運動ニューロンによる錘内筋線維の収縮を利用して筋紡錘の感度を調節する．

● **反射の発現過程：膝蓋腱反射の例**

①膝の下を叩くことにより大腿四頭筋が伸張されたことを筋紡錘が検出する **（感覚器）**
↓
②検出した感覚情報を感覚ニューロンを通して脊髄反射中枢に伝える（活動電位の伝導・シナプス伝達）
↓
③脊髄反射中枢は伝えられた情報（EPSP）を"統合"し，α運動ニューロンに対して筋収縮指令を発する **（中枢）**
↓
④α運動ニューロンは指令を骨格筋まで伝える（活動電位の伝導・筋へのシナプス伝達）
↓
⑤骨格筋（大腿四頭筋）が収縮し，膝が伸展する **（効果器）**

激の受容にほかならない．

膝の下を叩くことは膝蓋腱を凹まして膝蓋骨を下方へ引っ張ることになる．膝蓋骨の下方への引っ張りは膝蓋骨に付着している大腿四頭筋を伸張させる．骨格筋には，筋線維の長さ変化を受容する感覚器である筋紡錘❻が点在する（図表15A）．筋紡錘にはグループIa線維（Ia）といわれる感覚ニューロンが取り巻いている．

大腿四頭筋とともに筋紡錘が伸張すると感覚ニューロン末端が変形し，そこにゆっくりとした電位変化が発生（起動電位）する（図表15B）．起動電位の振幅は伸張の大きさに比例する．そして，起動電位からIaに向かって局所電流が流れる．その大きさが発火閾値に達すると，Iaに活動電位が発生する．この活動電位が脊髄に向かって伝導し，α運動ニューロンへ感覚情報を伝える．

起動電位発生のしくみは未だに解明されていないが，Na^+の透過性変化によると考えられている．

Iaは脊髄内でα運動ニューロンとシナプス結合している．α運動ニューロンは骨格筋（この場合，大腿四頭筋）への収縮指令を出す脊髄に位置する大型の神経である．Iaとα運動ニューロンのシナプスは，興奮性シナプスである．（図表16）．

α運動ニューロンに発生した活動電位は軸索を伝導し，骨格筋に至る．このようにα運動ニューロンの細胞体が膝蓋腱反射の中枢である．α運動ニューロンは脊髄にあるために，膝蓋腱反射

図表16　伸張反射の反射弓（膝蓋腱反射）と相反（Ia）抑制

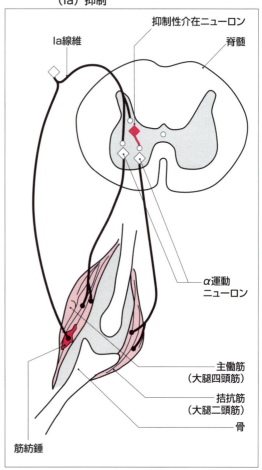

は「脊髄反射」とも呼ばれる．また，筋が伸張することにより起こる反射であるため伸張反射とも呼ばれる．

一方，拮抗筋（この場合大腿二頭筋・半腱様筋）のα運動ニューロンには，抑制性ニューロンを介してIPSPが発生する機構があり，伸張反射が生じると同時に，拮抗筋に対しては抑制性介在ニューロンを介して，活動を抑制させる指令が送られる．これを「Ia抑制」あるいは「相反抑制❼」という（図表16）．

膝蓋腱反射の目的は筋線維長を一定に保つことにある．膝の下を叩かれて伸ばされた筋を元の長さに引き戻すためにはα運動ニューロンを興奮させる必要がある．Iaの活動電位一つではα運動ニューロンを興奮させることはできない．そこでEPSPの統合（加重）が必要となる．一つの筋紡錘から出ているIa線維はいくつものα運動ニューロンに結合し，逆に一つのα運動ニューロンはいくつものIa線維の結合を受けている．多くのIaからのEPSPが時間的，空間的に加重し，α運動ニューロンに活動電位を発生させる．これが伸張反射時に行われる統合である．

アキレス腱を叩くと下腿三頭筋に類似の伸張反射が起こる．これは「アキレス腱反射」というが，これも腱反射である．

膝蓋腱反射などの腱反射は感覚器から効果器までにひとつのシナプスを介して行われるので「単シナプス反射」ともいわれる．身体の中でもっとも単純なニューロン結合である．いずれの反射も感覚刺激が発端となり，感覚器を通して感覚受容され，中枢を介して効果器に反応として現れる．

②屈曲反射

熱いものを触ったり，画びょうを踏んだときな

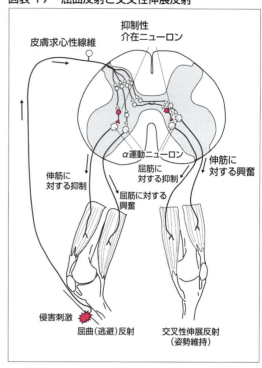

図表17 屈曲反射と交叉性伸展反射

ど，手足がとっさに屈曲する．皮膚にある痛覚を受容する感覚器から生じた情報が，屈筋を支配するα運動ニューロンが興奮するように働くためである．このような屈曲反射は身体に傷害をおよぼすような刺激から逃避するように反応するので，「逃避反射」，「侵害受容反射」などとも呼ばれている（図表17）．

③交叉性伸展反射

刺激が強く屈曲反射が大きく起こると，反対側の四肢があたかも姿勢を維持しようとして伸展する交叉性伸展反射が起きる．このように屈曲反射だけでなく異なった形の反射にまで反応が広がることを反射の拡延という（図表17）．

④Ib抑制（自己抑制）反射

骨格筋は腱を介して骨に付着している．筋中

---

❼相反抑制：関節の屈曲，伸展運動において，屈筋と伸筋との間で一方が働くとき他方が休むという神経支配を相反性神経支配という．この神経支配により生ずる抑制が相反抑制である．相反神経支配は，伸張反射回路に存在するだけではなく，さまざまな回路にも存在する．

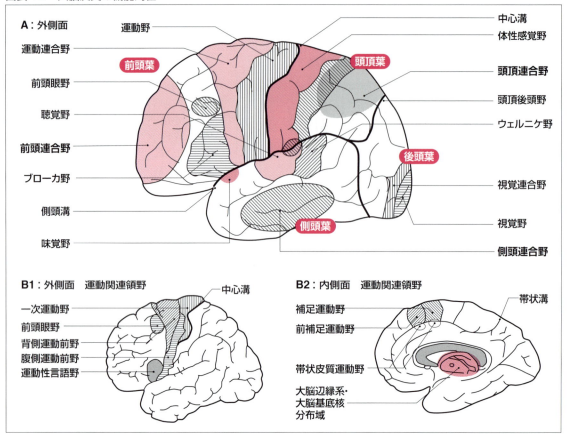

図表18　大脳皮質の機能局在

の筋紡錘は長さ変化を受容しているが，腱の中には張力を受容するゴルジの腱器官と呼ばれる感覚器があり，検出した張力情報をグループIb線維（Ib）にて脊髄まで連絡している．

さらに，Ibは脊髄にある抑制性介在ニューロンとシナプス結合し，この抑制ニューロンはα運動ニューロンに結合している．この反射は筋が力を発揮し過ぎないように抑制し，筋張力を一定に保つ働きをしていると考えられる．

このIb抑制反射や屈曲反射，交叉性伸展反射は2つ以上のシナプスを介して発現するため，「多シナプス反射」といわれている．

3）自律反射―反射による内臓の調節―

血管，内臓，内分泌腺，外分泌腺などの内臓臓器も反射で調節されている．これらの反射は自律神経を介することから「自律反射」といわれている．

例えば，運動時に呼吸・循環器系の働きが亢進するが，その作用は反射性に行われている．運動にともなってエネルギー代謝が亢進すると同時に，CO_2や乳酸などの副産物が生成される．本来，弱アルカリ性に保たれている体内のpH環境がこれらの物質によって酸性方向へ傾けられる．すると，体内の動的平衡状態（ホメオス

---

❽ホメオスタシス：pHだけでなく，体温，浸透圧（体水分量），血圧，心拍数，血糖値など，生体内では若干の変動はあるがほぼ一定の値にコントロールされている．常に一定値ではなく（恒常性），変動しながらある範囲内で一定であるということから動的恒常性，動的平衡状態と呼んでいる．

図表 19　体部位再現図

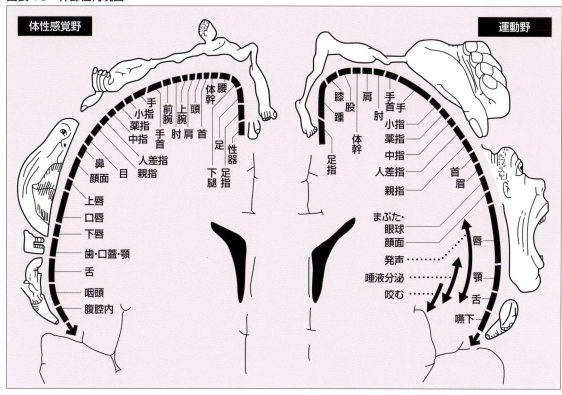

タシス[8]）を保つために，血管中（大動脈小体，頸動脈小体）にある感覚受容器が pH 変化を検出し，その変化を呼吸・循環調節中枢へ連絡する (p.90, 116 参照)．呼吸・循環調節中枢はその働きを亢進して，呼気にて CO_2 排出を行う．

4. 中枢神経と身体運動

私たちの身体にはさまざまな不随意に起こる反射が備わっている．これらの反射を抑えたり，逆にうまく利用したりする究極の司令塔は，大脳皮質である．

ヒトがある意図のもとで時間的・空間的に合目的な身体運動を行うときは，まず運動の欲求が起こり，この意欲に沿って運動が計画・調整され，運動指令が決定される．その指令が骨格筋に送られる．この一連の働きは，中枢神経である脳・脊髄のすべての機能の連携によって行われている．

1）大脳皮質－運動野と感覚野－

大脳皮質は部位によってそれぞれの機能を持っている．これを「機能局在」という（図表18A）．中心溝といわれる大きな溝より前の部分は運動野と呼ばれ，身体運動の発現や制御に最も重要な部分である．溝の後ろは感覚を認知する体性感覚野である．運動野と体性感覚野は，そ

---

[9] 運動前野：運動前野は運動野の前方に位置する．運動前野は脳感覚情報に基づく運動の企画，運動の準備，他者の運動内容の理解等に関連して，運動発現の主要な役割を果たす．
[10] 補足運動野：補足運動野は一次運動野の運動制御に対して自発的な運動の開始，異なる複数の運動の順序決定と協調性を高めるといった役割を果たす．

れぞれの部位が身体の部位と対応を持っている（図表19）．細かい動きをする部位や鋭敏な感覚を持つ部位は，大きな面積を占め，多数のニューロンで制御されていることがわかる．

中心溝の前にある運動野のほかに，運動に関わる運動前野❾や補足運動野❿などの八つの領野があり，複雑な運動を制御している（図表18B1，B2）．そのため，運動野は一次運動野，そのほかの領野は高次運動野と呼ばれることもある．

2）大脳基底核

大脳の皮質より深い部分には，視床と脳幹とを結びつける神経線維が集まった白色の部分の中に灰色をした神経細胞のかたまり（細胞核）が分布している．これらの細胞核をまとめて大脳基底核という（図表18B2）．大脳基底核は，運動の適切な発現を調節する身体運動の自動安定装置と考えられている．また，運動の学習にも重要な働きをしている．

3）大脳辺縁系

大脳辺縁系とは，大脳半球の内側底面にある古皮質（海馬など），旧皮質（梨状葉など），中間皮質（帯状回，海馬回），皮質下核（扁桃体など）の総称である（図表18・B2）．自律系の統合中枢で，呼吸，循環，排泄，吸収などに関与し，さらに情動の表出，食欲，性欲，睡眠欲，意欲などの本能，喜怒哀楽，情緒，睡眠や夢などを司るほかに記憶にも関与し，身体運動発動の基点となる．

4）間脳

間脳は視床と視床下部に大別される（図表3）．視床は感覚や運動などの情報の大脳皮質への中継の場となっている．視床下部は内分泌の働きを司り，体温，摂食，飲水など運動時の生体機能維持や，情動や感情などの本能行動の制御に重要な役割を果たしている．

5）小脳

小脳は，大脳の後部下に位置し（図表3），平衡機能の調節，身体の姿勢反射の調節，骨格筋の随意運動の調節など，運動の制御や運動の正確性，運動の円滑性に重要な働きをしている．また，運動技能の学習や記憶の中枢でもある．

6）脳幹

中脳，橋，延髄は，大部分が同じような構造を持つのでまとめて脳幹と呼ばれる（図表3）．心臓，血管，呼吸などを制御する役割を持つ生命維持に重要な部位である．また，歩行運動の開始・停止に関わる中枢がある．

また，脳幹は頭部の傾きや動きなどを検出し，姿勢反射に関与して，身体運動発現の基盤を作っている．

7）脊髄

脊髄は脊柱の中にあり，脳と全身を結ぶ神経線維の長い束からなる．脊髄の断面はH型をしており，前側脚部（前根）よりα運動ニューロンが下り，末梢の各器官（骨格筋）へ指令を伝える．また，後側脚部（後根）に入り込んでいる感覚ニューロンによって，さまざまな感覚情報が脊髄から上位中枢へ連絡されている（図表4）．

脊髄は体性反射の中枢であるとともに，上位中枢からの運動指令と末梢からの感覚情報の統合を行っている．

発展編	運動の発現とパフォーマンス

運動は神経系から筋への指令によって行われる．神経系からの指令経路の違いから，運動は反射運動，定型運動，随意運動の3つに分けられる．日常，私たちが行っている運動はこの3つの運動が複雑に入り組んで成り立っている．

反射運動と定型運動は，無意識のうちに行われる運動，すなわち不随意運動である．それに対して，随意運動は任意の目的をもって意識的に行う運動である．

1. 不随意運動

日常動作のすべてを意識しなければならないと，神経系の仕事は膨大なものとなる．そうなると歩きながら考えごとをすることもできない．熱いやかんに触ってしまったとき，熱いと感じてから腕を曲げようと意識し，それから腕を曲げるといった過程をふんでいてはやけどをしてしまう．そのため，熱いと感じる部位で運動が発現する．このような運動は「不随意運動」であり，反射運動やパターン化された運動として，無意識的に行われている．

1）反射運動

伸張反射，屈曲反射など，反射のしくみについては基礎編において解説した．反射運動は「感覚器→反射中枢→効果器（筋）」（反射弓）という神経指令によって行われる（図表14）．

①伸張反射をともなう運動

伸張反射は，しゃがみこんですばやくジャンプしたり，テイクバックして速いボールなどを投げるなどのときに利用される反射である．筋や腱の伸張が弾性エネルギーを蓄積するとともに，伸張反射を生じさせパフォーマンスを向上させると考えられている．このとき拮抗筋には相反抑制が働き，伸張反射をスムーズに生じさせることに役立っている（図表16）．

膝蓋腱反射（伸張反射）は，同じように膝蓋下を叩いてもいつでも同じ応答を示すわけではない．脊髄には，α運動ニューロン以外にγ運動ニューロンが存在している（図表15, 20）．このニューロンは，筋紡錘内の錘内筋線維に指令を送ることにより，筋紡錘の感度を調節している．つまり，γ運動ニューロンは上位中枢から情報を受け取り，伸張反射の起こりやすさを調

▶不随意運動
▶反射運動
▶反射弓
▶伸張反射
▶筋紡錘
▶γ運動ニューロン
▶膝蓋腱反射
▶伸縮反射

図表20　筋長の変化と運動ニューロンの活動電位

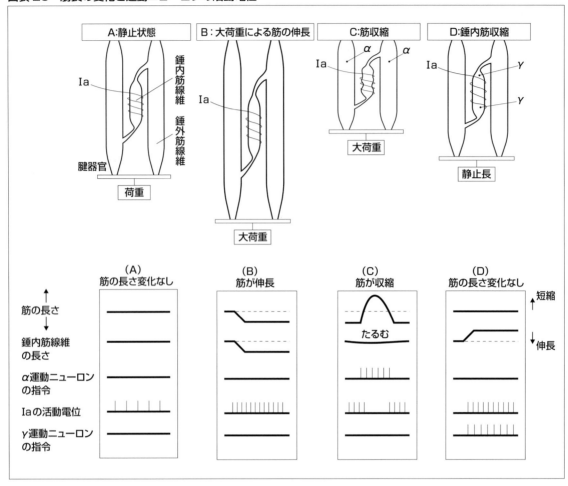

節している．このような調節により，伸張反射はすべて自動的に起こる運動ではなく，環境の変化に応じて柔軟な応答ができるようになっている．

大腿四頭筋を収縮させ少し膝関節を伸展させた状態で膝蓋腱反射を起こすと，弛緩しているときよりも大きな反応（伸展）が起きる．このとき，筋収縮によって筋紡錘（錘内筋線維）がたるんでしまう（図表20C）のをγ運動ニューロンの指令が防いでいる（筋紡錘の感度調節）と考えられる．バレーボールのレシーブ姿勢やバスケットボールのドリブル姿勢，スキーの直滑降などでは，体幹から脚にかけての各関節はそれぞれ一定の角度を保持するために伸筋，屈筋がともに収縮しているが，この時もγ運動ニューロンの指令が伸張反射の感度低下を防ぐように作用している．

▶姿勢反射
▶緊張性頸反射

②姿勢反射

運動時には，それぞれの運動に適した姿勢をとることが重要である．運動中の姿勢を自動的に調節するのが姿勢反射である．

例えば，ボールの捕球時や空手の突きなどの場面でよく見られるが，体幹に対し頸を右に向けると，顔が向いた側の肢は伸展し，反対側の肢は屈曲する．これは「緊張性頸反射」と呼ばれる反射運動で，受容器は頸の筋にある筋紡錘である．内耳（迷路）内の平衡器官（頭部前後）の傾きが刺激となって起こる「緊張性迷路反射」などもある．これらの反射運動の反射中枢のほとんどは脳幹にあり，無意識に行われている．私たちは，伸張反射と同様にこの反射の存在に気づかずに行動しているが，反射運動は上位中枢の調節下にある．そのため，感覚入力があれば必ず反射応答が生ずるというわけではない．

2) 定型運動（自動運動）

▶定型運動
▶パターンジェネレータ

歩行時には両脚を交互に動かすようにさまざまな筋が順序よく，適切に働いている．さらに，重心を安定させるために体幹のねじりや上肢の運動が適切に行われている．このような複雑な動きでも，いったん開始されると反射運動と同じようにまったく無意識に行うことができる運動を「定型運動」という．

定型運動は反射運動よりも運動パターンが複雑であり，まとまったかたちである目的をもった運動となっている．定型運動は反復性を持つ運動であり，代表的なものに歩行運動，呼吸運動などがある．反復されるパターンを形成する神経回路中枢は「パターンジェネレータ」と呼ばれる．

大脳を摘出したネコ（除脳ネコ）においても，さらに感覚入力を遮断した除脳ネコでも歩行運動が可能である．このことから歩行運動のパターンジェネレータは脳幹あるいは脊髄にあると考えられている．このパターンジェネレータが，上位中枢からの指令または末梢からの感覚入力により働きを開始し，定型運動が生ずる．

2. 随意運動

▶随意運動
▶運動欲求
▶運動プラン
▶運動プログラム
▶運動の実行

無意識に行われる反射運動や定型運動とは異なり，随意運動はある目的意識をもって行われる．従って，中枢神経系からの指令の流れも複雑であり，未だ不明な点も多い．現在のところ，随意運動発現までの過程は，大きく四つに分けられる．すなわち，運動の発動欲求→運動プランの作成→運動実行のためのプログラム，戦術の選択および形成→運動の実行である（図表21）．

図表21　随意運動発現の模式図

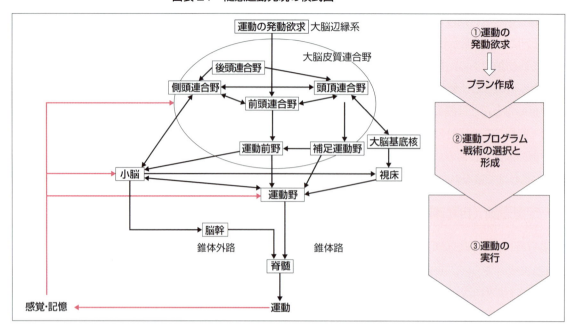

1）運動の発動欲求とプランの作成

　運動の発動欲求を生み出す中枢神経系は，大脳の内側の帯状回（大脳辺縁系）にあると考えられている．運動をどのように行うかについてのプランの作成は，大脳皮質連合野で行われる．大脳皮質には5つの連合野（運動連合野，側頭連合野，後頭連合野，前頭連合野，頭頂連合野）があり，各々が情報を交換して機能している．この内，視覚情報からの空間認知はおもに頭頂連合野で，形態認知は側頭連合野で，視覚情報の特定は後頭連合野でといった情報処理結果を元に一連の動作を前頭連合野で予測し，次にどのような動作が可能かを運動連合野で組み立てる．また，これらの欲求やプランの作成には，感覚情報以外に記憶情報⓫も必要であると考えられている．

2）運動プログラム・戦術の選択と形成

　運動プランに見合うように，どの筋が，どのくらいの強さで，どのような順で収縮する必要があるかがプログラムされる．この運動プログラムは，すでに記憶されている中から選択されるか，あるいは新たに形成される．この選択あるいは新たな形成は，運動連合野にある運動前野，補足運動野が小脳や大脳基底核と連絡をとりながら，感覚情報あるいは記憶情報をもとにして行われる．また，運動野も運動前野と補足運動野と連絡を取り合いながらプログラムの形成にかかわっている．

⓫運動記憶情報
　記憶のメカニズムの詳細は未だよくわかっていない．しかし，臨床的な研究により，机上で勉強して覚えるような認知記憶と運動記憶は異なる記憶系によりなされることは明らかになっている．認知記憶には大脳皮質，特に海馬系が，運動記憶には小脳が関わっている．

3）運動の実行

　形成された運動プログラムは脊髄内を下降し，α運動ニューロンを経由して筋に伝えられる．その経路には，皮質脊髄路，赤核脊髄路，前庭脊髄路，網様体脊髄路，視蓋脊髄路，間質核脊髄路がある．このうち，皮質脊髄路を「錐体路」，それ以外を「錐体外路」[12]という．

①錐体路

　錐体路（皮質脊髄路）は，左右の大脳皮質一次運動野から始まり，その多くが延髄で交叉して，脊髄に達する．これは，中枢神経から筋まで二つのニューロンを介するだけで伝わる経路である．錐体路を切断しても運動は発現するが，細かい動きのコントロールができなくなる．

②錐体外路

　錐体外路は，大脳基底核，小脳，間脳，視床などの広範囲な部位からの連絡を受けて脳幹から始まる．錐体外路は，多くの筋が参加する協調運動に関する調節経路と考えられる．

　例えば，上腕二頭筋を収縮させ物を持ち上げようとするときは錐体路が働き，同時に無意識下で拮抗筋である上腕三頭筋が弛緩するのは錐体外路が働くためである．また，脚を大きく動かして大股で歩こうとするとき（随意運動）は錐体路が働くが，無意識に腕を振り，体幹をひねるといった錐体外路の働きによりバランスをとることで歩行の安定性が保たれる．錐体路は随意運動，錐体外路は不随意運動を支配する神経経路と考えられる．

4）運動単位による運動の調節

①運動単位による力の調節

　α運動ニューロンは，上位中枢や感覚入力などの情報のすべてを統合し，その結果，興奮が起こったとき筋へ指令を伝えることから，「最終共通路」と呼ばれる．α運動ニューロンは複数の筋線維を支配している．細かい動きをする筋では，数本から数十本，大きな力を出す筋では数千本の筋線維を支配している．一つのα運動ニューロンとそれに支配されている筋線維群は一つの単位として活動することから，「運動単位」と呼ばれる．

　運動指令が電気信号（活動電位）として筋に伝えられると，筋は収縮し，力発揮が起こる．このとき，一つの活動電位で生ずる1回の収縮を「単収縮」，発揮される力を「単収縮張力」という．しかし，実際の運動では，単収縮のみで筋力発揮を行うことはなく，連続した活動電位による筋収縮によって筋力を発揮している．活動電位の頻度により発揮される力が重なる

[12]錐体外路
　赤核脊髄路，前庭脊髄路および網様体脊髄路：それぞれ，脳幹の中脳の赤核，橋および延髄の前庭神経核，網様体から下行して，前角の運動ニューロンに直接的または間接的に接続する．これらは筋肉の張力や反射を調節している．視蓋脊髄路と間質核脊髄路は中脳から脊髄に下行し，首の運動と眼球運動の調整を協調的に行う．

▶運動単位
▶頻度変調
▶活動参加
▶同期性
▶サイズの原理

図表 22　運動指令と筋収縮の様式

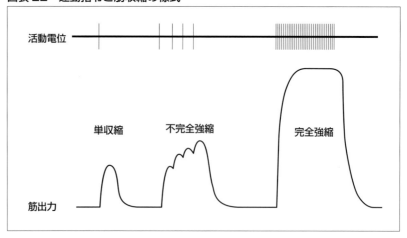

（加重，融合）．これを「強縮」という（図表22）．活動電位と活動電位の間隔を短くする（頻度を高くする）と大きな力が発揮でき，逆に間隔を長く（頻度を低くする）すると力を小さくすることができる．このような運動単位の活動電位（放電）発生頻度による力の調節を「頻度変調（rate coding）」という．

しかし，運動単位による頻度変調のみでは，力の調節を行うには不十分である．そのため，一つの筋を構成している数十から数百の運動単位をいくつ活動に参加させるか（活動参加；recruitment）による力の調節，さらには，運動単位同士をどのようなタイミングで活動させるか（同期性；synchronization）による調節が行われている．

このように運動単位の①放電頻度変調，②活動参加，③同期性という3つの活動を組み合わせることで，力の大きさや動作のなめらかさの調節が行われている（図表23）．

②運動単位の性質と活動参加の順序

運動単位は，α運動ニューロンと筋線維の性質から① S（slow twitch），② FR（fast twitch, fatigue resistant），③ FF（fast twitch, fatigable）型の3つに分類される．一つの運動単位にふくまれる筋線維はすべて同一のタイプである．また，一つの運動単位を構成するα運動ニューロンの性質は，支配している筋線維群の疲労耐性や収縮特性に対応している（図表24）．

多くの運動において運動単位の活動参加は，S → FR → FF の順にみられる（図表25）．この順序は，運動ニューロンの細胞体の大きさに従っており，「サイズの原理（size principle）」と呼ばれる．しかし，この原理は必ずしもすべての運動に当てはまるものではなく，運動の目的に合わせて変化する．

図表23 運動単位による力の調整

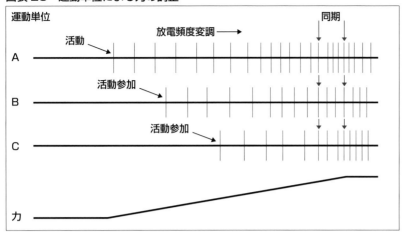

図表24 運動単位のタイプとその特性

運動単位タイプ	S	FR	FF
筋線維タイプ	I	ⅡA	ⅡB
運動ニューロンの特性			
細胞体	小さい	大きい	大きい
後過分極電位の持続時間	長い	やや短い	短い
軸索伝導速度	遅い	やや速い	速い
酸化系酵素活性	高い	やや高い	低い
解糖系酵素活性	低い	やや高い	高い
神経支配比	小さい	やや大きい	大きい

図表25 運動単位参加順序

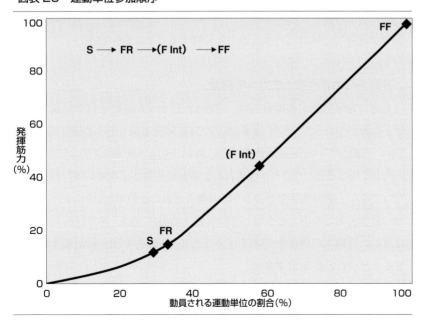

図表26　かけ声が最大筋力におよぼす影響

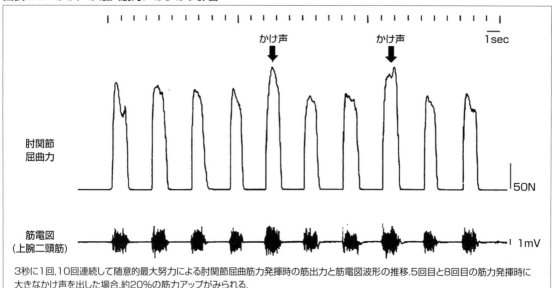

3秒に1回,10回連続して随意的最大努力による肘関節屈曲筋力発揮時の筋出力と筋電図波形の推移.5回目と8回目の筋力発揮時に大きなかけ声を出した場合,約20%の筋力アップがみられる.

▶神経系と筋力
▶運動単位の活動状況
▶神経系とパワー

3. 神経・感覚と体力

　運動のパフォーマンスを高めるためには，基本的には強く，速く，疲れにくい体力が重要となる．体力は各器官の形態や機能との関わりもあるが，神経・感覚系の機能にも大きく依存している．

1）神経系の働きと筋力

　筋力は筋の太さに比例する（p.72参照）．しかし，筋が太くとも神経からの指令が適切でなければ大きな筋力を発揮することはできない．

①神経系の働きと最大筋力への影響

　大きな力を発揮する場合には，できるだけ多くの運動単位を活動参加させ，なおかつ，一つ一つの運動単位の放電頻度を高くする必要がある．さらに，活動している運動単位を同時に活動させる（同期性）ことによりさらに大きな力となる．つまり，より大きな筋力を発揮するためには，筋の太さだけでなく，運動単位をどのように活動させることができるかという，神経系の働きが重要な能力となる．運動単位の活動状況は，筋電図波形の変化に現れ，筋電図の周波数分析をすることにより活動参加や放電頻度変調を知ることができる（p.31参照）．

　自分でかけ声を出したり，声援を受けたりすると，通常より10〜30%程度大きな力を発揮できることが知られている（shout効果）（図表26）．こ

れは平常時にはある水準で抑えられている神経興奮が，かけ声，声援により抑制が解除（脱抑制）され，運動単位の活動が変化するものと考えられている.

②神経系の働きと両側性筋力発揮への影響

最大筋力発揮を両側同時に行うと，片側だけの筋収縮時より筋力は10％程度低くなる．この低下には，力学的制約も関係するが，左右大脳半球間の抑制機構（周辺抑制）など，神経系の要因が関与していると考えられている.

③筋力トレーニングと神経系の適応

筋力トレーニングにより神経興奮水準が上昇し，筋力発揮に参加する運動単位の数が増大あるいは放電頻度の上昇が生じる．最大筋力発揮時の放電頻度は，20～30Hz（放電間隔33～50ミリ秒）であるが，トレーニング後に，時として，非常に短い（2～5ミリ秒）間隔で放電がみられるようになり，より速くより大きい力発揮が可能となる．また，運動単位間および協働筋群間の放電の同期化を促進し，筋力増大をもたらす．さらに，拮抗筋に対する相反抑制を増強して，より効率よく，力伝達が行えるようになることも筋力増大に関与している.

2）神経系の働きとパワー

パワーは筋力と筋収縮速度の積により決まる．最大パワー発揮のためには，筋力発揮のための神経制御に加えて，随意運動と反射運動の協応性が重要となる.

垂直跳で，一度しゃがみ込んでからジャンプすると，しゃがみ込みをしない場合よりも高いジャンプ高が得られる．すなわち大きなパワーを発揮できる．しゃがみ込み動作がジャンプ時の主働筋とその腱に伸張を生じさせる．この伸張によって，腱に弾性エネルギーが蓄積されるとともに，伸張反射を生じさせてジャンプパフォーマンスを向上させると考えられている (p.15 伸張反射参照)．プライオメトリックトレーニング[13]は，このような力学的エネルギーや感覚・神経機能を有効に利用してパワーを向上させようとするトレーニングである.

3）神経系の働きと持久力（筋疲労）

持久力の低下，つまり疲労は，筋の興奮収縮連関 (p.62 参照) の機能低下や疲労物質の蓄積，代謝能の機能低下などによって生ずるが，実際には，神経系機能も深くかかわっている.

[13]プライオメトリックトレーニング

筋腱をすばやく伸張させた後，短縮性収縮させるような動作では，筋の収縮特性に加えて筋腱の弾性特性および伸張反射による力発揮が加わり，最大パワーがより大きくなる．これらの各要素を効率よく利用できるように訓練するのがプライオメトリックトレーニングである．陸上競技，球技など高いパワーが必要とされる種目のスポーツで広く行われている.

▶神経系と持久力

図表27　持続的筋力発揮における運動単位の活動交代

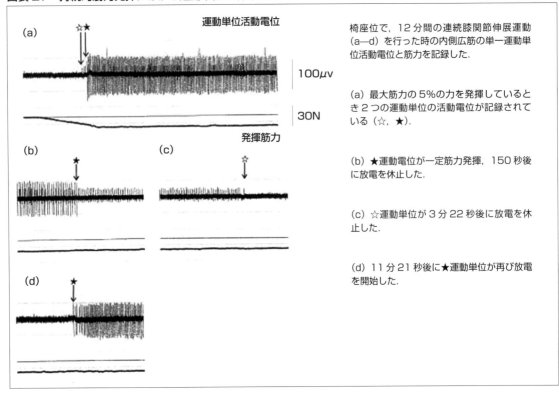

①中枢性疲労と持久力の低下

　筋力を長時間発揮し続けようとしても，筋力は意志に反して徐々に低下する．筋力は神経系と筋系の両者の能力により決定される．したがって筋力低下には，筋の機能低下だけでなく神経系の疲労も関与している．この神経系の疲労は，中枢神経の興奮水準の低下による運動指令の減少や，シナプス化学伝達物質の減少であり中枢性疲労（p.82参照）といわれる．

②運動単位の活動交代と持久力

　姿勢保持などのように弱い筋力を持続的に発揮するような場合，運動単位間や協働筋群間で活動の交代が生ずることが報告されている（図表27）．この交代は，一つの運動単位や一つの筋が疲労してしまうことを防ぎながら持久力を保つ神経機構と考えられている．

③持久的トレーニングにおける神経系の適応

　持久力には呼吸・循環機能や代謝能力だけでなく，運動技術（スキル[14]）が深くかかわっている．スキルの高い人は，必要な筋を適切に収縮させて運動を行い，不必要な筋を収縮させて「肩に力が入る」ような無駄な動きがない．これは運動野，運動前野，補足運動野における運動記憶とプログ

[14]スキル
　スキルは，熟練，技能，技量あるいは巧緻性を指す．適当な日本語訳がないために英語の表現がそのまま用いられている．

図表28　全身反応時間

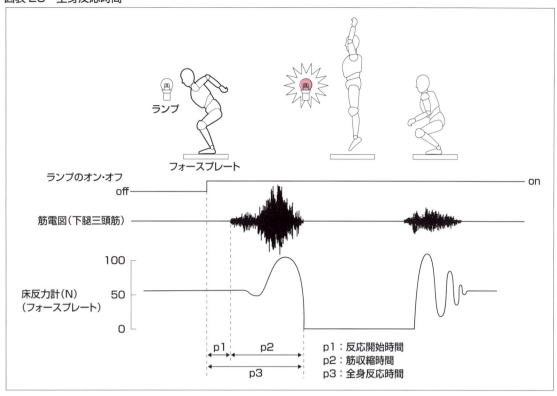

ラムが完成し，さらに大脳基底核と小脳の神経活動による効率的運動が発現した結果と考えられる．例えば長距離走では，体格や最大酸素摂取量などが同じ場合でも，体重の上下動の少ない走スキルの高い選手のほうが記録がよい．スキルの高い人は少ないエネルギーで効率的に走ることができるため，疲労しにくく，高い持久力を得ることができるのである．

4）神経系の働きと敏捷性

▶神経系と敏捷性

　敏捷性は，運動や動作をすばやく行うことができる能力である．すばやく動くためには，「運動を開始するまでの時間」あるいは「運動をしている時間」を短くすることが必要である．

①反応時間

　なんらかの刺激を認識してそれに応じて運動するとき，刺激が与えられてから実際に運動が開始されるまでの時間を「反応時間」という．反応時間は，「運動の指令が筋に届くまでの時間（反応開始時間）」と「指令が届いた後に筋が収縮し運動が発現するまでの時間（筋収縮時間）」に分けられる．反応開始時間は約180ミリ秒である．この時間は，与えられた刺激

を感覚器が受け取り，その後運動指令を作成あるいは選択し，運動ニューロンにより筋まで指令を伝達するのに要する時間である．

実験的には床反力計（フォースプレート）上に人を立たせ，正面のランプが点灯したらできるだけ早くジャンプするよう指示し，点灯してからジャンプするための主働筋の筋電図と床反力計の力変化を測定する (図表28).

筋収縮時間は体重に対する筋量（筋力）と関係し，体重当たりの筋力が高いほど短縮する．スポーツ選手は一般人より反応時間が短いが，この差は反応開始時間ではなく，筋収縮時間が短いことによると考えられている．

反応時間は予測すると短くなる．一方，運動が複雑になると，たとえば青いランプが点灯したなら右に，赤ランプが点灯したらなら左にジャンプするなど，運動の選択肢が増えると，反応時間は延長する．

バスケットボールにおいて，ディフェンスはオフェンスの左右，前後，あるいはパスといった選択肢の多い動きを予測して反応しなくてはならない．そのため，ディフェンスの反応は遅れがちになる．

②サイレントピリオド

高い敏捷性を得るには，筋力をすばやく発揮させることが必要である．そのためには，多くのα運動ニューロンが筋へ短時間に一斉に指令を送る必要がある．軽く下肢を屈曲させてあらかじめ弱い筋力を発揮している状態から，すばやい動作を起こそうとすると，直前にα運動ニューロンから筋への指令が一次休止する現象がみられる．これをサイレントピリオドという．サイレントピリオドは，続いて起こるα運動ニューロンの放電を同期化して，筋力の立ち上がりを早める神経機構と考えられている．

③敏捷性のトレーニングにおける神経系の適応

敏捷性を高めるには，「運動を開始するまでの時間」あるいは「運動をしている時間」を短くする必要がある．敏捷性のトレーニングを行うと，反応時間が短縮する場合とサイレントピリオド出現率が高まる場合の二つのパターンがあることが知られている．前者は，協働筋との同期化により運動開始までの時間を短縮しようとする戦略であり，後者は筋収縮速度を上昇させて運動している時間を短くしようとするものである．

▶神経系とバランス

5）神経系の働きとバランス能力

姿勢の安定を保つ能力をバランス能力を「平衡能」という．適切なバランスは，感覚系や神経系機能など多くの機構の働きによって実現する．立っているときでも脚の筋，体幹の筋など多くの筋が協応しながら直立という動的平衡状態を保っている．さらに，運動場面におけるさまざまな姿勢の

安定を保つためにより複雑な調節が行われている.

バランスをとるには,前庭系,視覚,固有感覚など,多くの感覚の統合が重要である.感覚情報は,反射運動(姿勢反射)の刺激となるとともに随意運動の開始の合図となり,姿勢調節に用いられる.立っていたり,歩いたりする運動のバランスは,ほとんど反射運動で調節される.それに対して,スポーツにおいては反射だけでなく随意運動により調節される部分が多くなる.

さらに,ゲレンデのこぶ斜面をスキーで滑るときのように,非常にすばやい動きの中で身体のバランスをとる必要がある場合には,あらかじめゲレンデの状態を予測して自らの姿勢(重心位置)を変化させ,適切な姿勢を保持する「予測性調節」が行われている.

予測性調節は中枢神経の興奮性を高め,変化に対する反応時間の短縮や随意運動の強さ調節にも働くと考えられている.

6) 神経系の働きと柔軟性

▶神経系と柔軟性

①柔軟性とは

柔軟性(関節可動範囲)には,関節の構造,靭帯,筋および腱の粘弾性が関与する.筋自身の構造や形状の特性だけでなく,神経系の指令による緊張により筋の弾性が変化し,柔軟性に影響する.また,筋伸張にともなう痛み感覚の低下も柔軟性を向上させる.

②柔軟性トレーニングと神経系の適応

筋の緊張低下は関節可動範囲を増大させる.例えば,肘関節(上腕二頭筋)を屈曲させて筋力発揮を行うと,相反抑制により,拮抗筋(上腕三頭筋)の緊張を低下させることができる.また,強い筋力発揮を行うと,Ib抑制が生じ,収縮後の筋緊張を低下させることができる.PNF⑮やストレッチ運動などは,このような神経系の機能特性,短期的な機能変化を利用して柔軟性を高めようとするものである.

立位体前屈で成績の劣る人では腰部の筋群に筋放電が観察されるが,柔軟性に優れた一流のバレリーナでは筋放電が見られない.これは伸張反射の抑制が柔軟性を高めていることを意味している.

⑮PNF(Proprioceptive neuromuscular facilitation technique)
固有受容器神経筋促通法.筋の伸張,筋力発揮,関節の牽引・圧縮等により筋紡錘などの固有受容器を刺激することで神経筋の反応を促進する方法である.筋をより弛緩させ関節可動域を増大させる以外にも筋力増大,筋協調性の改善などの効果を目的として行われている.

図表29　視覚情報とグランドストローク成功率

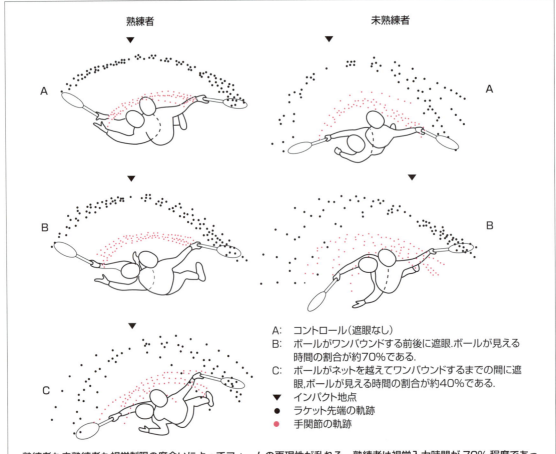

A: コントロール（遮眼なし）
B: ボールがワンバウンドする前後に遮眼．ボールが見える時間の割合が約70%である．
C: ボールがネットを越えてワンバウンドするまでの間に遮眼，ボールが見える時間の割合が約40%である．
▼ インパクト地点
● ラケット先端の軌跡
● 手関節の軌跡

熟練者も未熟練者も視覚制限の度合いによってフォームの再現性が乱れる．熟練者は視覚入力時間が70%程度であってもほぼ正確にインパクトできるが，40%ではフォームが乱れ，ボールを正確に打ち返すことができなくなる．未熟練者は視覚入力時間が70%程度で大きく乱れ，ラケットにボールを当てることも困難となる．

▶スキルと反射
▶感覚と予測
▶スキルとニューロンの発達
▶シナプスの構造変化
▶発芽
▶大脳-小脳連関ループ

4. 神経・感覚とスキル

　運動のパフォーマンスの決定には，体力とともにスキルが重要な要素である．スキル（巧みさ）は，運動の反射および随意の調節能力である．

1) スキルと反射

　スキルには，反射運動を利用したスキル（反射促進型）と，反射運動を抑えて行うスキル（反射抑制型）がある．倒立時に頭部を後屈すると頸反射が生じ，上肢の伸展が促進され，安定した倒立を可能にする．また，投手のすばやいテイクバック動作が大胸筋の伸張反射を引き起こし，投球動作を助長する．
　一方，柔軟性に優れるバレリーナが体前屈時にも腰部筋放電が起こらな

いのは，反射発現の感受性が低下することにより，高い柔軟性を獲得した
と考えられる．また，体操選手は首を後屈させて身体を抱え込んでの後方
2回転や首を左あるいは右に向け両腕を強く屈曲しながら両足を伸展させ
てひねるなど，姿勢反射に逆らった動きをする．これも反射抑制型スキル
である．

2) 感覚と予測

　手指で物を摘む運動では，力が弱いと物を落としてしまうし，力が強す
ぎると細かい操作ができずにすぐに疲れてしまう．また，手袋をして触覚を
低下させると，摘む力が不要に強くなってしまう．安全性を見越し，必要
な最低限の力の発揮は，筋や関節における深部感覚と皮膚の触覚や圧覚の
情報に基づいて調節される．

　スキーヤーは雪面から受ける力やそのときの筋や腱の伸張に対応して，
適切なエッジングにより鋭いターンを可能にする．テニスの打球動作では，
刻々と変化するボールの軌跡を視覚としてとらえ，知覚→認知→打球，あ
るいは打点地点とタイミングの予測→運動プログラムの決定→打球動作と
進む．このため正確な予測や動きをするためには，視覚からの的確な情報
が重要となる（図表29）.

　サッカーや野球などでレベルの高い選手は，視力，動体視力⑯，焦点調
節能などの視機能が優れていることが知られている．

3) スキルの発達とニューロンの適応

　神経は，必要とされる条件に応じて自らの特性を変え，その特性を保つ
可塑性をもっている．ニューロンとニューロンの情報伝達の場であるシナプ
スの可塑的変化が運動の学習を可能にする．さらには，シナプスの構造変化，
発芽⑰などが，大脳皮質運動野や脊髄内で起こる．すなわち，これらの変
化が，身体で覚える，あるいは運動を学習するということの基礎といえる．

4) スキルと小脳の働き

　非侵襲⑱的方法での脳の研究の結果から，運動の学習に感覚野，一次運
動野，運動前野，補足運動野，小脳，大脳基底核などが関係していること
が確かめられている．

　膨大な数のシナプスのうちのどのニューロンのシナプスに変化が起こり，
運動を学習し記憶することができるのであろうか．まだ十分に明らかになっ
ていないが，仮説がだされている．その一つを紹介する．

　大脳と大脳基底核の間には，また，大脳と小脳の間には「ループ結合」
が形成されている（図表30）.ある随意運動を初めて行うとき，あるいは運

⑯動体視力
　ダイナミックに動く対象の識別を動体視力という．動体視力は一般的な視力とほとんど関係ないことがわかっている．競技レベルの高いスポーツ選手の動体視力は優れているという知見が多い．眼球運動，網膜，心理的要因などが関与していると考えられている．

⑰発芽
　発芽とは，軸索が分岐し延長し，他の神経をシナプス結合して神経回路が新たに組み立てられる現象である．神経回路は，ハードで動きの取れないものととらえがちであるが，非常に柔軟に変化しうるものである．

⑱非侵襲
　実験や医療において，生体内の恒常性を乱す可能性のある刺激を身体の外部から加えることを侵襲という．外科手術，採血，生検（筋肉や内臓の組織の一部を採取すること）なども該当する．それに対し，心拍測定や血圧，吸気ガス分析など，皮膚内や体の開口部への針や器具を挿入しない手法を非侵襲という．

図表30　大脳—小脳連関ループ

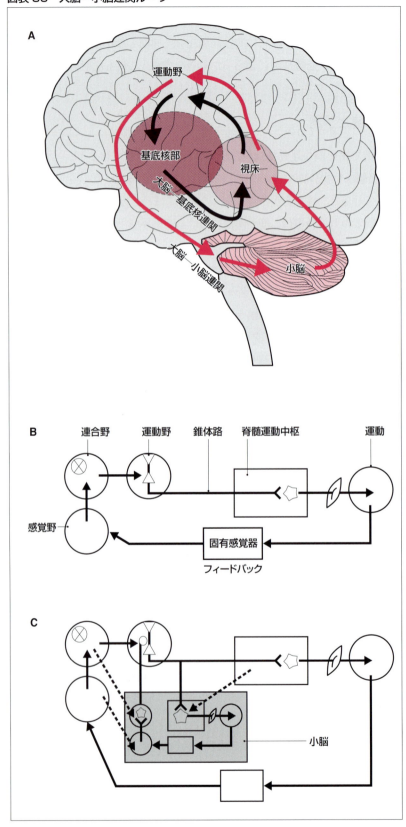

動に慣れていないときには，連合野で作られた運動の指示信号は大脳の運動関連野（運動野，運動前野，補足運動野）に入力し運動指令信号が作られ，運動野から脊髄を通り骨格筋系に指令信号が送られて運動が起こる．また，運動時には視覚・聴覚からの情報を使い運動結果をフィードバックさせながら運動指令の修復を行う（図表30B）．この回路ではフィードバックに時間を要するため，速いなめらかな運動に至らない．

一方，運動をくり返し行い習熟すると，小脳に大脳のシミュレーターと骨格筋系の正確な内部モデル[19]ができて，その内部モデルは連合野－運動野の神経回路と並列に挿入される（図表30C）．くり返し練習することで，大脳皮質を関与させずに自動運動のように無意識下で再現性の高い運動が可能となり，すばやく正確で円滑な運動を可能とする「大脳－小脳連関ループ」が完成すると考えられている．

5. 筋における神経活動の記録方法

1）筋電図

神経系からの活動電位が筋線維に伝わると，筋の細胞膜に活動電位が発生し，細胞の両端に向かって伝導する．この電位変化が作り出す電位分布を記録したものを筋電図という．筋電図には，どのような筋収縮を対象とするか，どのような導出電極および方法を用いるかによりいくつかの種類がある．ここでは非侵襲的に皮膚表面から記録でき，運動への適用が容易である表面筋電図について解説する．

表面筋電図を運動動作の分析のために用いる場合，①どの筋が，②いつ，③どのくらいの力発揮で，④どのくらいの時間働いているかを知ることができる．さらに，⑤神経系がどのように筋あるいは運動単位を活動させているのか，⑥筋の電気生理学的特性（筋活動電位伝導速度など）に関する情報なども得ることができる．

表面筋電図では，筋電気信号が導出電極の位置する皮膚表面に達するまでに減衰し微小な電位となる．そのため，適切な導出と，増幅が必要となる．一般的に，電極には銀－塩化銀が使用されている．皿型で直径5mmあるいは10mm程度のものが用いられることが多い．

表面筋電図は，複数の運動単位の活動電位を皮膚上から記録したものである．そのため，全体の波形は運動単位活動電位が重なり合った干渉波形となる（図表31A）．

表面筋電図を定量する方法として，単位時間当たりの総放電量，すなわ

[19]小脳の内部モデル
　運動野からの運動指令は小脳の赤核系でモニターされ，くり返し練習（学習）の過程で，目標とする運動に見合った運動指令を出力する内部モデルが形成される．この内部モデルは，小脳が大脳から運動指令を処理し，次に出力する運動指令の信号の目標値と，実現された運動結果の誤差値を送り返す信号により形成される．内部モデルの学習での運動目標と運動結果の間の誤差は，運動指令の誤差信号として小脳に伝達され，長期抑圧などのメカニズムによって，目標運動に対する無駄な動きの制限として働く．運動の遂行毎に小脳の内部モデルの修正が行われ，学習が進むと，速いスムーズな運動がこの回路を用いて可能になる．

図表31　表面筋電図

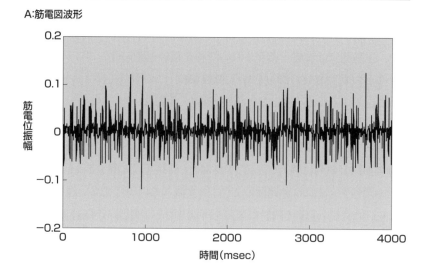

A:筋電図波形

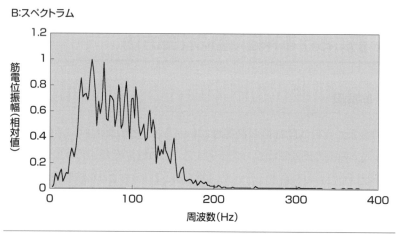

B:スペクトラム

ち積分値算出がある．積分値の大きさの変化からは，運動単位の活動レベルを推定できる．しかし，積分値変化が，活動に参加している運動単位の数の変化によるのか，運動単位の放電頻度の変化かを識別することはできない．

　表面筋電図にどのような周波数の成分が含まれているかを求めるのが周波数解析である．この解析には一般にフーリエ変換が用いられ，スペクトラムを求める（図表31B）．得られたスペクトラムの評価指標として平均周波数あるいは中央周波数が用いられることが多い．また，任意に周波数帯域を分け，スペクトラムの比を算出しその比を指標とすることもある．筋疲労時にスペクトラムの平均あるいは中央周波数が低下することが知られている．この変化は，筋活動電位伝導速度の低下にともなう活動電位波形の変化，運動単位の同期性を反映するものと考えられている．

　一般的な表面筋電図は，運動単位活動電位の干渉波形であるが，皮膚

図表32 力を漸増させたときの筋音図の変化

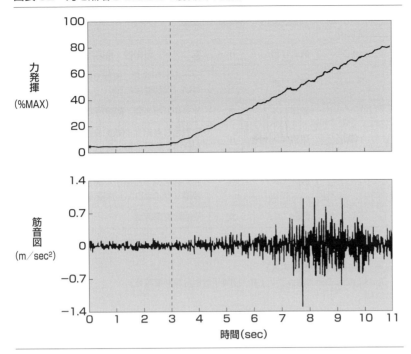

表層に位置する大きな運動単位であれば,低度から中程度の筋力発揮レベルで記録が可能である.

2) 筋音図

　筋線維は収縮時に音（振動）を発生する(図表32).この振動がなぜ起こるかは未だはっきり分かっていないが,筋収縮時に起こる縦方向の短縮と横方向への拡大によって起こるのだろうと考えられている.振動は100Hz以下と低い周波数である.筋音図は,小型の加速度計,振動センサー,マイクロフォンなどを皮膚表面に装着して記録できる.

　筋力を漸増させていくと筋音図の振幅や積分値は増大するが,高強度になると低下することが報告されている.これは,運動単位の放電頻度が高くなり,力が融合し,筋線維の形態的の変化が起こりにくくなるためと考えられている.このように,筋音図でも,筋電図と同様に運動単位に関する情報を得ることができる可能性がある.

図表33　各種脳機能計測法の特徴

	情報源	空間分解能 （mm）	時間分解能	拘束性	特徴
脳波	神経活動（電位）	10	数ミリ秒	小	低コスト，可搬性，長時間連続記録が可能
脳磁図	神経活動（磁場）	2～5	数ミリ秒	大	シールドが必要，法線方向の信号が得られない．深部情報に弱い
fMRI	血液動態	1～4	数秒	大	シールドが必要，撮像時に大きな音
NIRS	血液動態	30	数秒	小	可搬性，長時間連続記録が可能，信号感度が低い．深部情報に弱い
PET	血液動態，代謝，神経伝達機能	4～5	数分	大	高感度で定量的だが，放射線管理区域で，放射能を持った原子を製造する大がかりな装置（サイクロン）を要する
SPECT	血液動態，神経伝達機能	10	数分	大	放射線管理区域

fMRI；functional Magnetic Resonance Imaging（磁気共鳴画像）
NIRS；Near Infra-Red Spectroscopy（近赤外分光）
PET；Positron Emission Tomography（陽電子放射断層写真）
SPECT；Single Photon Emission Computed Tomography（単一陽電子放射計算断層写真）

6. 脳における神経活動の計測方法

　脳の機能を非侵襲的に記録する方法には，古くから用いられてきた脳波に加え，近年，さまざまな方法が開発され研究や臨床医学で大きな成果をあげている（図表33）．

■まとめ

1. 神経系であつかわれる活動電位の本態について説明しよう.
2. 活動電位の発生と伝導のしくみについてその特性を説明しよう.
3. シナプスにおける伝達のしくみとその特性について説明しよう.
4. 反射のしくみと意義について説明しよう.
5. 神経系による発現様式の違いから運動を分類しよう.
6. 神経系内における随意運動発現の過程を説明しよう.
7. 運動単位とは何か,また,力の調節に関わる活動様式の特性について説明しよう.
8. 神経系の働きと運動能力との関係を説明しよう.
9. 運動の学習や記憶の基礎となる神経,脳の持つ特性について説明しよう.
10. 神経系の構造と働きを簡単に説明しよう.

■今後の課題

1. 随意運動の発現メカニズムの解明.
2. 随意運動の調節メカニズムの解明.
3. 運動の学習,記憶のメカニズムの解明.
4. 運動パフォーマンス向上に寄与する神経系機能改善のためのトレーニング方法の探求.
5. 神経系による運動実行指令の様式と筋機能の相互関係についての探求.

■参考図書

1) 時実利彦,脳の話,岩波書店,1962 年.
2) 久保田競,手と脳,紀伊国屋書店,1982 年.
3) 松波謙一,運動と脳,紀伊国屋書店,1985 年.
4) 伊藤正男,脳の設計図,中央公論社,1988 年.
5) 伊藤正男,脳と心を考える,紀伊国屋書店,1993 年.
6) 塚原仲晃,脳の可塑性と記憶,紀伊国屋書店,1993 年.
7) 久保田競,脳のなぞを解く,朝日文庫,1995 年.
8) 丹治順,脳と運動,共立出版,1999 年.
9) 西野仁雄,柳原大,運動の神経科学基礎から応用まで,ナップ,2000 年.
10) 松波謙一,内藤栄一,最新運動と脳－体を動かす脳のメカニズム,サイエンス社,2000 年.

11) フロイド・E，ブルーム他 (著)，中村克樹，久保田競（監訳），新脳の
探検，2004 年 .

●————図版出典

図表3　● Gary，A.T.，Kevin，T.P.，コメディカルサポート研究会（訳），Structure
& function of the body，医学書院，1988.
図表 16　●足立千鶴子，他，岩波ジュニア科学講座 6，からだの働きと健康，岩波書
店，1985.
図表 18　●丹治順，大野秀樹，他編，Q&A 運動と遺伝，大修館書店，2001（改変）.
図表 19　● Penfield and Rasmussen，The Cerebral Cortex of Man，The
Macmillan，1950（改変）.
図表 20　●大築陸男，生理学テキスト第 3 版，文光堂，p.90，2002.
図表 21　● Schmid，E.，Fundamental Neurophysiology Springer-Verlag，1978
（改変）.
図表 24　● BurkeR.E.，Handbook of Physiology，Nervous system II，1981（改
変）.
図表 25　● Sieck，G.C.，Fournier，M.J.，J.Appl.Physiol.66，2539-2545，1989
（改変）.
図表 27　● Kamo，M.，Morimoto，S.，Discharge properties of human motor
units during low level contraction. J.Electromyogr.Kinesiol.，11，
255-261，2001.
図表 29　●鬼頭伸和，視覚情報とグランドストローク成功率，J.J.Sports，2，278-
282，1983.
図表 30　●伊藤正男，ニューロンの生理学，吉沢書店，1970.
図表 31　● Akataki，K.，Mita，K.，Watanabe，M.，Ito，K.，Mechanomyogram
and force relationship during voluntary isometric ramp
contractions of the biceps brachii muscle. Eur.J.Appl.Physiol.，84，
19-25，2001.
図表 32　●松浦雅人，日本生理学会生理学若手サマースクールテキスト，p.90，
2000.

第2章

運動とホルモン
―内分泌系と自律神経によるコンディションの調節―

　スポーツ活動において最高のパフォーマンスを発揮するために
は，コンディションつくりが重要となる．疲労をとり，活動すべき
ときは体力・気力ともに全開にさせることが理想である．一流選手
の巧みな運動やすばらしいパフォーマンスは適切なコンディション
づくりによって発揮されている．そんな身体のコンディションの調
節を行っているのが内分泌系と自律神経である．

　内分泌系は自律神経と連携して，ホルモンによって標的器官に情
報を伝え，運動による筋肥大，体脂肪減少や肥満，試合前の緊張，
恐怖や不安との葛藤，運動時の心拍数や血圧上昇などの調節を行っ
ている．このような内分泌系の働きは無意識下で行われている．

　本章では，状況に応じて，私たちの身体が常に安定した機能を発
揮できるように働いている内分泌系による調節機構を解説する．

基礎編　ホルモンの作用

1．ホルモンとは何か？

　1902年にイギリスの生理学者ベーリスとスターリングは，胃で生成された酸性物が十二指腸内に入ると，その刺激によりセクレチンという物質が十二指腸膜から血中に分泌され，このセクレチンが膵臓からの膵液の分泌を促進させることを発見した．このセクレチンのように，特定の組織や器官で生成された後，血液とリンパ液中に放出され身体のいずれかの組織や器官に作用する物質を「ホルモン」と呼び，その現象を分泌形態から「内分泌」という．

1）内分泌とは

　37兆個の細胞がそれぞれ自由気ままに機能してしまうと，身体は恒常性を保つことができず病気や機能不全に陥ってしまう．そこで身体内の臓器・細胞はお互いに情報を伝えあうための手段として，身体内部での連絡網が必要となる．この連絡網に血管が利用され，血液を介して身体内部の各器官・臓器・細胞に行きわたるコントロール形態がとられている．これが「内分泌」であり，その媒体となるものがホルモンである．

2）おもな内分泌腺

　ホルモンを生成し，血液中に放出する小さな組織を「内分泌腺」，それそのものが一つの器官として独立しているものを「内分泌器官」という．おもな内分泌器官としては脳下垂体前葉（下垂体前葉），脳下垂体後葉（下垂体後葉），甲状腺，副腎，膵臓，腎臓，精巣，卵巣などがあり，それぞれのホルモンを分泌している（図表1）．さらに，視床下部の神経末端や，胃の粘膜細胞や消化器官，心臓，毛細血管もホルモンを分泌していることが明らかになっている．

> ●ホルモンの定義
> ①特定の臓器・器官で作られる
> ②化学物質である
> ③血液を通して運ばれる
> ④微量で効果的である
> ⑤特定の臓器・器官に作用する

3）ホルモン作用の特性

　血液中には内分泌腺により放出された多種多様のホルモンが存在するにも関わらず，ある特定のホルモンは特定の細胞（標的器官）のみに効果を発揮する．まさに，大海の中で小舟を見つけだす精巧なメカニズムであり，ピンポイントな作用といっても過言ではない．このメカニズムの手助けをするのが「ホルモン受容体」と呼ばれるたんぱく質である．特定のホルモンの標的となる器官は，そのホルモンと結合するたんぱく質（受容体）を細胞の表面に配置している．血液中を移動してきたホルモンとこのたんぱく質が結合・融合して新しい複合体を形成する．この複合体から発信される情報を標的器官が受け取るのである．このようなホルモンと受容体との結合は，「鍵」と「鍵穴」に例えられる（図表2）．

図表2　ホルモンとホルモン受容体の関係

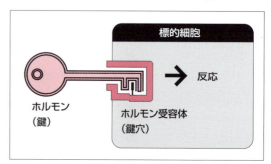

図表1 おもな内分泌腺とホルモン

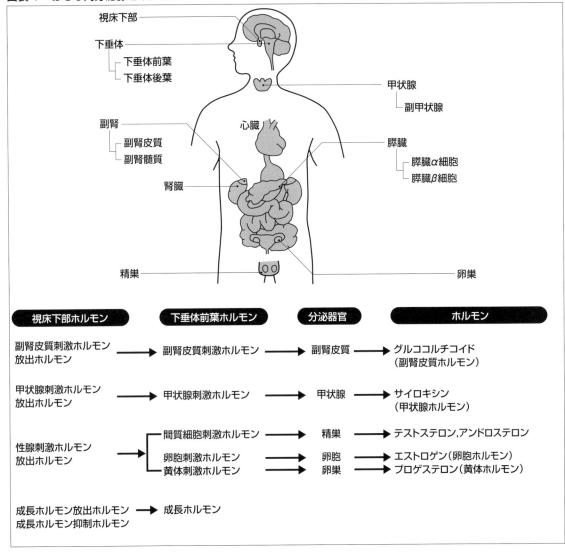

　ホルモンは血中濃度により働きを増減させる．標的器官に作用するホルモン量を調節するため，多くのホルモンは段階的に働く（図表1）．例えば，視床下部→下垂体前葉→内分泌腺→標的器官となる．このような過程で，十分な量のホルモンが分泌された場合には，ホルモンは上位の分泌器官に作用して分泌量を抑制方向にフィードバック制御する．また，血糖値の上昇にはアドレナリンやグルカゴンなど複数のホルモンが関与し，逆にインスリンは血糖値の低下に働くなど，ホルモン分泌を相乗的，拮抗的に働くことで生体機能が調節されている．

4）ホルモンの分類

　ホルモンには多くの種類があるが，その分泌器官や化学構造，生理作用などから分類がされている．

①内分泌する器官による分類

　卵胞ホルモン，甲状腺ホルモン，副腎皮質ホルモンなど，それぞれのホルモンを分泌する器官によって分類されている．

図表3 水溶性ホルモンと脂溶性ホルモン

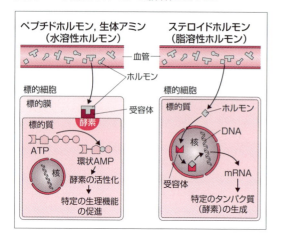

②化学構造による分類

ホルモンは化学構造から脂溶性のステロイドホルモンと水溶性のペプチドホルモン，生体アミンホルモンに分けられる．

ステロイドホルモンは中胚葉系の結合組織に由来する副腎皮質と性腺から，コレステロール（脂質）を基質として作られる．脂溶性のステロイドホルモンは脂質で出来ている細胞膜を拡散によって通過し，細胞内受容体と結合する．ステロイドが結合した受容体は三次立体構造を変えて核に入りDNAと結合し，特定の遺伝子の転写を開始させる．こうしてできたmRNAは核外に出て，タンパク質に翻訳される（図表3）．

ペプチドホルモンは，いくつかのアミノ酸がペプチド結合した構造を持ち，身体の中にあるほとんどのホルモンがこれにあたる．成長ホルモンやおもに肝臓での糖の取り込みを促進し血糖値を下げるインスリン，脳内麻薬物質エンドロフィンなどがこの種類である．生体アミンホルモンはアミノ酸誘導体ホルモンとも呼ばれ，アミノ酸を材料として合成され，アミノ基（$-NH_2$）を持つ比較的簡単な構造から成る．神経ホルモンであるカテコールアミン❶や，日内リズムに関係するメラトニン，エネルギー代謝を調節する甲状腺ホルモンなどがある．

ペプチドホルモン，生体アミンホルモンは水溶性であり，標的細胞の表面にある特異的な受容体と結合して，細胞内の信号に変換される．ホルモンと結合した受容体は三次構造を変えることで，酵素や環状AMPなど細胞内の情報伝達物質を賦活させ特定の生理機能を起こす（図表3）．

③生理作用による分類

ホルモンはその生理作用からも分類される．①生体内環境を安定的に保つホルモンとして，体液量や血圧を維持するアルドステロン，バゾプレッシンなどがある．また，②感染やストレスなどに対する生体防御反応に関与する視床下部，下垂体，副腎皮質を分泌器官とするストレスホルモンがある．さらに，③消化吸収に影響するセレクチン，インスリン，④エネルギー代謝調節に関与するアドレナリン，ノルアドレナリン，グルカゴン，グルココルチコイド，⑤生殖機能に関与する性ホルモン（男性ホルモン，女性ホルモン），生体の発育・成長に関与する成長ホルモン，甲状腺ホルモンなどがある（図表4）．

●ホルモンの生理作用
① 生体内環境維持
② 生体防御反応
③ 消化・吸収
④ エネルギー代謝
⑤ 生殖・発育・成長

---

2. おもなホルモンとその生理機能

外界からの刺激によりホルモンが標的器官に

---

❶カテコールアミン：アドレナリン，ノルアドレナリン，ドーパミンを総称してカテコールアミンという．

図表 4 おもなホルモンの作用と運動による分泌変化

分泌器官	ホルモン名称	主な生理作用	一過性の運動による変化	トレーニングによる変化
下垂体前葉	卵胞刺激ホルモン	卵胞を刺激し，エストロゲン分泌	不変？	不変
	黄体形成ホルモン	黄体を刺激しプロゲステロン分泌	不変？	女性で上昇？
	副腎皮質刺激ホルモン（ACTH）	グルココルチコイド分泌促進	60% $\dot{V}O_2$max 以上から増加	同一運動強度に対して上昇度が減少（% $\dot{V}O_2$max で表すと不変）．最大運動時はトレーニングしている者は高値を示す
	成長ホルモン	骨の成長 諸器官の増殖・肥大 グリコーゲン分解→血中へ 中性脂肪の分解→血中へ	50% $\dot{V}O_2$max 以上から増加	同一運動強度に対して上昇度が減少 長時間運動ではそのレベルを維持
	プロラクチン	性腺抑制作用	増加	女性で増加
下垂体後葉	オキシトシン	女性器の平滑筋収縮	？	？
	バゾプレッシン	抗利尿作用	60% $\dot{V}O_2$max 以上から増加	不変
甲状腺	サイロキシン	基礎代謝亢進 たんぱく合成促進 グルココルチコイド分泌促進	50% $\dot{V}O_2$max 以上で増加？ 中等度の長時間運動で増加？ 無酸素性運動で増加？	わずかに減少？
	カルシトニン	骨吸収の抑制 血中 Ca 濃度低下	長時間運動で増加	？
副甲状腺	パラトルモン	骨吸収の促進 血中 Ca 濃度増加	不変	？
副腎皮質	グルココルチコイド	抗炎症作用 たんぱく質分解促進 糖新生	軽運動では不変 長時間運動で増加 60% $\dot{V}O_2$max 付近から増加	同一運動強度に対して上昇度が減少（% $\dot{V}O_2$max で表すと不変）
	アルドステロン	血管炎症反応の亢進・細胞外液量や電解質濃度の維持	運動時間に伴って増加	安静時濃度が減少？
副腎髄質	アドレナリン	血圧上昇 心拍数増加 血糖上昇 脂肪分解促進	60% $\dot{V}O_2$max 以上で増加	同一運動強度に対して上昇度が減少（% $\dot{V}O_2$max で表すと不変）最大運動時はトレーニングしている者は高値を示す
	ノルアドレナリン	末梢血管の収縮 血圧上昇 血糖上昇 脂肪分解促進	50% $\dot{V}O_2$max 以上で増加	同一運動強度に対して上昇度が減少（% $\dot{V}O_2$max で表すと不変）最大運動時はトレーニングしている者は高値を示す
膵臓	インスリン	肝臓・筋・脂肪組織での糖の取り込み 血糖低下	50% $\dot{V}O_2$max 以上で減少	安静時の濃度は減少 同一運動強度に対して減少の度合いが少ない
	グルカゴン	血糖上昇	60% $\dot{V}O_2$max 以上から増加 トレーニングしている者は増加が少ない 長時間運動の後半で増加	同一運動強度に対して上昇度が減少
腎臓	エリスロポエチン	赤血球生産	？	増加
精巣	テストステロン アンドロステロン	男性化 骨格・筋肉の発達	わずかに増加 無酸素性運動で増加？ 持久運動で減少？	（男性）：安静値が筋力トレーニングで上昇，持久的トレーニングで減少？（女性）：上昇
卵巣の卵胞	エストロゲン	女性化（卵胞の成長） 骨成長因子への刺激	高強度運動で増加？	（男性）：安静値が減少 （女性）：排卵期に減少
卵巣の黄体	プロゲステロン	子宮内膜の維持と基礎体温上昇	？	

図表5　ホルモンと神経の情報伝達特性

手紙のように,特定の人に特定の情報を伝えることができるが少々時間がかかる.

電話のように,敏速に情報を伝えることができる.

図表6　自律神経の拮抗作用

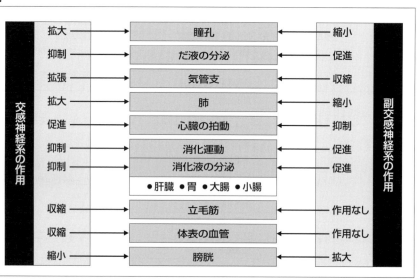

自律神経は交感神経,副交感神経に分けられ,交感神経末端からはノルアドレナリンが,副交感神経末端からはアセチルコリンが分泌され,それぞれの標的組織・器官に作用する.

作用する経路は,視床下部→下垂体前葉・後葉,あるいは自律神経→内分泌腺→標的器官となる.視床下部から出されるホルモンは,いくつかの経路に分かれ,代謝や他の内分泌腺を刺激する多数のホルモンを分泌させる.このように連鎖反応として種々のホルモンが分泌される過程で,相乗作用や拮抗作用が起こり,代謝や体温,体液量,成長などの生体機能が調節されている(図表1).

3. 自律神経とホルモンの連携

1) 自律神経とホルモンの情報伝達

身体の恒常性をコントロールしているのは内分泌系(ホルモン)だけではない.生体の発達,

図表 7　おもな神経伝達物質

分類	物質名	主な働き	興奮（＋）と抑制（－）
興奮性アミノ酸	グルタミン酸	記憶に関与	＋
	タウリン	伝達物質を調節	±
抑制性アミノ酸	GABA（ギャバ）	別名：γ-アミノ酪酸．抑制性伝達物質	－
カテコールアミン	ドーパミン	情動，注意，意欲などに関与．ノルアドレナリンの前駆物質	＋
	ノルアドレナリン	ストレス，注意，不安や薬物依存に関与	＋
インドールアミン類	セロトニン	睡眠と覚醒に関与．行動抑制の働きがある	±
	メラトニン	睡眠と覚醒に関与	±
コリン系	アセチルコリン	交感神経，副交感神経，自律神経，運動ニューロンなどに広く存在し，記憶や思考作用，睡眠と覚醒に関与	＋

成熟，内部環境などを不随意的に調節する働きを「自律機能」という．この自律機能はホルモンと自律神経の働きでコントロールされている．両者は一見，まったく異なる仕事をしているかのように見えるが，ホルモンと自律神経は連携して身体の恒常性を維持している．しかし，両者の情報伝達には特徴がある．

　自律神経による情報の伝達は速い，あるいは切り換えに要する時間的変化が速い．一方，ホルモンによる伝達経路は血管であり，伝達速度が遅く，また血中濃度の変化にも時間を要するが，持続性がある（図表5）.

2）自律神経の拮抗作用

　自律神経とは，自分の意志とは無関係に働く神経であり，内臓器や血管の平滑筋，また心臓や横隔膜の筋肉などをコントロールしている．自律神経には交感神経系と副交感神経系があり，この二つの神経系は多くの器官・臓器に進入（二重神経支配）して拮抗的に働く（図表6）.

　交感神経は覚醒や怒り，不安などが生じたときに身体を興奮させる．例えば，眼の瞳孔の拡大，心拍数の増大，消化液分泌の抑制などの働きがある．

　副交感神経は，身体を休めるように働く．例えば，肺を収縮させ，心拍数を減少させ，消化液の分泌を促進する．

　交感神経末端からはノルアドレナリンが，副交感神経末端からはアセチルコリンが分泌される．これらの物質は「神経伝達物質」と呼ばれる．神経伝達物質はホルモンとは区別されるが，その働きはホルモンと協同的であり，各臓器・器官の働きをコントロールする（図表7）.

　特に脳内のニューロンとニューロンとの間の情報交換に働く神経伝達物質は，ノルアドレナリン，アセチルコリン以外に，セロトニンやγ-アミノ酪酸，グルタミン酸など多くあり，シナプス伝達の際に興奮性あるいは抑制に働いている．また，神経末端から分泌されたホルモンの一部は一般のホルモンと同様にそのまま血液中に入り標的器官に作用するものもある．このうちもっとも代表的なのが，カテコールアミンである．脳などの中枢から，「寒い」，「温かい」などの刺激が交感神経を通じ全身に送られると，交感神経末端からノルアドレナリンが放出され，血管の収縮や心拍数の増加，血糖値の上昇などが起こる（図表4参照）.

3）その他の情報伝達

　生体内での情報交換には自律神経のように神経線維を伝達路とする方法と，ホルモンのように血管を利用し血液を介して遠隔地をコントロールする方法がおもである．それ以外には，化学伝達物質を産生分泌する細胞が，その細胞周囲の細胞外液中に分泌し近接する細胞に効果をおよぼす「傍分泌（パラクリン）」や，自らもふくむ隣接する同じタイプの細胞に効果をもたらす「自己分泌（オートクリン）」がある．

　パラクリン，オートクリンは，神経系のシナプスにおける化学物質の伝達法であり，また，細胞増殖や損傷部位の再生などにも重要な役割を担う．その代表的な例として，血管の内皮細胞から産生分泌されるエンドセリンがあり，自らの血管の収縮作用を起こし，また，同じ内皮細胞から分泌される一酸化窒素（NO）は血管弛緩作用を持つ．

発展編　運動とホルモン分泌の変化

1. 運動によるホルモン分泌

　運動によりホルモン分泌応答はさまざまに変化する．運動時間・運動強度・運動形態に対応したホルモンが分泌され，体内環境がコントロールされている．

　運動によるホルモン分泌には，運動強度による閾値と運動時間による閾値が存在する．また，一過性（急性）の運動と長期間にわたる運動によるホルモン分泌の違いもみられる．

　例えば，運動強度が中等度（70% $\dot{V}O_2max$ 程度）と高強度（90〜100% $\dot{V}O_2max$）の5分間走運動を行わせた場合，血圧や心拍数などの上昇をもたらすアドレナリン，ノルアドレナリン，体液量を一定に保つアルドステロン，抗利尿ホルモン（バゾプレッシン），血糖値維持に関係する成長ホルモン，コルチゾル（グルココルチコイド）などが分泌され，運動適応を起こす（図表8）．これらの運動によるホルモン分泌の増加は，交感神経活動の亢進や乳酸増加にともなう筋内pHの低下が起因すると考えられる．また，低強度の運動に関しては，継続時間が長いほどホルモン分泌は増加する．この場合，血中乳酸の増加は認めないことから，長時間運動時のホルモン変動は血糖値の低下が影響すると考えられている．このように，ホルモンの分泌動態はトレーニングやパフォーマンスを考えるうえで重要な要素となる．しかし，ホルモンは微量で働き，また多数のホルモンが相乗的，拮抗的に働くため，パフォーマンスの向上や筋を発達させるための至適分

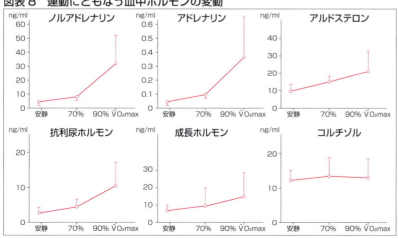

図表8　運動にともなう血中ホルモンの変動

図表9　骨格筋におけるたんぱく代謝に関するホルモン

ホルモン	たんぱく合成	たんぱく分解	正味の変化
インスリン	↑	↓	A
成長ホルモン	↑		A
甲状腺ホルモン			
正常	↑	↑	－
過多		↑↑	C
グルココルチコイド			
摂食後　低濃度投与	↓	－	C
高濃度投与	↓	↑	C
絶食時	↓	↑	C

↑：促進，↓：抑制，－：変化なし，A：同化的，C：異化的

泌量や適正な分泌量を確保するためのトレーニング条件などについては未だ明らかではない.

2. 運動とホルモンの作用

　ホルモンはその働きから，主として物質の分解（異化）を刺激する「カタボリックホルモン」と，物質の合成（同化）を刺激する「アナボリックホルモン」に大別できる. 前者はグルココルチコイドやアドレナリン，後者はインスリン，成長ホルモン，テストステロンなどである. ホルモンによる異化作用と同化作用がトレーニング効果を左右しているといっても過言ではない.

1）運動による筋の発達とホルモン

　さまざまなホルモンが骨格筋におけるたんぱく質代謝に重要な働きをしている（図表9）. 例えば，インスリンや成長ホルモンは筋たんぱく質の合成と分解に関与しており，トレーニングによる筋の肥大や筋線維タイプの変化を引き起こす. 筋肥大だけでなく筋萎縮もホルモンがその一端を担っている.

①成長ホルモン

　下垂体前葉から分泌される成長ホルモン❷は，骨成長，筋細胞の増殖と肥大，エネルギー源となる血中脂肪酸・血糖の上昇，グリコーゲンの維持などの働きをしている. 成長ホルモンが筋に直接作用する場合もあるが，多くは肝臓やその他の組織に成長因子といわれる物質を放出させ，その成長因子が筋の成長や肥大を促す. 成長因子の作用は間接的で，細胞膜の

▶カタボリック
▶アナボリック
▶筋肥大
▶成長ホルモン
▶骨の成長
▶サイロキシン
▶代謝調節
▶テストステロン
▶エストロゲン

❷成長ホルモン
　細胞の成長・増殖を促進させる内因性たんぱく質の総称. 成長ホルモンはおもに肝臓からインスリン様成長因子-I（IGF-1）を産生分泌させる.

表面にある受容体と結合し，筋肥大を引き起こすために必要な数多くの化学反応の初期過程を活性化させると考えられている．

成長ホルモンの分泌は，成人で1日に7〜8回ほどのピークがあり，特に入睡後1時間くらいのときに，大きなピークが起こることが知られている．日中の運動後は交感神経の活動が亢進しているためにグルココルチコイドのレベルが高く，筋たんぱく質は分解される傾向にある．しかし，夜間になりグルココルチコイドのレベルが下がるとともに成長ホルモンの分泌量が増加すると，筋たんぱく質は合成に傾く．

成長ホルモンは，加齢とともに1日当たりの分泌回数と分泌のピーク値がともに減少することもわかっている．

②サイロキシン（甲状腺ホルモン）

サイロキシンは骨格筋に対して，筋細胞内の酸素消費を増大し，基礎代謝を高めるとともに脂質・炭水化物の代謝調節を行っている．また，速筋型ミオシン重鎖（p.76参照）の増加やミトコンドリア代謝，酸化系の酵素活性の上昇などから筋線維の速筋化に影響をおよぼすことも確認されている．

③性ホルモン

男性ホルモン（アンドロゲン）として知られるテストステロンまたはアンドロステロンは男性の二次性徴を促進する．生殖器官の機能の維持や精子の形成，ひげや体毛の成長，たんぱく質同化作用による筋骨の発達した体型の形成を促す．

女性ホルモンであるエストロゲンは子宮，卵胞，乳腺などを発達させ，月経を完成させる．運動ストレスが過度におよぶとテストステロン量の増加，視床下部の生殖腺刺激ホルモン因子への抑制が加わり，無月経❸になることもある（p.232参照）．

エストロゲンは肝臓や腎臓，甲状腺などの器官へ働きかけ，成長因子であるインスリン様成長因子（IGF-1）の産生，活性型ビタミン$D_3$❹合成，

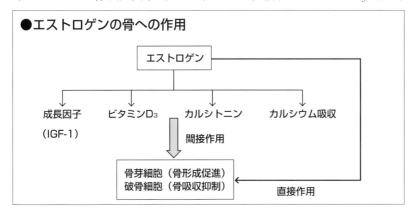

❸無月経とホルモン
　無月経とは月経が停止している状態のこと．無月経には18歳になっても初潮がこない原発性無月経と，妊娠・授乳・閉経期を除き3か月以上月経が起こらない続発性無月経に大別され，後者の原因はさまざまであり過度な運動もその要因（運動性無月経とも呼ばれる）にふくまれる．

　これらの無月経はホルモンの分泌調節がその鍵を握っている．月経のコントロールは，脳の視床下部から放出されるゴナドトロピン放出ホルモンから始まる．このホルモンが下垂体前葉系を刺激し，黄体形成ホルモンと卵胞刺激ホルモンを分泌させる．

　この2種類のホルモンが卵巣を刺激し，エストロゲンとプロゲステロンを分泌させることにより月経は調節されている．また副腎や甲状腺などの内分泌器官で作られるホルモンも，卵巣機能や月経に影響をおよぼす．

❹活性型ビタミンD_3
　ビタミンDにはビタミンD_2とビタミンD_3があり，D_2はきのこ・納豆などに，D_3は魚や牛乳などの動物性食品にふくまれる．ビタミンD_3は皮膚において紫外線と熱の作用で合成され，肝臓と腎臓で活性化される．活性型ビタミンDは小腸からのカルシウムとリンの吸収を促進するとともに，骨芽細胞周囲の骨石灰化を抑制する作用など，骨のカルシウムとリンの恒常性の維持に働く．

図表10　骨代謝とホルモン

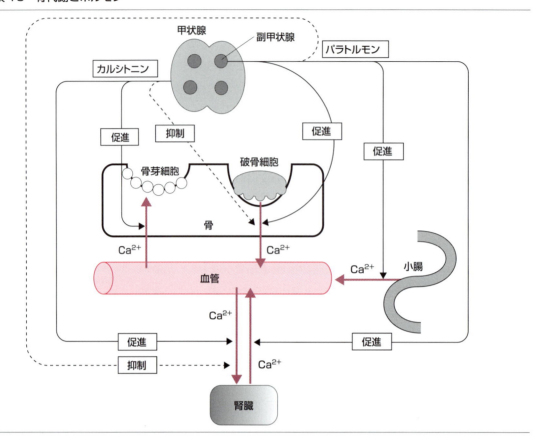

❺アロマターゼ
　ステロイドホルモン生合成経路の最終段階を触媒する酵素で，アンドロゲンをエストロゲンに変換する．精巣，卵巣だけでなく筋肉や脂肪組織，脳（神経）などにも存在する．

▶カルシウム調節ホルモン
▶骨代謝
▶骨吸収作用
▶骨形成

カルシトニン分泌促進など多くの経路から骨代謝に影響をおよぼす．エストロゲンの受容体は骨芽細胞にも破骨細胞にも存在し，直接的に骨芽細胞の働きを促進し，破骨細胞の働きを抑制する．男性ではアンドロゲンをエストロゲンに変換する酵素（アロマターゼ❺）がある．

2）運動による骨代謝とホルモン

　骨は身体の支柱として重要な役割を果たしているが，カルシウム（Ca^{2+}）などのミネラルを貯蔵している組織でもある．人体にふくまれるCa^{2+}の99％，リン酸の85％が骨や歯などの硬組織に蓄えられ，血液中のCa^{2+}濃度の恒常性は厳重に維持されている．副甲状腺ホルモン（パラトルモン），カルシトニンなどのカルシウム調節ホルモンが，骨基質からのCa^{2+}流出や流入を腎臓と協調して調節し，体内のCa^{2+}濃度を一定に保っている．また，これらのカルシウム調節ホルモンは骨を形成する骨芽細胞と，骨を侵食して吸収する破骨細胞に働きかけて骨代謝をコントロールしている（図表10）．

①運動刺激によるメカニカルストレス

運動による骨量の増加には，おもにメカニカルストレスによる骨代謝の促進が考えられている（p.227 参照）．運動刺激により骨が歪むと，骨基質中の骨細胞がその刺激を感受し，骨芽細胞や破骨細胞に作用して骨形成や骨吸収を促し骨量調節に働く．また，メカニカルストレスを受けた骨細胞は，Ca^{2+}結合能を持つマイナスに荷電したたんぱく質を産生し骨石灰化に働く．

血圧を上昇させる内皮細胞由来のエンドセリンや体液調節に働くレニン・アンギオテンシン・アルドステロン系のアンギオテンシンⅡには骨量抑制作用があり，血圧を降下させる心房性ナトリウム利尿ホルモンや内皮細胞由来の一酸化窒素（NO）には骨量増加作用がある．これらのホルモンが，運動により影響を受けながら，骨代謝を調節している．

②成長ホルモン

成長ホルモンは骨の成長促進に重要な働きをしている．ある年齢に達すると骨の成長が止まるが，これは，成長ホルモンの分泌停止によるものではなく，エストロゲンの分泌亢進と成長板軟骨のエストロゲン受容体の消失が関与していると考えられている．成長後も海綿質内のエストロゲン受容体は存続し，骨量増大・再生に働く．

③副甲状腺ホルモン（パラトルモン）

パラトルモンは血液中の Ca^{2+} 濃度を調節している．血中 Ca^{2+} 値が低下すると分泌され，破骨細胞を活性化して骨から Ca^{2+} を取り出し骨を溶かす作用（骨吸収作用）を高める．また腎や尿細管からの Ca^{2+} を再吸収して血中 Ca^{2+} 値を上昇させる（図表 10）．

④カルシトニン

カルシトニンは甲状腺から分泌されるホルモンで，破骨細胞の活性を抑制し骨量の減少を防ぐ働きがある．女性ホルモンによって分泌が促進される．カルシトニン製剤を骨粗鬆症の患者に投与すると，骨吸収作用を抑制し，骨密度上昇効果が起こる．

3）運動による糖代謝とホルモン

糖はエネルギー源として最も利用度の高い栄養素であり，中枢神経系の機能維持には一定濃度の血糖値の定常供給が不可欠である．この血糖値が鍵となって糖代謝が調節されている．栄養として小腸から血中に吸収された糖は，門脈を通り肝臓に入る．

食後の血糖値上昇に対し，膵臓 β 細胞からインスリンを分泌させる．イ

図表11 運動と糖代謝

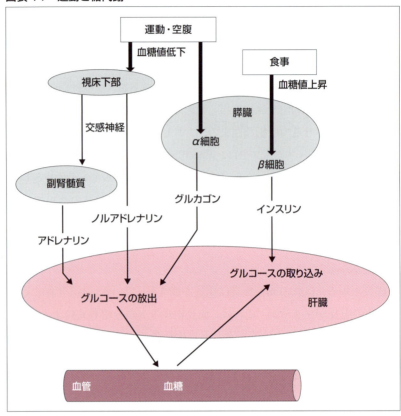

ンスリンは肝細胞膜にある受容体と結合すると，細胞内グルコース輸送体が働きグルコースを取り込む．過剰のグルコースはグリコーゲン，あるいは脂肪として貯蔵される．長時間の運動や空腹による血糖値低下時には，膵臓α細胞よりグルカゴンが放出され，肝グリコーゲン分解や脂肪からの糖新生が進み血中にグルコースを供給する．また，血糖値低下が視床下部で感知されると交感神経が賦活され，副腎髄質からアドレナリンが分泌し，グルカゴンとともに肝臓から血中へグルコース放出を促進する（図表11）．

▶カテコールアミン
▶脂肪細胞
▶アドレナリン受容体

4）運動による脂肪代謝とホルモン

●カテコールアミンと成長ホルモンによる調節

　脂肪代謝には多くのホルモンがかかわっている．なかでも副腎髄質から分泌されるカテコールアミンは脂肪分解反応の調節として中心的役割を果たしている．

　カテコールアミンの脂肪分解，代謝促進の作用については，標的組織である脂肪組織の部位によりその反応が異なる．脂肪組織は，腹腔内の内臓脂肪組織と身体各部表層の皮下脂肪組織に分けられ，皮下脂肪組織に比べて内臓脂肪組織の代謝活性が高いといわれている．脂肪分解能を比較

図表12 運動による脂肪分解の調節とホルモン

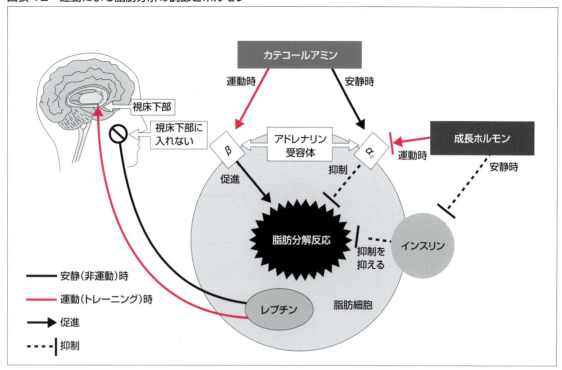

すると，大腿・臀部＜腹部＜腹腔内の順となる．

脂肪細胞では，安静時にはカテコールアミンの刺激に対して，「$α_2$」と呼ばれる抑制シグナルを伝達するアドレナリン受容体[6]が優位に働き，脂肪をエネルギーに変えることを抑制している．しかし，運動中は拮抗する「$β$」と呼ばれる促進シグナルを伝達するアドレナリン受容体が優位に働き，脂肪から運動中のエネルギーを得るように作用している（図表12）．

一方，成長ホルモンは，安静時にはインスリンの作用である脂肪合成と分解抑制を抑えるため脂肪分解を促進させる．しかし，運動中および運動直後には$α_2$アドレナリン受容体を活性化するため，脂肪分解を抑制する（図表12）．このように脂肪組織に対してカテコールアミンと成長ホルモンは，安静時と運動時では拮抗した作用を持つ．

● 脂肪分解反応の性差

さらに，脂肪分解反応には性差も存在する．男性では，臀部，腹部とも，運動により$β$アドレナリン受容体を介した脂肪分解作用が亢進する．一方，女性の臀部では男性と同じように分解促進に働く$β$アドレナリン受容体が活性化するが，同時に脂肪分解を抑制する$α_2$アドレナリン受容体も活性化される．そのため脂肪分解反応はあまり変化しない．しかし，腹部の脂肪細胞では，女性のほうが$β$アドレナリン受容体の増強率が高く，さらに$α_2$アドレナリン受容体を介した脂肪分解抑制作用が減弱する．このため運動

[6] アドレナリン受容体

交感神経系の興奮により，神経終末からノルアドレナリンが，副腎髄質からアドレナリンが分泌され，遊離したこれらの物質を受容するのが受容体（レセプター）であり，$α$，$β$アドレナリン受容体と呼ばれる．さらに，$α_1$, $α_2$, $β_1$, $β_2$, $β_3$にわけられる．$β_1$受容体は心臓，血管，大脳皮質にあり，心拍数増加，収縮力増加，刺激伝導系促進作用などが知られている．

$β_2$受容体は，気管支筋弛緩（拡張）作用，冠動脈，動脈・静脈血管拡張作用，子宮弛緩作用，肝・骨格筋内グリコーゲン分解作用が知られる．最近，$β_3$受容体の存在が確認され，交感神経を介する脂肪分解に関する褐色細胞の脂肪組織，腸管に存在することがわかっている．

図表13　ストレス反応の伝達経路

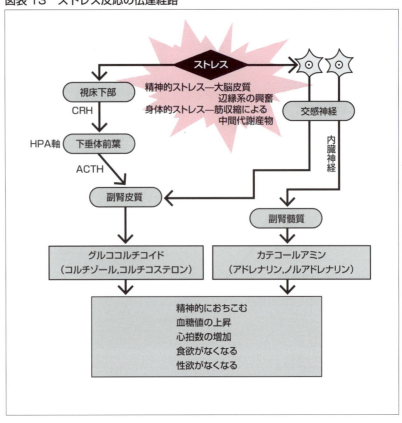

図表14　HPA軸に対するトレーニングの効果

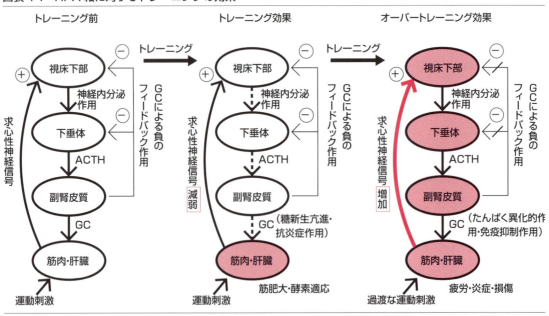

による腹部脂肪組織の分解反応は女性のほうが大きい.

●レプチンによる調節

脂肪細胞由来のレプチンは脂肪細胞の量が増えると血中に分泌され, 血液−脳関門を通過して標的器官である視床下部に働き食欲を抑制し, 交感神経を亢進することでエネルギー消費を増大させる. つまり, レプチンが体重のコントロールを行っていることになる. また, 視床下部のレプチン受容体に問題がある場合は, 脂肪組織の栄養情報が正常に伝わらず, 血液中のレプチン濃度は高値を示し, 肥満していくことになる. 運動によりレプチン受容体異常の改善が見られ, レプチン抵抗性も改善するという報告もある.

▶血液−脳関門
▶食欲
▶肥満

3. 運動によるストレスとホルモン

ストレスは, その原因が精神的なものや肉体的なものにかかわらず, 二つの反応を起こす. 第一は交感神経の活性化により副腎髄質が刺激されカテコールアミンを分泌する反応である. 第二には視床下部に入った情報により副腎皮質刺激ホルモン放出ホルモン (CRH) が下垂体につながる下垂体門脈に分泌される. その刺激を受けて, 下垂体前葉から副腎皮質刺激ホルモン (ACTH) が分泌され, この ACTH が副腎皮質を刺激しグルココルチコイド (GC) を分泌する反応である (図表13). 分泌されたカテコールアミンやグルココルチコイドは「ストレスホルモン」ともいう. また, 視床下部 - 下垂体前葉 - 副腎皮質 (hypothalamic-pituitary-adrenal-axis; HPA 軸) という流れによる興奮の伝わり方がストレス反応と定義されている.

▶HPA 軸
▶ポリモーダル受容器
▶CRH
▶ACTH
▶GC

1) 脳などの中枢の興奮によるストレスとホルモン作用

運動による大脳皮質や大脳辺縁系の興奮が, HPA 軸を刺激する. また, 急性運動による交感神経の亢進が直接に副腎髄質や副腎皮質を活性化してカテコールアミンやグルココルチコイドなどのストレスホルモンを分泌させる. 分泌されたカテコールアミンは, 肝臓からの糖の放出を促進させるなど身体の活動状態の維持に重要な役割を果たす. 一方, グルココルチコイドは, 肝臓での貯蔵脂肪, アミノ酸等からの糖新生を促進するほか, 筋肉に対しては適量では同化 (アナボリック) 作用を持つ. しかし, グルココルチコイドの大量分泌は, 異化 (カタボリック) 作用を引き起こし筋の萎縮も誘導するほか, 消化活動の減退による食欲の低下や精神的不快感なども引き起こしストレスの原因となる.

53

2) 筋収縮によるストレスとホルモン作用

骨格筋の収縮は生体へのストレスとなり，筋の機械的変化や化学的変化により筋中のポリモーダル❼と呼ばれる受容器を興奮させる．このストレス刺激が交感神経を亢進させ，副腎髄質からカテコールアミンを分泌させる．ストレスはまた，求心性神経を介して視床下部へと伝わり，CRH の分泌を促すことにより下垂体前葉から ACTH 分泌が惹起される．下垂体から血液中に分泌された ACTH は副腎皮質に至り GC を分泌させる（図表13）．一方，GC は下垂体や視床下部にフィードバックして，ストレス反応が過大にならないよう抑制的に調節している（図表14）．カテコールアミンによる心拍数の増加や，GC による血糖値の上昇など運動の準備状況を確保する意味で，骨格筋からの情報入力は重要である．

3) 運動の代謝産物によるストレスとホルモン作用

運動により骨格筋中で生成され血液中に放出された代謝産物が，視床下部を刺激し，下垂体前葉からの ACTH 分泌を促し，次いで副腎皮質からの GC 分泌に至る機構もあると考えられている．

これとは別に，運動による血糖値の低下は，肝臓や視床下部，脳幹などにある糖感受性を高める．この刺激が視床下部に届くことにより ACTH 分泌を促進するとも考えられている．

トレーニングを継続すると血中のカテコールアミンや ACTH の分泌が低下してくる．これは，トレーニングによる筋肥大や酸素利用能力の向上によって，筋からの中枢への求心性情報の減弱や中枢性の興奮の低下，さらに自律神経の的確な制御機構が発達し，ストレスホルモンの分泌を低下させるためと考えられる．

逆にトレーニングが過度になった場合，筋は損傷や炎症をくり返し，また筋や肝臓からのエネルギー供給が追いつかないなど異化作用が亢進する．このようなストレスの増大が視床下部への求心性入力を高め，慢性的な HPA 軸の興奮と血中 GC 濃度の上昇を引き起こす可能性が考えられている（図表14）．

4. 運動時の水分調節とホルモン

激しい運動後や高温環境での運動時には身体は多くの熱を産生し，その冷却のための発汗により水分と塩分の喪失が増大する（p.178 参照）．水分はおもに血液由来であるため，発汗が続くと血液の濃縮や血液量の減少が起

---

❼ポリモーダル受容器
ポリモーダル受容器は鈍い局在性の不明瞭な痛みを伝えていると考えられており，内臓の痛みにはポリモーダル受容器が重要であるとも言われている．ポリモーダル受容器は触圧（機械的），発痛物質（化学的），熱のいずれの刺激にも反応性を持ち，広く全身に分布する受容器である．刺激をくり返すと反応が増強または減弱するなど，反応の再現性が悪いことから，刺激によって生じた組織の変化を伝えると考えられている．

▶発汗
▶水分の再吸収

図表15 発汗による体液減少時のホルモン調節

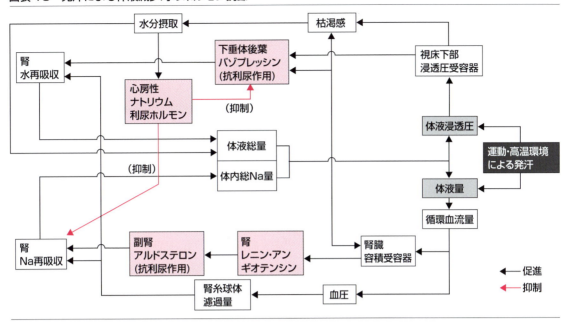

図表16 さまざまな環境下でのトレッドミル走による血中アルドステロンの変動

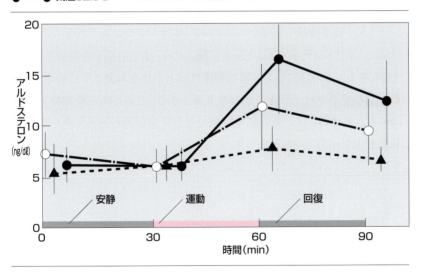

24〜32歳の健常男性を対象として,気温6.0度,18.6度,32.9度の状態で,60%$\dot{V}O_2max$強度のトレッドミル走行を30分間負荷し,運動前後の血中アルドステロン濃度を観察した.

こる.血液量の減少は血圧低下にもつながり,過度の水分の喪失は生命を危険な状態に陥れる.このとき,内分泌系の体液調節機構による腎臓での水分とナトリウムの再吸収が盛んになる(p.156参照).体液の減少は体液浸透圧の上昇として視床下部に伝わり,喉の渇き(枯渇感)を大脳が感じ水分摂取により体液量を補充する.また,視床下部から下垂体に情報が伝え

られ抗利尿作用（腎臓での水分再吸収量を増やし，体外に排出される水分量を減らす）を持つバゾプレッシンが分泌される．

　一方，水分喪失により循環血流量が減少すると，腎臓の容積受容器（糸球体傍細胞装置）が血圧低下を感知し，レニンを血液中に分泌する．レニンは，レニン・アンギオテンシン・アルドステロン系といわれる肝臓ら分泌されるアンギオテンシノーゲンを分解してアンギオテンシン I，さらにアンギオテンシン II に変換する．アンギオテンシン II は，副腎皮質に作用して，ナトリウムの再吸収を促進するアルドステロンの分泌を促す．アルドステロンは腎臓の尿細管に作用してナトリウムおよび水を再吸収する．このように体液調節には，多数のホルモンが複雑に関与している（図表 15, p.153, 157 参照）．

　また，高温環境下での長時間運動では，発汗にともなう体液の減少，循環血流量の減少を補うため血中アルドステロン濃度の顕著な増加が起こる（図表 16）．

5. 体温調節とホルモン

　体温を一定に保つ機能にもホルモンが関与している．身体が寒冷に暴露された場合，体内の熱を作り出す機構は活性化する．「寒い」という情報により視床下部が興奮し交感神経が刺激される．こうして副腎髄質からアドレナリン，交感神経の末端からはノルアドレナリンが分泌される．アドレナリン，ノルアドレナリンは立毛筋を収縮させる．また心拍数を増加させ血行をよくする．長時間におよぶ寒冷刺激は脳下垂体を刺激し甲状腺ホルモンの分泌を促進させ，基礎代謝量を上昇させる．このため寒冷環境下では，ホルモンの作用により骨格筋や肝臓などで代謝促進が起きて熱を発生し，体温が上昇する（p.173 参照）．

■まとめ

1. ホルモンはどのように定義されるか説明しよう.
2. ホルモンが働く際の特性を説明しよう.
3. 糖代謝に関わるホルモンを説明しよう.
4. 運動時の水分調節についてホルモンに関連して説明しよう.
5. ホルモンと骨代謝の関係について説明しよう.
6. ストレスホルモンは運動強度や運動時間とどのような関係があるか, 説明しよう.

■今後の研究課題

1. ホルモンの分泌特性において, 一過性運動とトレーニングではどのような違いがあるか.
2. ホルモンの貯蔵と放出のしくみの解明.
3. 各種器官のホルモン受容体の解明.
4. ホルモンの分泌調節, および運動による変化の解明.
5. 物質代謝に関わる疾病とホルモンの関係の解明.
6. 各種疾病の運動療法におけるホルモンの働きの解明.

■参考図書

1) 大石正道, 絵ときホルモンの科学, オーム社, 2000 年.
2) 池上晴夫 (編), 現代のスポーツ医科学—身体機能の調節性, 朝倉書店, 1997 年.
3) 宮村実晴 (編), 最新運動生理学, 真興交易医書出版部, 1996 年.
4) 日本比較内分泌学会, ホルモンの分子生物学 7—ホメオスタシス, 学会出版センター, 1997 年.
5) Molly, M.Bloomfield(著), 伊藤俊洋, 他 (訳), 生命科学のための基礎科学—有機・生化学編, 丸善, 1995 年.
6) 田中越郎, イラストで学ぶ生理学, 医学書院, 1992 年.
7) 井澤鉄也 (編), 運動とホルモン—液性因子による調整と適応—, NAP, 2001 年.

●──図版出典

図表 3 　●大石正道, 絵ときホルモンの科学, オーム社, p.20, 2000.
図表 4 　●中野昭一（編）, スポーツ医科学, 杏林書院, p.117, 1999.
図表 5 　●田中越郎, イラストで学ぶ生理学, 医学書院, p.150, 1992.
図表 6 　●大石正道, ホルモンのしくみ, 日本実業出版社, p.42, 1998.
図表 8 　●川原貫, Sports Science, 3:459, 1984（改変）.
図表 9 　●井澤鉄也, 運動とホルモン, NAP, p.177, 2001.
図表 13 ●井澤鉄也, 運動とホルモン, NAP, p.192, 2001.
図表 14 ●大石正道, ホルモンのしくみ, 日本実業出版社, p.42, 1998.
図表 15 ●井澤鉄也, 運動とホルモン, NAP, p.63, 2001.
図表 16 ●池上春夫（編）, 現代のスポーツ医科学－身体機能の調節性, 朝倉書店,
　　　　　　p.169, 1997.

第3章

運動と筋肉
―力発揮のしくみと筋力トレーニング―

　一流選手の巧みな動きやすばらしいパフォーマンスも，私たちの日常生活における簡単な動作も，筋の収縮によって行われている．私たちの身体には400種類以上もの骨格筋があり，その重量はスポーツ選手では体重の40～45%にもなる．骨格筋は姿勢を保持し身体を動かすとともに，エネルギーの生成，熱の産生，体水分の調節などの働きを行っている．

　筋力が強いほど，速い収縮によるすばやい動作が可能となり，また疲れにくい筋であるほど長時間の運動時にも高いパフォーマンスが発揮できる．筋力の強さは筋の構造的要素や筋量と関係し，収縮速度は筋たんぱく質分子の種類により決定される．筋の持久性は酸素を利用しエネルギーを生み出すミトコンドリアと関係する．筋は適応性に優れた組織であり，適切なトレーニングによって筋肥大や筋持久性が向上する．

　本章では，パフォーマンスを決定する骨格筋の構造と機能のかかわりやトレーニングによる適応変化について解説する．

基礎編　骨格筋の構造と働き

私たちは，自らの意志で腕や脚を自由に動かして運動をしている．このような身体の動きは，400種類以上の骨格筋の働きによって行われている．大きな固まりに思える骨格筋は，私たちの毛髪と同じ，あるいはそれよりも細く，長い細胞がたくさん集まってできている．この細胞の特徴的な形から，骨格筋細胞を「骨格筋線維」，あるいは単に「筋線維」という．筋線維は私たちの身体を作っている細胞の中でも，特に大きな細胞の一つである．筋線維の働きの最大の特徴は，自ら合成したエネルギーを利用して収縮することである．走る，投げる，跳ぶ，泳ぐなどの運動は，すべて筋線維の収縮を基本として行われている．

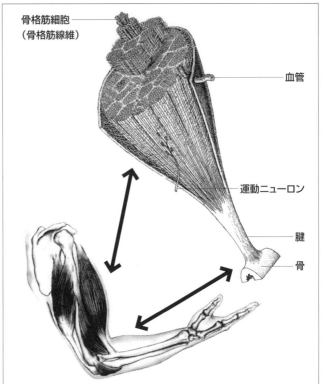

図表1　骨格筋の構造

骨格筋の両端は関節をまたいで腱によって骨に付着している．大脳皮質運動野から収縮の指令が脊髄を介してα運動ニューロンによって電気信号として伝えられて骨格筋が収縮し，関節が動くことにより運動が行われる．

1. 骨格筋の微細構造

骨格筋は筋線維が集まってできている組織であり，大部分がたんぱく質からできている（図表1）．筋線維の直径は20～100μmで，長さは数mmから10cm以上にわたるものまである．筋線維は非常に多くの核を持つ多核細胞である．筋線維を光学顕微鏡により観察すると，暗い部分と明るい部分のくり返しによって縞模様が見えるため，骨格筋は横紋筋と呼ばれる（図表2A）．暗い部分はA帯，明るい部分はI帯と呼ばれており，I帯の部分は細いアクチンフィラメント，A帯の部分は太いミオシンフィラメント❶からできている（図表2C）．筋線維の中には，さらに細い筋原線維（直径約1μm）が詰まっている（図表2D）．ミオシンフィラメントとアクチンフィラメントが重なり合う部分を横断方向から観察すると，1本のミオシンフィラメントを6本のアクチンフィラメントが六角形に取り囲んでいるのがわかる（図表2F・H）．I帯の中央にはZ線といわれる仕切りがあり，Z線からZ線までを「筋節（サルコメア）」と呼ぶ（図表2E・G）．筋線維が収縮する際に，サルコメア1個1個がマイクロモーターとして働いて筋線維全体が収縮する．サルコメアは筋線維の「機能的最小単位」である．

---

❶フィラメントの太さ：哺乳類骨格筋のアクチンフィラメントは直径5～7nm，長さ約1.0μmで，ミオシンフィラメントは直径12～18nm，長さ約1.6μmである．

図表2 骨格筋細胞の微細構造

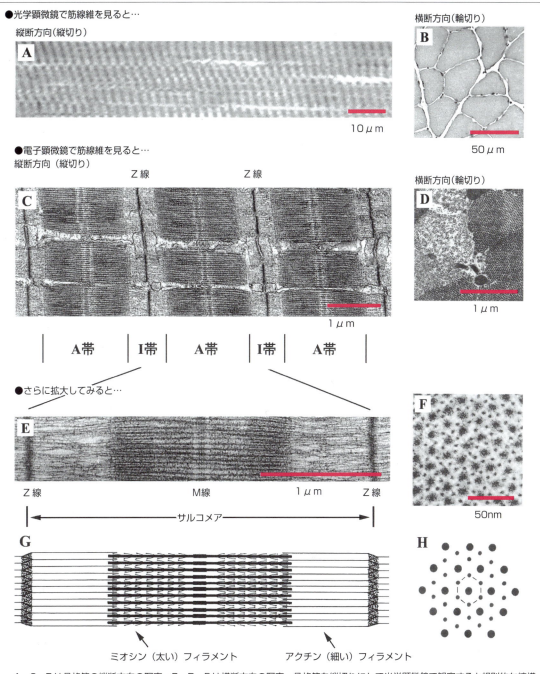

A, C, Eは骨格筋の縦断方向の写真．B, D, Fは横断方向の写真．骨格筋を縦切りにして光学顕微鏡で観察すると規則的な縞模様が見られる（A）．横断方向から観察すると，筋線維が数多く見られる（B）．筋線維を縦断方向から電子顕微鏡で観察すると，明るい部分（I帯）と暗い部分（A帯）が交互に規則正しく並んでいる．I帯はアクチンフィラメント（細い）から，A帯はミオシンフィラメント（太い）からできている．I帯の中央部分にはZ線と呼ばれる仕切があり，Z線からZ線までをサルコメアと呼ぶ（E・G）．筋線維には筋原線維がつまっている（D）．ミオシンフィラメントとアクチンフィラメントが重なり合う部分を横断方向から観察すると，1本のミオシンフィラントの周囲を6本のアクチンフィラメントが六角形に取り囲んでいる（F・H）．

A帯：Anisotropic band（不等方帯）．太いフィラメントを示すミオシンフィラメント帯は，屈折率が偏光面で変化するため偏光に副屈折性 anisotropic を示す．

I帯：Isotropic band（等方帯）細いフィラメントのみでできているためにたんぱく質密度の低い帯は，偏光に単屈折性 isotropic を示す．

Z線：ドイツ語 "zwishen scheibe" でI帯を分断する介在盤という意味から "Z" が使われている．

2. 骨格筋が収縮するしくみ
―興奮収縮連関と滑走説―

1）活動電位と筋収縮

　骨格筋は，脳や脊髄の指令によって収縮する．収縮の指令は，α運動ニューロンを通じて活動電位として筋線維に伝えられる．

　α運動ニューロンと筋線維が接合する部分には，シナプスの一種である神経筋接合部があり，非常に特徴的な構造をしている（図表3）．α運動ニューロンの軸索終末部分のシナプス小胞にふくまれているアセチルコリンがシナプス間隙に放出されると，筋線維に興奮が生じて活動電位が細胞膜上を伝導していく（p.5参照）．

　活動電位が筋線維に到達してから，実際に筋線維が収縮して張力を発揮するまでには数m秒の時間がかかる．この間に筋線維の中ではさまざまな情報伝達が行われている．このしくみをまとめて「興奮収縮連関」と呼んでいる．

2）興奮収縮連関

　筋線維の中の筋原線維は筋小胞体（SR）や横行小管（T管）という筋細胞内膜系❷に包まれている（図表4A）．筋小胞体はカルシウム（Ca^{2+}）を貯蔵しておくタンク，T管は活動電位を筋線維の内部へ伝える輸送路の役目をしている．筋小胞体の終末槽とT管は筋原線維の決まった位置で，トライアドと呼ばれる三連構造を形成する（図表4B）．筋細胞膜上を伝導してきた筋収縮指令の活動電位「興奮」は，トライアドの部分に到達し，さらにT管から筋小胞体へ伝わる．

図表3　神経筋接合部の電子顕微鏡写真

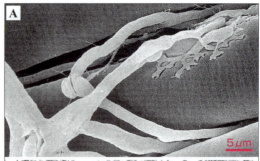

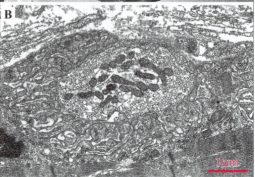

脊髄から発する運動ニューロンは枝分かれをくり返し，最終的には個々の筋線維のほぼ中央部分の運動終板に付着して，シナプスである神経筋接合部を形成する．神経筋接合部の神経軸索終末には，神経伝達物質であるアセチルコリンをふくむシナプス小胞やミトコンドリアが多数観察される．筋側では横方向にほぼ一定の間隔でひだ状構造がみられる．

すると，筋小胞体の膜上のリアノジン受容体といわれるCa^{2+}チャネルを介して，Ca^{2+}が筋線維内に放出❸され「収縮」が起こる．収縮が終わると，Ca^{2+}は再び筋小胞体に取り込まれる．このようにCa^{2+}は骨格筋収縮の引き金の重要な役割を演じている．

3）筋収縮のメカニズム―滑走説―

　筋線維を構成しているミオシンフィラメントはミオシン分子が，またアクチンフィラメントはアクチン分子が集まってそれぞれのフィラメントを

---

❷筋細胞内膜系：筋線維の内部にある膜構造を内膜（系）と呼ぶ．筋小胞体（sarcoplasmic reticulum：SR），横行小管系（transverse tubules：T管），ミトコンドリアなどがある．一方で，筋線維全体は細胞膜である基底膜と形質膜で覆われている．
❸Ca^{2+}放出機構：トライアドの部分にまで到達した活動電位は，T管膜に局在し電位変化を感じるセンサーであるジヒドロピリジン（dihydropyridine）受容体の構造変化を引き起こす．この構造変化がT管膜を挟んで直接対峙しているリアノジン受容体の構造変化を引き起こし，SRに埋没している底の部分にCa^{2+}を放出するための孔が開く．この孔を通してCa^{2+}が筋細胞中へ拡散によって放出される．

図表4 興奮収縮連関に関係する筋細胞内膜系

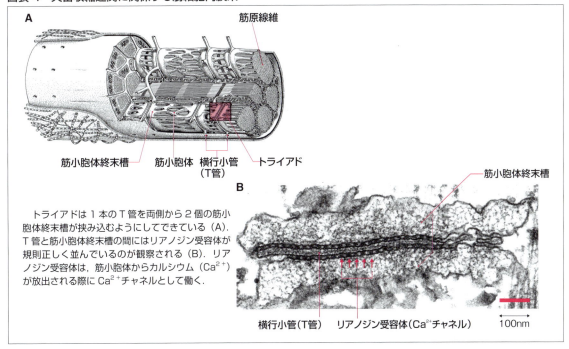

トライアドは1本のT管を両側から2個の筋小胞体終末槽が挟み込むようにしてできている（A）．T管と筋小胞体終末槽の間にはリアノジン受容体が規則正しく並んでいるのが観察される（B）．リアノジン受容体は，筋小胞体からカルシウム（Ca^{2+}）が放出される際に Ca^{2+} チャネルとして働く．

図表5 骨格筋の収縮に関係するたんぱく質

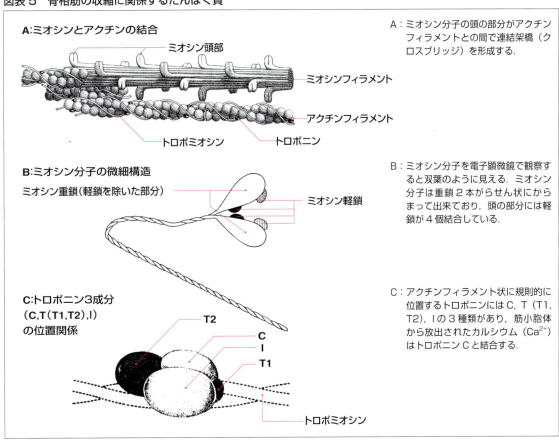

A：ミオシン分子の頭の部分がアクチンフィラメントとの間で連結架橋（クロスブリッジ）を形成する．

B：ミオシン分子を電子顕微鏡で観察すると双葉のように見える．ミオシン分子は重鎖2本がらせん状にからまって出来ており，頭の部分には軽鎖が4個結合している．

C：アクチンフィラメント状に規則的に位置するトロポニンにはC，T（T1，T2），Iの3種類があり，筋小胞体から放出されたカルシウム（Ca^{2+}）はトロポニンCと結合する．

形成している．ミオシンフィラメントの軸はミオシン分子の尾の部分が束になってできており，ミオシン頭部が軸から突き出ている．アクチンフィラメントは，球状のアクチン分子が一列に結合してできた2本のフィラメントが，らせん状に組み合わされてできている（図表5A・B）．

筋小胞体から放出されたCa^{2+}は，アクチンフィラメント上のトロポニンC（図表5C）といわれるたんぱく質と結合する．Ca^{2+}がトロポニンCと結合すると，ミオシンフィラメントとアクチンフィラメントの相互作用により筋収縮が始まる．収縮中もミオシン，アクチンのフィラメント自体の長さは変化せず，アクチンフィラメントがミオシンフィラメントの間に滑り込み，サルコメアの長さが短くなる（滑走説）．

筋線維の収縮のしくみは複雑であるが，ミオシン分子とアクチン分子の「連結―角度変化（首振り説）―解離」のくり返しによって行われている．この反応の1サイクルでミオシンフィラメントとアクチンフィラメントは約10nm滑走する．ミオシン分子の頭部が発揮する力（張力）は，ミオシン頭部1個当たり数ピコニュートン（pN）であると報告されている．私たち人間は理論的には全身で約20tの力を発揮することができる骨格筋を持っている．

3. 筋収縮のためのエネルギー

1) 筋収縮のエネルギー

筋が収縮するためにはエネルギー❹が必要となる．筋線維は，アデノシン3リン酸（ATP）と呼ばれるリン酸化合物が，加水分解する時にできるエネルギーを利用して収縮する．ATPはアデノシンという物質にリン酸が3つ結合した形をしており，ATPから末端のリン酸（γリン酸）が一つ離れて，アデノシン2リン酸（ADP）となる時にエネルギーが放出される．ATPが分解される際に発生するエネルギーは，ATP1mol当たり7.3kcalである．発生したエネルギーは筋線維の収縮（力学的エネルギー）と熱エネルギーに変換される．

2) 骨格筋中のATP

骨格筋に貯蔵されているATPはごくわずかで，骨格筋1kg当たり3〜8mmolである❺．この量のATPでは，激しい運動は数秒間しか続けることができない．運動をさらに続けるためには，筋線維内部で分解されたATPと等量のATPを合成しなければならないが，比較的強度の高い運動中でも，骨格筋中のATP濃度はほぼ一定に維持されている．これはATPが3種類のしくみによって筋線維内部で化学的に合成

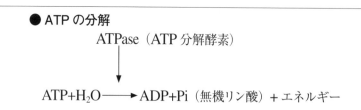

❹筋収縮のエネルギー：筋線維はATPの化学エネルギーを力学的エネルギーに変換している．力学的エネルギーを発生するときには同時に熱エネルギーも発生する．
❺ATPの貯蔵：筋量を成人男性の場合は体重の40%とすると，体重75kgの者の筋ATP貯蔵量は（75000g×0.4×5mmol（平均ATP含量）×7.3kcal÷1000 ＝）1.095kcalとなる．1日の消費カロリーの2千分の一以下になる．

図表6 骨格筋のATP産生経路

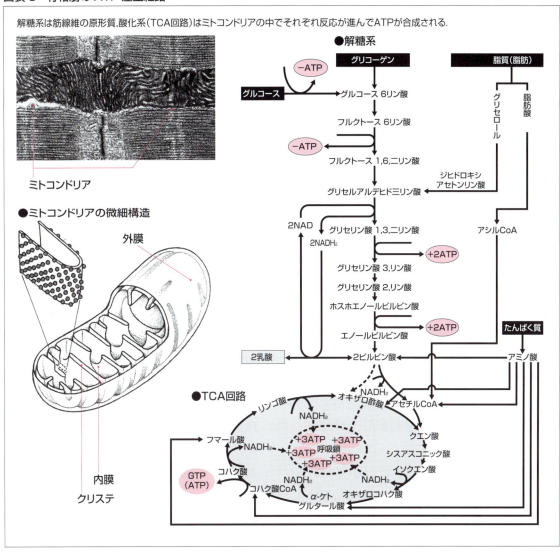

- **ATPの3つの合成系**
  ① クレアチンリン酸（PCr）の分解を利用したATP−PCr系（非乳酸系）
  ② グリコーゲンの分解による解糖系（乳酸系）
  ③ TCA回路（クエン酸回路）と電子伝達系（非乳酸系・有酸素系）

されているためである．

3) 無酸素系ATP合成機構

　筋線維の中で行われるATP合成の3種類のしくみの中で，ATP−PCr系と解糖系は酸素を必要としないため無酸素系と呼ばれている．

　ATP−PCr系は，最も短い時間でATPを合成する．筋線維にはクレアチンリン酸（PCr）というリン酸化合物が貯蔵されている．ATPが分解してできたADPは，PCrがクレアチンとリン酸に分解される時にできたリン酸と結合し，

ただちに ATP に再合成される（ローマン反応）.
筋線維の中には, 炭水化物が分解してできたブ
ドウ糖もグリコーゲンとして貯えられている. こ
のグリコーゲンがピルビン酸へ変化していく経
路（解糖系, 乳酸系）でATPが合成される.
解糖系では 1mol のグリコーゲンから 3mol の
ATP が合成される（実際には 4mol の ATP が
合成されるが, 解糖系の途中で 1mol の ATP
が利用される）.

ピルビン酸以降の反応過程には, 筋線維内の
酸素が大きく関係している. 酸素が不足してい
る場合は, ピルビン酸から乳酸が生成される.
また, 酸素が十分供給されている場合は, ピル
ビン酸からアセチルコエンザイム A（アセチル
CoA）が生成される過程へ反応が進行する（図
表6）.

4) 有酸素系 ATP 合成機構

TCA 回路とそれに続く電子伝達系は酸素を
必要とするため有酸素系（非乳酸系）と呼ばれ
ている. 酸素を利用して ATP を合成するしくみ
は, 筋線維のミトコンドリアの中で行われている.
ピルビン酸から生成されたアセチル CoA は
TCA 回路に入る. TCA 回路ではアセチル
CoA1mol 当たり 2mol の ATP が合成される.

TCA 回路に続く過程は電子伝達系と呼ばれ,
酸素が利用されて大量の ATP が合成される.
最終的には, グリコーゲン 1mol から 39mol の
ATP が合成される（グルコース 1mol からは
38mol[6]）.

5) エネルギー産生と運動の持続

●約8秒間

運動開始と同時に骨格筋貯蔵 ATP の加水分
解が生じ筋収縮に必要なエネルギーを産生する
が, この運動初期局面における ATP 消費量に
対しても, ATP − PCr 系エネルギー供給機構
により, 筋内の ATP 水準はほぼ一定に維持さ
れる. ATP − PCr 系では, 細胞内にある PCr
がクレアチンキナーゼ触媒酵素によりクレアチン
とリン酸に分解され, その際に放出される自由エ
ネルギーを利用し, ATP が再合成される（PCr
+ ADP + H$^+$ → Cr + ATP）.

この ATP 再合成系では, わずかな貯蔵量の
PCr の減少に対する Cr の増加, さらに水素イ
オン（H$^+$）の減少による筋細胞内の pH 上昇（ア
ルカローシス化）が起こり ATP − PCr 系によ
る ATP を再合成に制限がかかる. ATP − PCr
系のエネルギーのみで運動を行うことができる
時間は約8秒間と考えられる.

● ATP 合成系のまとめ

	ATP—PCr 系	解糖系（乳酸系）	有酸素系（非乳酸系）
酸素利用	利用しない	利用しない	利用する
ATP 合成場所	細胞質	細胞質	ミトコンドリア
ATP 合成量	少ない	やや少ない	非常に多い
ATP 合成速度	非常に速い	速い	遅い
ATP 供給速度（kcal／kg／秒）	13.0	7.0	3.6
運動時間（秒）	約8秒間	約33秒間	理論的には無限

[6]ATP合成量：TCA回路から電子伝達系により合成されるATP量を本書では38molとしているが, 最終的に合成されるATP量は, 解糖系
において生成されたNADH（還元型ニコチン酸アミドアデニンジヌクレオチド）という補酵素から水素を受け取る物質の違い（グリセロー
ル三リン酸かリンゴ酸）によって異なる. 本によっては30molあるいは32mol, 36molと記載されている場合もあるが, ミトコンドリア内膜
における水素イオンの移動数が正確に決められないために, このようなばらつきが生じている. いずれの値も誤りということではない.

図表7 骨格筋線維タイプの分類方法

筋線維タイプ			報告者
赤筋線維	中間筋線維	白筋線維	Ogata,1958
遅筋線維	速筋線維		Dubowitz と Pearse,1960
Type Ⅰ線維	Type ⅡA線維	Type ⅡB線維	Brooke と Kaiser,1970
Type Ⅰ線維	Type Ⅱ線維		Gollnick ら,1972
SO線維	FOG線維	FG線維	Peter ら,1972
遅筋線維	速筋a線維	速筋b線維	Saltin ら,1977

陸上競技の男子100mの世界記録は9.58秒（2018年7月現在）である. このとき, 100mを走るエネルギーの大部分（約80%）はATP－PCr系でまかなわれていた計算となる.

●約41秒間

筋収縮にともない酸素供給の不十分な条件下において, グルコースやグリコーゲンといった糖質がピルビン酸まで分解される解糖系エネルギー供給機構によりATPが合成される. この解糖系では, 代謝産物として乳酸が産生され, 乳酸の構造安定性によるH^+の分離とATP加水分解によるH^+産生の両要因によって筋アシドーシスが生じる. これらが制限因子となるため, 解糖系で運動を行うことができる時間は約33秒になる. この33秒にATP－PCr系の8秒を加えた41秒間が, 酸素を利用せずに運動が可能な時間ということになる.

陸上競技の男子400mの世界記録は43.03秒（2018年7月現在）である. 酸素を利用せずに運動可能な時間は約41秒であるから, このとき, ほぼ無酸素系（ATP－PCr系と解糖系）で産生されたエネルギーのみを利用して走り切ったことになる. また, スピードスケート競技男子500mの世界記録は33.98秒（2018年7月現在）であり, 酸素をまったく利用せずに滑ることができる計算になる. 水泳の男子100m自由形の世界記録は47.84秒（2018年7月現在）である. 無酸素系で産生されるエネルギーのみで100mを泳ぎ切ることは困難であり, 有酸素系からのエネルギー供給が必要となる.

有酸素系のエネルギー供給には, 酸素の生体への取り込み, 末梢組織への酸素輸送, 酸化系酵素活性など呼吸循環機能の影響を受ける. 理論的には, 酸素が供給され続け, ATPを合成する材料があるかぎり, 無限に運動を継続することが可能ということになる.

4. 筋線維タイプ

1) 赤筋と白筋, 遅筋と速筋

骨格筋は見かけ上の色から, 赤筋と白筋に分類されてきた. 色の違いはミオグロビン[7]という赤い鉄色素たんぱく質の含有量の違いによるもので, 赤筋に多くふくまれる. また収縮する速度によって速筋と遅筋に分類する方法も古くから用いられている.

2) 筋線維タイプの分類方法

骨格筋線維は構造上の特徴, 収縮速度の違い, ATP合成能力の特徴などを基準にして, 数種類のタイプに分類される (**図表7**). 骨格筋内には

---

[7]ミオグロビン：筋ヘモグロビンともいわれ, 赤血球内のヘモグロビン同様に酸素との親和性が大きいヘムたんぱく質である. ヘモグロビンから筋線維中に酸素を受け取り貯蔵する役目を担う.

図表8　骨格筋線維の組織学的染色法

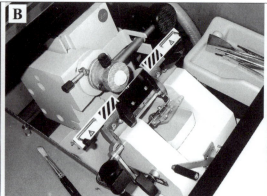

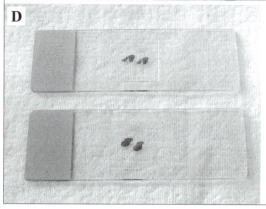

A：ヒトや実験動物から摘出した骨格筋を液体窒素（-196℃）により冷却したイソペンタン中で瞬時に凍結する．
B：凍結した骨格筋からミクロトームを用いて厚さ約10μmの切片を作製する．
C：切片に数種類の組織化学染色を施す．
D：カバーグラスを用いてスライドグラスに切片を封入して顕微鏡により観察する．

図表9　骨格筋線維タイプの分類

A：骨格筋切片にミオシンATPase染色を施し，色の濃淡によってそれぞれの筋線維をType Ⅰ線維もしくはType Ⅱ線維に分類する．
B：Type Ⅱ線維は異なる染色法によりType ⅡA線維もしくはType ⅡB線維に分類することができる．
C：骨格筋線維の連続切片を作製し，1枚の切片にミオシンATPase染色を施して収縮速度に関係するATP分解酸素の違いを決定する．
D：もう1枚の切片にコハク酸脱水素酵素染色を施して有酸素性のATP合成能の特徴を決定する．C，Dの2種類の染色結果を組み合わせて，それぞれの筋線維をSO線維，FOG線維，FG線維の3種類に分類する．

※ AとB，CとDはそれぞれ連続切片を染色．

●ミオシンATPase染色（pH10.3）
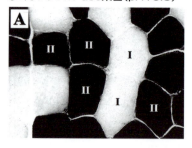

●ミオシンATPase染色（pH4.6）
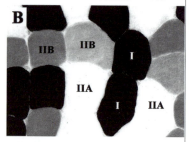

●ミオシンATPase染色（pH4.3）
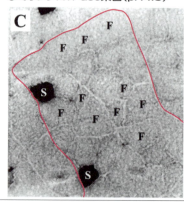

●コハク酸脱水素酵素染色
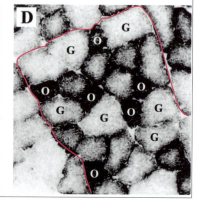

図表 10　SO 線維・FOG 線維・FG 線維の特徴

構造と機能の特性	SO 線維	FOG 線維	FG 線維
ミトコンドリアのサイズ	大きい	中間	小さい
ミトコンドリア容量	多い	中間	中間
Z 線の幅	広い	中間	狭い
筋線維平均横断面積＊①	小さい	中間	大きい
毛細血管密度	高い	中間	低い
ミオグロビン量	多い	中間	少ない
グリコーゲン量＊②	多い	少ない～中間	少ない～中間
ミオシン ATPase 活性値	低い	中間	高い
解糖系酵素活性値＊②	低い	中間～高い	中間～高い
酸化系酵素活性値＊②	中間～高い	中間～高い	低い
収縮速度	遅い	中間	速い
疲労耐性	高い	中間	低い

＊①筋線維平均横断面積は，動物種や骨格筋の種類によって異なる．例えば，人の骨格筋ではすべてのタイプの筋線維の横断面積がほぼ等しい．ラットの骨格筋の場合，長趾伸筋では FG ＞ FOG ＞ SO の順に大きく，ヒラメ筋では SO ＞ FOG である．
＊②グリコーゲン量，解糖系・酸化系酵素活性値は動物種また筋種で異なる場合がある

これらのタイプの異なる筋線維がモザイク状に分布している．筋線維のタイプは，骨格筋を急速に凍らせた後，薄い切片（10μm 程度）を作製し，この切片に 2，3 種類の染色を施し，その色の濃淡の差によって決定する（図表 8・9）．染色方法によって，筋線維タイプの分類方法も異なる．骨格筋においてそれぞれのタイプの筋線維が占める割合を「筋線維タイプ別構成比率」という（図表 14）．

3) Type Ⅰ線維と Type Ⅱ線維
—収縮速度の違いによる分類—

筋線維の収縮速度はさまざまな要因によって決定される．例えば，それぞれの骨格筋細胞を構成するミオシン分子の頭の部分（図表 5B 参照）が持っている ATP 分解酵素（ミオシンATPase）の能力も収縮速度決定要因の一つである．この ATP 分解酵素の特性に基づいて，筋線維を Type Ⅰ線維，Type Ⅱ線維の 2 種類に分類する．Type Ⅰ線維はミオシン ATPase の

能力が低く，収縮する速度が遅い遅筋線維であり，Type Ⅱ線維はミオシン ATPase の能力が高く，収縮する速度が速い速筋線維である（図表 9A・B）．さらに，Type Ⅱ線維を Type ⅡA 線維，Type ⅡB 線維，および Type ⅡD（Type ⅡX）線維[8]と，細かく分類する方法もある．

4) SO 線維，FOG 線維，FG 線維
—収縮速度＋酵素活性による分類—

筋線維は収縮速度の違いと，エネルギー合成系の特徴を組み合わせて，筋線維のタイプを 3 種類に分類する方法もある．（図表 10）．収縮する速度は遅いが酸化系酵素活性が高くて疲労しにくい SO（slow-twitch oxidative）線維と，収縮する速度が速く，解糖系と酸化系酵素活性が両方とも比較的高くて疲労しにくい FOG（fast-twitch oxidative glycolytic）線維，収縮する速度は速いが，すぐに疲労してしまう FG（fast-twitch glycolytic）線維がある（図表 9C・D，図表 10）．

[8]TypeⅡ線維のサブタイプ：ヒトの骨格筋にはTypeⅡB線維は存在せず，TypeⅠ，TypeⅡA，TypeⅡD（TypeⅡX）の3種類の筋線維によって構成されているという報告もある．

| 発展編 | 運動と骨格筋の変化 |

骨格筋は長期間のトレーニングによって比較的容易にその構造や機能が変化する．変化の程度はトレーニングの条件などによって異なる．

その一方で，トレーニングを中断すると，せっかく向上したさまざまな能力は低下する．効果的なトレーニング方法を考えるために，運動にともなって起こる骨格筋の変化のしくみを知ることが重要なポイントとなる．

1. 運動と筋力，筋肥大

1）筋収縮の３様式

実際に腕や脚を動かそうと筋力を発揮するときの筋の長さの変化から，筋収縮の様式を３種類に分類することができる．

●骨格筋の長さ変化，または動きの方向性を基準とした
　筋収縮の３様式
　　①短縮性収縮（コンセントリック・コントラクション）
　　②等尺性収縮（アイソメトリック・コントラクション）
　　③伸張性収縮（エキセントリック・コントラクション）

①短縮性収縮

短縮性収縮とは，力を出しながら筋の長さが徐々に短くなっていく収縮の様式である．腕相撲をしている時の上腕二頭筋を例に考えると，強い力で相手を押さえ込む「勝ち」の状態である．

②等尺性収縮

等尺性収縮とは，力を出しながらも筋の長さが変わらない収縮の様式である．腕相撲でいえば，相手と自分が出す力が同じでどちらの方向にも腕が動かない「引き分け」の状態である．

③伸張性収縮

伸張性収縮とは，力を限界まで出しているにもかかわらず，徐々に筋の長さが長くなっていく収縮の様式である．腕相撲では相手に押さえ込まれていく「負け」の状態である．

図表11 関節角度の違いにともなう筋力変化

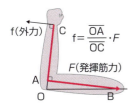 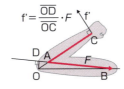 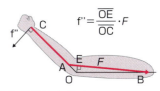

発揮筋力（F）が同じであっても，関節角度が鋭角あるいは鈍角の場合には，$\overline{OD}<\overline{OA}$，$\overline{OE}<\overline{OA}$ となり，外力は $f'<f$，$f''<f$ となる

A：前腕骨上の上腕二頭筋の停止部，
B：上腕骨上にあると仮定した上腕二頭筋の起始部（本来は肩甲骨に起始する）
C：手根関節点，O：肘関節点，$\overline{OC}$：前腕骨，$\overline{OB}$：上腕骨，
D：O から AB の延長線上に垂線をおろした交点，
E：O から AB に垂線をおろした交点，
F：発揮筋力（3つの角度とも同じ），f, f', f''：各関節角度における外力

　この3種類の収縮様式の分類以外にも，筋収縮の特性を理解するために，筋力発揮の際に筋の長さが等しいとき，筋の長さは変化するが発揮筋力が等しいとき，短縮（伸張）速度が等しいときの3つの筋力発揮パターンに分類される．

①等尺性収縮（アイソメトリック・コントラクション）
②等張性収縮（アイソトニック・コントラクション）　┐短縮収縮
③等速性収縮❾（アイソカイネテック・コントラクション）┘伸張収縮

2）最大筋力を決める要因

　骨格筋が発揮する最大筋力を決定する要因はさまざまである．収縮様式もその一つであり，伸張性収縮＞等尺性収縮＞短縮性収縮の順で筋力は小さくなる．

●関節角度と最大筋力

　また，関節の角度によって骨格筋の長さが変化すると筋力も変化する．ヒトが実際に筋力を発揮する場合，骨格筋の収縮は骨の関節部が支点となり，筋と骨との接合点が力点，物を持ち上げるなど外力が現れる部位が作用点となる．外力の方向は支点と作用点を結ぶ直線に対して垂直直線方向であり，筋力は筋の起始・停止部を結ぶ直線方向で発揮されるため，短縮性あるいは伸張性収縮の場合では関節角度が変わることにより2つの直線がなす角度が変化し，発揮される筋力が同じであっても外力は変わる（**図表11**）．この原理とベクトルの力学的要因を考えると，計算上では関節角度90度の付近で外力は最も大きくなるが，実際には，生体内の筋長やそれにともなうサルコメア長などの影響により，筋力は関節角度110度付近で最大

❾等速性収縮
　いかなる関節角度でも収縮速度を一定に保ちながら行われる収縮様式．厳密には，実際の運動中には見られない．等速性収縮を行うためには，サイベックスマシン，キンコム，メラック，などの専用の測定器具が必要である．

▶最大筋力
▶長さ—張力関係
▶連結架橋
　（クロスブリッジ）
▶生理学的横断面
▶絶対筋力

図表12 骨格筋線維の長さ—張力関係

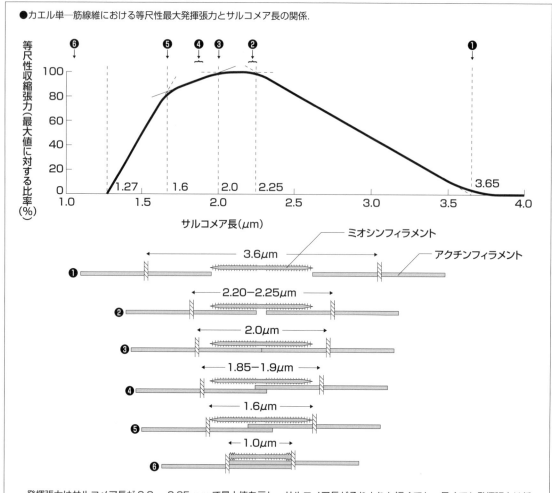

●カエル単一筋線維における等尺性最大発揮張力とサルコメア長の関係.

発揮張力はサルコメア長が2.0〜2.25μmで最大値を示し，サルコメア長がそれよりも短くても，長くても発揮張力は低下する．発揮張力はミオシンフィラメントとアクチンフィラメントの重なり合う部分の長さ（連結架橋の数）に依存する

となる．

●筋線維走行の違いと最大筋力

　最大筋力は，基本的には骨格筋を筋線維の走行方向に対して直角に切った横断面（生理学的横断面という）の面積によって決定される．単位横断面積当たりで発揮できる筋力を「絶対筋力」という．絶対筋力は基本的には男女差や年齢差がないが，実際の測定値は4〜10kg／cm^{2}とばらつきが大きい．これは力の伝達方向に対する筋線維の走行角度などの筋の解剖学的特性や神経による制御などの個人差が関与していると考えられる．

　また，骨格筋はほとんどが羽状筋[10]であり，筋線維が収縮する方向と筋が骨に力を伝える方向には角度がある．これを羽状角という．羽状角は通常5〜25度の範囲にある．しかし，羽状角（θ）が大きくなるほど筋線維の発揮筋力（F）が同じであっても，筋の長軸上の腱に伝える力（F_0）

[10] 羽状筋
　腱が長くそれに沿って片側あるいは両側へ斜めに筋線維が走行している骨格筋を羽状筋と呼ぶ．筋の長軸方向と筋線維の走行方向による角度を羽状角という．

図表13 トレーニングにともなう筋線維のカスケード反応

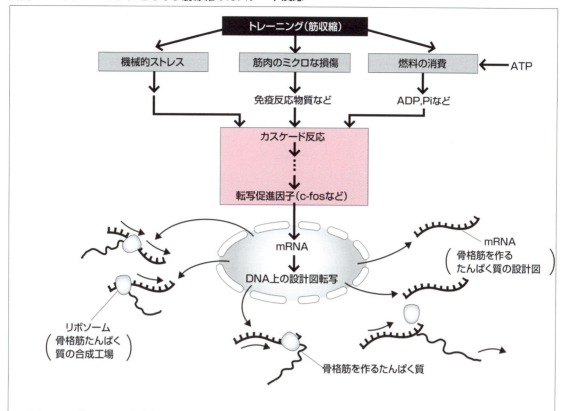

トレーニングにともない筋線維には，機械的ストレス，ミクロな損傷，ATPの涸渇など，さまざまな変化が生じる．これらの変化がカスケード反応の引き金となり，DNAの転写促進因子を活性化して筋線維を構成するたんぱく質の合成を促進し，筋線維が肥大する．

は低下する（$F_0 = F \cdot \cos\theta$）．

●筋節（サルコメア）長と最大筋力

Gordonら（1966年）はカエルの骨格筋単一筋線維を用いて，等尺性発揮張力とサルコメア長の関係（長さ―張力関係）を調べ，筋線維が発揮する張力はミオシンフィラメントとアクチンフィラメントが重なり合う距離（連結架橋「クロスブリッジ」の数）に依存することを報告している（図表12）．サルコメア長が2.0～2.25μmの時に最大張力が発揮され，サルコメア長がそれより短くても長くても発揮される張力は低下してしまう．

さらに，筋線維内の筋原線維の数，支配神経の放電パターンなども最大筋力を決定する要因となる．

3）筋肥大のしくみ

骨格筋の肥大における筋線維の変化についても二大論争が展開されてきた．すなわち，「筋線維1本1本が肥大して骨格筋全体が肥大するのか」，あるいは「筋線維の数が増える（増殖）ことによって骨格筋が肥大するのか」

▶遺伝子（DNA）
▶転写促進因子
▶カスケード反応

⓫筋サテライト（衛星）細胞
　発生の段階で筋線維にならなかった筋芽細胞は，完成した筋線維の周りに未分化細胞として存在する．サテライト細胞は運動の刺激によって筋線維になる可能性も報告されている．

という対立である．

　これまで，筋力トレーニングにともなう骨格筋の肥大は，筋線維の肥大によるものであり，筋線維の数は増加しないという考え方が優勢であった．しかし，収縮を何度もくり返すと，筋サテライト（衛星）細胞⓫が活性化して筋線維になる可能性があり，筋線維の増殖が絶対に起こらないとはいえない．また，筋力トレーニングにより活性化された筋サテライト細胞が既存の筋線維に融合し肥大に役立つことも知られている．

　また，筋力トレーニングによって筋肥大を起こす際の筋線維の肥大は，筋線維が収縮をくり返すことによる細胞内環境の変化や筋細胞膜に起こるメカニカルストレスが起因する．

　メカニカルストレスは，筋細胞膜を貫通する受容体たんぱく質（インテグリン）により細胞内に伝達され，その後，生化学的伝達系（MAP;mitogen-activated protein キナーゼ系）や細胞骨格と筋核との機械的刺激伝達系が転写因子の発現を誘導すると考えられている．また，筋収縮にともなうエネルギー消費，再合成の亢進をともなう細胞内物質の変化が，代謝物受容器反射によって視床下部−下垂体軸を刺激し成長ホルモン分泌を促し，筋細胞内での局所的な線維芽細胞成長因子と相互作用を持ちながら筋肥大を促進させる．この成長因子は，メカニカルストレスや筋収縮によって起こる微小な損傷により筋線維自らが分泌する．さらに，筋肥大は神経性因子によっても誘導され，活動電位が発生すると同時に神経軸索終末から分泌される神経栄養因子の影響を受けることも知られている．

　このように筋収縮をともなうトレーニングによって力学的，生化学的，あるいは内分泌系や免疫系などの情報が，さまざまな転写促進因子を増加あるいは活性化し筋核に伝えられ，核内では遺伝子（DNA）の設計図に基づいたアミノ酸の配列が決定され，筋たんぱく質が合成されると考えられている（図表13）．古くなったたんぱく質は分解されて，その一部は新しいたんぱく質を作る材料になるが，トレーニングはこの分解の過程を抑制することで，より肥大を有利にする可能性も考えられる．

　生体内にはさまざまな反応が次々と起こる連鎖反応（カスケード反応）が数多く存在する．この連鎖反応が刺激され，骨格筋を作るたんぱく質の合成が促進されると考えられる．

▶筋線維の萎縮

4）筋線維の萎縮

　けがや病気などでトレーニングを休止して長期間安静（ディトレーニング，不活動）にすると，骨格筋は萎縮する．また，骨格筋の萎縮は老化現象の一つとしても観察される．除神経などによる不活動，ギプス固定による筋短縮（関節可動性）の制限，後肢懸垂により短縮時の筋への負荷の軽減に

74————————第3章・運動と筋肉—力発揮のしくみと筋力トレーニング—

図表 14 ヒト外側広筋における筋線維タイプ別構成比率

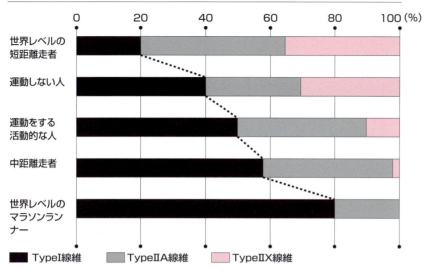

一般人の外側広筋における速筋線維と遅筋線維の比率はほぼ同じであるのに対し，超一流のスプリンターの場合は速筋線維（Type ⅡA 線維＋ Type ⅡX 線維）の比率が80％以上を占める．これに対し，超一流のマラソンランナーでは，遅筋線維（Type I 線維）の比率が80％以上を占める．

よっても筋線維が萎縮することが動物実験によって確かめられており，筋肥大とは逆に筋収縮によるさまざまな刺激・ストレスが無くなることが，たんぱく質合成を抑制する．

筋線維の萎縮は筋原線維の減少をともない，筋力低下が生じる．また，不活動によりミトコンドリアにおける酸化系酵素の活性値が低下して，有酸素系の ATP 合成が減少する．不活動にともなう筋原線維数の減少，筋力低下やエネルギー合成機能の低下は，遅筋線維と速筋線維の両タイプの筋線維に起こることが観察されている．骨格筋を不活動状態にすると，数時間後にはたんぱく質の合成が低下し，数日後にはたんぱく質の分解が観察される．不活動による萎縮にも遺伝子レベルでの調節機構が働いていると考えられる．

2. 運動と筋線維タイプ

1）短距離選手とマラソン選手の筋線維

▶筋線維タイプ別構成比率

一流のスポーツ選手の骨格筋の性質は一般の人とかなり異なっている．その代表的な例が「筋線維タイプ別構成比率」の違いである（図表14）．適度に運動する一般の人の大腿四頭筋では，速筋線維と遅筋線維の比率がほぼ同じである．これに対して，世界的なスプリンターでは速筋線維の比

率が80％以上を占め，マラソンランナーでは逆に遅筋線維の比率が80％
以上を占めている．このように種目の特性によって筋線維タイプの比率が
偏っており，一般の人との差は実に数十％にもおよんでいる．速筋線維は
遅筋線維より2～3倍も収縮速度が速く，遅筋線維は逆に数倍の疲労耐
性がある．スポーツの記録向上には，その種目の特性に応じた骨格筋の性質，
筋線維タイプの構成比率が大きく関係している．

▶交叉性神経支配

2）筋線維タイプの決定

「筋線維のタイプはどのように決定されるのか？」というテーマは，1960
年代から研究されている．

実験動物を対象とした報告では，速筋線維を支配している運動ニューロ
ンを遅筋線維に，また遅筋線維を支配している運動ニューロンを速筋線維
につなぎ変えると（交叉性神経支配），それぞれの筋線維の機能的特性が
逆転することが確かめられている．また，長期間の低頻度（10Hz程度）
の電気刺激によって骨格筋を収縮させ続けると，遅筋線維の割合が増加し，
高頻度（100～150Hz）の電気刺激では逆に速筋線維の割合が増えるこ
とも確かめられている．また，ギプス固定，腱の切断，運動ニューロン切除
などによって，骨格筋を長期間収縮させない状態を続けると，筋線維タイ
プ別構成比率が変化する．これらの実験結果から筋線維のタイプ決定には，
運動ニューロンの働きが大きく関係していると考えられる．

一方で，甲状腺ホルモン（p.47参照））などの大量投与が筋線維タイプを
変化させることも知られている．ホルモン投与は酸化系の酵素活性値を上
昇させ，収縮速度も変化させる．

このように，筋線維のタイプは神経性と体液性の両方の要因が極めて複
雑に絡み合って決定されていると考えられる．

▶筋線維タイプの移行
▶先天的要因
▶後天的要因

3）トレーニングによる筋線維タイプの移行

トレーニングによって筋線維タイプの構成比率に変化がみられる．筋線
維のミトコンドリアは，長期間の持久的トレーニングによって大きさが増し，
数も増加するが，トレーニングを中断するとすみやかに元に戻る．筋線維
の有酸素能力は比較的簡単に向上したり，低下したりする．この現象を筋
線維タイプの変化として考えてみると，速筋線維のサブグループ間での筋
線維タイプの移行が起こる可能性がある．

19週間のレジスタンストレーニング[12]により，外側広筋におけるType Ⅱ
B線維の比率が減少してType Ⅱ Aの比率が約15％増加した，あるいは
1週間に2，3回の瞬発的トレーニングを6週間続けた結果，外側広筋に
おけるType Ⅱ B線維の比率が顕著に低下したことなどが報告されている．

❷レジスタンストレーニング
　レジスタンストレーニングと
は，ある特定の骨格筋あるいは
全身の骨格筋に抵抗負荷を与え
て，筋力，パワー，筋持久力を
高めるためのトレーニングの総
称である．ウエイトトレーニン
グはその代表である．

図表15 力―速度関係

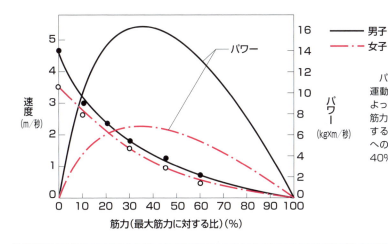

FG（Type ⅡB）線維　⇔　FOG（Type ⅡA）線維

　トレーニングによって，遅筋線維と速筋線維の間に筋線維タイプの移行が起こるか否かについては不明である．しかし，激しいウエイトトレーニングや瞬発的トレーニングを長期間行った結果，Type Ⅰ線維がType ⅡA線維に移行したという研究も報告されている．また，20週間のウエイトトレーニングは骨格筋を肥大させて筋力を増加させ，下腿の骨格筋における速筋線維の占有面積を顕著に増加させたことが報告されている．

　トレーニングにともないType Ⅰ線維がType Ⅱ線維へ移行するか，またType Ⅱ線維がType Ⅰ線維へ移行するかについては明確な結論は得られていない．完全なタイプ移行が起こらなくても，各タイプの筋線維の特徴（図表10）があいまいとなり，ミトコンドリアの多いFOG線維や解糖系酵素活性の高まったSO線維などが見られることがある．

　一流のスポーツ選手にみられるような筋線維タイプ別構成比率の特徴は，先天的要因によって大部分が決定されている可能性が高い．しかし，トレーニングなどの後天的要因による変化の可能性も否定できない．筋収縮様式や運動強度・時間・頻度，トレーニング期間などの運動刺激が，筋線維タイプの移行にどの程度の影響を与えるかは明確にはわかっていない．

　　　　　　　　　　　　　？
FG線維，FOG線維（TypeⅡ）　⇔　SO（TypeⅠ）線維

3. 骨格筋のトレーニングの概要

▶瞬発的トレーニング
▶パワー＝筋力×速度

1）瞬発的トレーニングと骨格筋

　瞬発的トレーニングによって筋力が向上し，多くの筋線維が同時に活動参加するようになる．その結果，負荷が相対的に軽減され，速い動きができるようになる．

　パワー（瞬発力）は筋力と速度の積で表される．つまり，パワーとは，単位時間当たりの仕事量を示す．パワーを高めるためには，筋力と速度の関係を知る必要がある．

> パワー＝仕事量／仕事に要した時間＝（質量×距離）／時間 ＝筋力×速度

　最大筋力発揮時の速度はゼロであり，負荷の減少とともに速度が増加する．最大筋力の 30 ～ 40％の時点でパワーが最大値になる（図表 15）．

　しかし，パワーを高めるトレーニングでは，比較的強い負荷（最大筋力の 50 ～ 70％）で，すばやい動作を行うのがよいと考えられている．これは強い負荷での速筋線維の肥大と多くの筋線維を同時に収縮させるなど，支配神経の活動様式を変え，運動制御能力の向上を図ることによって，トレーニング効果を得やすくするためである．

> **●瞬発的トレーニングによる骨格筋の変化**
> 　①骨格筋全体の肥大
> 　　特に速筋線維（Type Ⅱ 線維，FG 線維，FOG 線維）の肥大
> 　②神経調節機構の発達

▶筋力トレーニング
▶骨格筋の肥大
▶神経調節

2）筋力トレーニングと骨格筋

　筋力トレーニングを続けると，骨格筋は肥大して筋力が増加する．絶対筋力は単位断面積当たりで一定であるため，横断面積が増えると筋力が増加する．ただし，トレーニングにともなう筋力の増加は単純に骨格筋の肥大だけによるものではない（図表 16）．骨格筋が収縮して力を出す場合，必ずしも骨格筋内のすべての筋線維が収縮している訳ではない．随意的に最大筋力を発揮しようとするとき，筋線維の 70 ～ 80％程度が収縮して力を発揮する．残りの 20 ～ 30％の筋線維は，力の発揮に参加せず休んでいる状態にある．トレーニングの初期段階にみられる筋力増加は，この休んでいた筋線維が働き出して力を出すようになるためである．休んでいた筋

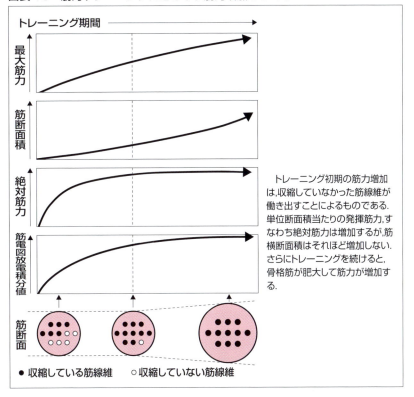

図表16 筋力トレーニングにともなう筋力増加のしくみ

トレーニング初期の筋力増加は，収縮していなかった筋線維が働き出すことによるものである．単位断面積当たりの発揮筋力，すなわち絶対筋力は増加するが，筋横断面積はそれほど増加しない．さらにトレーニングを続けると，骨格筋が肥大して筋力が増加する．

線維を筋力発揮に動員するためには神経系が関与する．

筋力トレーニングを開始しても，およそ1か月間は骨格筋の肥大はあまり観察されない．しかし，さらにトレーニングを続けていくと，徐々に骨格筋の肥大が観察されるようになり，筋力が増加する．筋肥大を目的とした筋力トレーニングには，少なくとも3か月間以上のトレーニングが必要である．

●筋力トレーニングによる骨格筋の変化
① 骨格筋の肥大
② 神経調節機構の発達

3）持久的トレーニングと骨格筋

▶持久的トレーニング
▶疲労耐性
▶筋持久力

持久力のことを疲労耐性と呼ぶように，疲労しにくい能力が備わることが持久性を向上させる．筋内のATP量の低下は筋収縮のエネルギーの減少だけでなく，能動輸送，膜電位，疲労物質の除去などさまざまな生体機能に影響をおよぼす．その結果生じる細胞内外の環境の変化が，二次的に筋収縮を抑制することも疲労の原因となっている．エネルギー源の涸渇を防ぎ，ATP量を維持するには，筋内でのATP貯蔵量を増加させるだけで

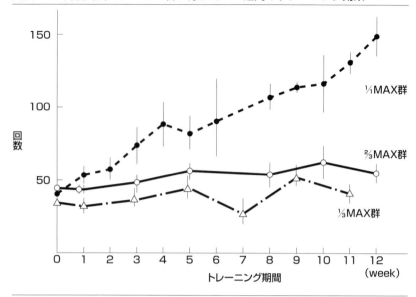

図表17 持続時間によって3群に分けた12週間のトレーニング効果

は不十分であり，ATP再合成系の能力を向上させる必要がある．従って，ATP合成のための材料と酸素を運ぶ毛細血管系の発達，ミトコンドリアの増大，酸化系酵素活性値などを高めるトレーニングが必要となる．

> ●筋持久的トレーニングによる骨格筋の変化
> ①酸化系優位な筋線維（Type II A, I 線維，SO, FOG線維）の肥大
> ②ミトコンドリアが大きくなり，数が増加
> ③毛細血管（密度）の増加
> ④酸化系や電子伝達系の酵素活性値の上昇

　筋持久力を発達させるトレーニング要素としては，トレーニング強度あるいは時間（作業回数）のどちらが重要であるのか．最大筋力の30％の負荷で疲労困憊まで筋収縮を繰り返した場合（1/1Max）と，同じ負荷でその1/3の回数（1/3Max），あるいは2/3の回数（2/3Max）で筋収縮を終わらせる3グループを設定し，1日1回，週6日，12週間のトレーニングを行い，その効果を1週間毎に最大作業回数の変化として測定した．最も作業回数が向上したのは1/1Max群であった（図表17）．また，負荷を下げて回数を増やし，負荷×回数で表す運動量を増やした方が筋持久力は増加する．このことから，筋持久力の向上には筋収縮の回数（運動時間）が大きく影響すると考えられる．つまり，筋持久力トレーニングは，筋への血流量を十分に確保できる低強度の負荷で，長時間，高頻度に行うことが必要である．

4) イメージトレーニングによる筋力増大

実際に筋力トレーニングを行わなくても，イメージトレーニングによって筋力が増大するということも知られている．小指の外転筋力が，イメージトレーニングによって，約20%増加したという報告がある．また，文字を書くイメージトレーニングを行った実験では，脊髄内のα運動ニューロンの興奮性の高まりがみられた．これはイメージトレーニングが，脳・神経系の機能向上になんらかの影響をおよぼした結果と考えられる．

5) トレーニングの種類と骨格筋の機能変化

▶骨格筋の機能変化
▶ ATPase 活性

適切なトレーニングは骨格筋の機能を向上させ，パフォーマンスを向上させる．しかしその一方で，長期間の激しいトレーニングによって思わぬマイナスの影響が生じる場合がある．例えば，持久的トレーニングにともない筋の解糖系酵素活性の低下やATPase活性の低下が起こる．事実，長期間の持久的トレーニングが垂直跳の記録を低下させるという報告もある．これは，持久性に優れるが収縮速度の劣る遅筋線維の占有率の増加によるためと考えられる．

すべてのトレーニングが，必ずしも筋線維の機能を全面的に向上させるという訳ではないのである．どのような能力を向上させるためのトレーニングなのか，その目的にあった運動時間，運動強度，運動頻度を選択することの重要性が，トレーニングにともなう筋線維の機能的変化からも裏づけられている．

4. 運動と筋疲労

1) 筋疲労とは

▶筋疲労
▶疲労物質
▶中間代謝産物

筋収縮をくり返すと次第に筋力が低下し，最後にはまったく収縮することができなくなる．これは，骨格筋が疲労したためである．筋力発揮には，大脳皮質運動野からの指令，運動ニューロンの興奮状態，神経筋接合部のシナプス伝達機構，興奮収縮連関，収縮たんぱく質の相互作用，エネルギー供給機構，筋細胞内pH，疲労物質処理機構などさまざまな要因が関与しており，骨格筋の疲労はこれらの要因のいずれか，あるいは複数の要因の機能不全によって起こる．

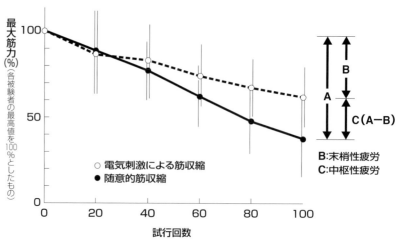

図表18 筋疲労にともなう筋力低下

骨格筋の疲労は中枢性疲労と末梢性疲労の両方が合わさって起こる．電気刺激による筋収縮に伴う筋力の低下(B)は末梢性疲労によるものであり，随意的な筋収縮による筋力の低下(A)との差(C)が中枢性疲労によるものである．

●筋疲労の定義
①最大筋力が低下し，期待される筋力発揮が困難となった状態
②一定の筋力（最大でなくても）発揮を持続できない状態

▶中枢性疲労
▶末梢性疲労

2）中枢性疲労と末梢性疲労

　骨格筋の疲労は，運動を続けると徐々に大脳皮質運動野の働きが低下する「中枢性疲労」と，筋線維そのものの働きが低下する「末梢性疲労」の両者によって起こる（図表18）．

　骨格筋を支配している運動ニューロンを電気刺激して大脳皮質運動野の関与なしに筋収縮を起こした場合の筋力は，最大随意発揮筋力より30％以上強い力が発揮される．しかし，筋収縮をくり返した際の筋力低下の割合は，電気刺激による強制収縮は随意的な収縮のくり返しよりも少ない．

　筋線維での末梢性疲労は筋細胞膜の働きの抑制，活動電位の伝導の阻害，エネルギー源の涸渇，疲労物質の蓄積などの要因によって起こる．これに対して，中枢性疲労は大脳皮質運動野の活動水準の低下や，シナプスでの伝達物質の減少によって起こる．この大脳の活動水準の低下は末梢疲労より先に起こる．

　最大随意筋力は個々の筋線維に興奮を伝える運動ニューロンの働きによっても変化する．筋力発揮には，骨格筋組織の保護のために中枢神経系による抑制機構が働いていると考えられる．しかし，時としてある刺激が

中枢に影響をおよぼして抑制機構を解除することがある。持続的に筋力発揮を行っている最中に大声で叫ぶ（Shout）と一時的に筋力の増加（Shout効果）が観察され，経験的にさまざまなスポーツの活動中に利用されている（p.22 図表 26 参照）。

3）乳酸—単なる疲労物質ではない—

▶乳酸

　乳酸は安静時でも骨格筋にある程度の量が含まれているが，運動にともなって骨格筋内で急激に増加する。安静時の血中乳酸値は 1mmol ／ℓ以下であるが，1 ～ 2 分間程度で疲労困憊に至るような非常に激しい運動では，20mmol ／ℓ以上に達する。骨格筋に乳酸が貯まると筋細胞内 pH を低下させる。このため従来では，乳酸は運動中の酸素不足によって生じる一種の疲労物質という考えが一般的であった。

　解糖系の代謝産物である乳酸は，細胞内で乳酸イオンと水素イオン（H^+）になる。最高強度の運動時の急激な乳酸産生による H^+ の増加は解糖系代謝を低下させるが，中高強度以下の運動により徐々に生成された H^+ は，重炭酸イオン（HCO_3^-），リン酸イオン（PO_4^{3-}），たんぱく質などと結合するため，即座に筋がアシドーシスに傾くことはなく，筋線維内の酸塩基平衡は維持される（p.148 参照）。また，H^+ は血中に入り HCO_3^- と反応し最終的に肺で二酸化炭素（CO_2）として呼気ガスにふくまれ排泄される。

　さらに，最近の研究成果から，運動時には各組織のエネルギー基質として乳酸が積極的に使われることが明らかとなった。各組織の細胞膜表面には乳酸を取り込み移動させるモノカルボン酸輸送担体（MCT；monocarboxylate transporter 1 ～ 4）が分布し，乳酸をエネルギーとしての利用する回路が存在する。MCT1 はおもに心臓，遅筋線維の細胞膜，遅筋線維のミトコンドリア膜に多く分布し，血中から細胞内への乳酸の取り込みを促進する。一方，MCT4 は速筋線維に多く分布し，運動時の筋細胞内において解糖系の亢進で産生された乳酸を血中に輸送する。すなわち，速筋線維はエネルギーを作るために乳酸を産生し，同時に血中に乳酸を拡散し，その乳酸を心臓や遅筋線維内のミトコンドリアがエネルギーとして利用する。乳酸は運動時のエネルギー基質となるのである。さらに運動後には，MCT2 を有する肝臓で血中乳酸が取り込まれ，グリコーゲンの合成（糖新生）が進む（p.202 図表 16 参照）。

● 遅発性筋肉痛の発生機序

① 伸張性筋収縮をともなう運動の実施

↓

② 骨格筋が引き延ばされて，筋線維の膜の一部が損傷

↓

③ 損傷した部分からカルシウム（Ca^{2+}）が筋線維内へ流入

↓

④ 流入した Ca^{2+} によってたんぱく分解酵素が活性化される

↓

⑤ 筋線維が部分的に崩壊して，痛みを引き起こす物質が合成される

↓

⑥ 遅発性筋肉痛が起こる

約24時間

▶遅発性筋肉痛
▶ MRI
▶ローマン反応
▶血中逸脱酵素
▶クレアチンキナーゼ
▶サイトカイン

⑬遅発性筋肉痛
　遅発性筋肉痛とは，運動終了後ある程度の時間経過を経て現れる筋肉痛のことをいう．遅発性筋肉痛に対して，激しい筋運動中や直後に現れる痛みを「早発性筋肉痛」と呼び，激しい収縮にともなう筋線維の酸欠，疲労物質蓄積，筋温上昇にともなう発痛物質の産生が原因で起こる．

5. 運動と筋肉痛

1）遅発性筋肉痛─翌日身体が痛い─

　運動した翌日などに感じる筋肉痛を「遅発性筋肉痛⑬」と呼んでいる．遅発性筋肉痛は，運動中に起こる肉離れや，筋断裂などにともなう痛みとは別の痛みである．遅発性筋肉痛は普段から激しいトレーニングをしているスポーツ選手でも，けがなどで長期間運動を休んだ後にトレーニングを再開した場合や，普段行っている以上のトレーニングや，まったく別の種類のトレーニングを行った場合などに発生する．

2）筋肉痛が起こるしくみ

　遅発性筋肉痛が起こるしくみはよくわかっていない．骨格筋の収縮様式を例にとると，伸張性収縮をともなう運動（例えば「下り走」など）をくり返し行った翌日に発症する例が多い．現在のところ，遅発性筋肉痛は，外部から骨格筋に大きな力が瞬間的に加わり，筋線維が強い力で引き伸ばされて伸縮性が乏しい細胞膜が部分的に壊れることが，最初のきっかけとなって起こると考えられている．細胞膜の損傷は，細胞外液中のカルシウム（Ca^{2+}）の筋線維内流入を起こし，これが引き金となって筋小胞体から

図表19　下り走24時間後のラット骨格筋の電子顕微鏡写真

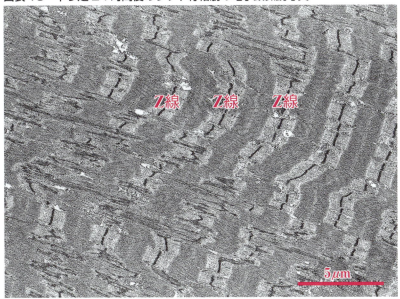

下り走24時間後には筋線維の微細構造の顕著な破壊が観察される．Z線走行の乱れに加えて，一部Z線の崩壊も観察される．また，ミオシンフィラメントとアクチンフィラメントの破壊も観察される．

Ca^{2+}放出が誘発される．筋線維内のCa^{2+}が高濃度になると，たんぱく質分解酵素が活性化し筋線維内部の崩壊が起こる．運動終了後の筋線維の構造破壊は電子顕微鏡像（図表19）や，MRI（磁気共鳴画像）などにより確認されている．筋線維の中でローマン反応を触媒し，筋線維の崩壊にともない血液中に出てくる酵素（血中逸脱酵素）の一つであるクレアチンキナーゼの静脈血中の濃度は，運動終了直後と運動終了24時間後の時点で非常に高い値を示す．

　この結果は，運動終了24時間後に筋線維の崩壊が起こっている可能性を示しており，遅発性筋肉痛のしくみを解明する手がかりとなる．ひどい筋痛時には筋力が低下し，場合によっては1週間程以上続くことがある．筋線維の損傷は炎症反応[14]を引き起こす．炎症の起きた筋線維には白血球やマクロファージが浸潤し，破壊した筋線維の貪食が進むと共に，サイトカイン[15]など再生に関与する物質を産生して修復が開始される．サイトカインやさまざまな成長因子が筋サテライト細胞を活性化し，増殖と融合をくり返し損傷部位を補いながら筋線維の修復が進行する．

3）筋肉痛と加齢

　年齢とともに運動後の筋肉痛の発症が徐々に遅くなることが知られている．運動した翌日ではなく，2日後に筋肉痛が起こる場合がある．
　若者と高齢者における筋量の違いや実施可能な運動強度などが異なるた

[14] 炎症反応
　傷害を受けた組織・細胞の治癒過程における発赤，発熱，腫脹また疼痛などによる機能不全を起こす反応．発赤，発熱，腫脹は，白血球や血漿たんぱくなど血管由来の物質が損傷部位へ移動し，損傷組織の除去と再生準備段階を作る過程の反応である．

[15] サイトカイン
　サイトカインは，免疫系に関与する生理活性物質であり，免疫担当細胞の増殖や分化にかかわることで，動物の生体防御反応の中心的役割を果たしている．インターロイキン，インターフェロン，インスリン様増殖因子，血小板由来増殖因子，などがある．

め一概に比較はできないが，年齢を重ねると筋線維の膜の一部が損傷した後の損傷の拡大や再生の進行が若年者より遅くなっていること，痛み物質に対する痛覚神経の感度の低下が起きていることが，筋痛の発生を遅らせる理由と考えられている．

●骨格筋研究の歴史

　ルーの法則である，①使用性肥大 ②廃用性萎縮 ③過度使用性障害は，ドイツの生物学者ヴィルヘルム・ルーによって20世紀初頭に提唱された生理学における基本法則であり，現代のスポーツ科学やトレーニング理論においても広くこの考え方が普及している．簡潔に言えば，身体の機能は適度に使うと発達し，使わなければ萎縮し，過度に使えば障害を起こすというもので，骨格筋の適応変化として一番よく説明できる．

　人類は古代から皮膚の上から見える筋肉の隆起に興味を持っていたと思われる．骨格筋が発達した者が力を出すときに，皮膚上からでも筋の動きが見て取れる．その動きが皮膚の下でネズミが走るようだということで，骨格筋「muscle」の言葉の起源は，ラテン語のネズミ「mus」に由来する．

　筋肉の研究は生化学的研究から始まり，1864年にウィルヘルム・キューネはカエルの筋肉から「ミオシン」という物質を抽出し，1939年にソビエトのエンゲルハルト夫婦がミオシンのATP分解酵素を発見し，1942年にはビタミンCの発見によるノーベル賞受賞者のセント・ジェルジが，ミオシンたんぱく質とそれをアクティブにするたんぱく質「アクチン」，さらに，ATPを加えると超沈殿という収縮のような現象を起こすことを発見した．セント・ジェルジの研究は我が国の広い分野の研究者に刺激を与え，世界的にも評価の高い研究成果を生み出した．名取礼二によるスキンドファイバーの発見，筋小胞体－トロポニン複合体を発見した江橋節郎，生物運動としてのアクチン分子の機能を明らかにした大沢文夫，ミオシンATPase機構の解明に努めた殿村雄治など，現在に至る日本の筋肉研究の礎となっている．

　運動生理学の分野では，酵素の特性を利用した組織化学手法による筋線維タイプ分類の研究が1970年代から盛んになり，遅筋型と速筋型，速筋型のサブグループに分類され，それぞれの筋線維タイプの代謝特性，機能特性，トレーニング効果などの研究が行われた．その後，筋線維分類にはミオシン重鎖・軽鎖という分子によるタイプ分類，免疫抗体染色を利用したタイプ分類が主流となり，現在はそれぞれの筋線維タイプを発現する制御因子の遺伝子解析にまで研究が広がっている．また，1987年に発見された「MyoD」という筋制御因子がきっかけとなった筋分化の機構解明が基礎研究分野で盛んになると同時に，トレーニングによる筋肥大や，不使用性あるいは加齢性の筋萎縮（サルコペニア）などのメカニズムやその影響因子の研究が進められている．制御因子の発見は筋肉にとどまらず，運動生理学のあらゆる分野に興味深い研究テーマを与えている．

■まとめ

1. 骨格筋の構造を説明しよう.
2. 骨格筋が収縮するしくみを説明しよう.
3. 筋収縮のエネルギーを説明しよう.
4. 筋線維タイプについて説明しよう.
5. 筋収縮の3様式を説明しよう.
6. トレーニングにともなう骨格筋の変化を説明しよう.
7. トレーニングにともなう筋力増加のしくみを説明しよう.
8. スポーツ種目と筋線維タイプについて説明しよう.
9. 筋疲労のしくみについて説明しよう.
10. 筋肉痛が起こるしくみを説明しよう.

■今後の課題

1. 興奮収縮連関のしくみの解明.
2. 筋収縮のしくみを分子レベルでの解明.
3. トレーニングにともなう骨格筋の機能向上のしくみを分子レベルで解明.
4. トレーニングにともなう筋肥大のしくみを解明.
5. トレーニングにともなう筋線維タイプの移行のしくみを解明.

■参考図書

1）酒井敏夫, 遠藤実, 杉田秀夫（編）, 筋の構造と機能, 医学書院, 1977年.
2）丸山工作, 筋肉のなぞ, 岩波新書, 1980年.
3）富田忠雄, 杉晴夫（編）, 新生理科学大系4, 筋肉の生理学, 医学書院, 1986年.
4）御橋廣眞, 筋肉の動きを探る, 丸善, 1994年.
5）山田茂, 福永哲夫（編著）, 生化学, 生理学からみた骨格筋のトレーニング効果, ナップ, 1996年.
6）山田茂, 福永哲夫（編著）, 骨格筋運動による機能と形態の変化, ナップ, 1997年.
7）丸山工作, 筋肉の謎を追って, 岩波書店, 1998年.
8）大日方昴（監修）, 山田茂, 後藤勝正（編）, 運動分子生物学, ナップ, 2000年.
9）勝田茂（編）, 運動と筋の科学, 朝倉書店, 2000年.

10) 石井直方, 筋と筋力の科学 1・2, 山海堂, 2001 年.

11) 丸山工作, 筋肉はなぜ動く, 岩波ジュニア新書, 2001 年.

12) 吉岡利忠 (監修), 山田茂, 後藤勝正 (編著), 分子の目でみた骨格筋の疲労, ナップ, 2003 年.

13) 吉岡利忠, 後藤勝正, 石井直方 (編著), 筋力をデザインする, 杏林書院, 2003 年.

14) 杉晴夫, 筋肉はふしぎ, 講談社ブルーバックス, 2003 年.

15) Engel,A.E., Franzini-Armstrong,C. (編著), Myology, Third Edition. McGraw-Hill, 2004 年.

●──図版出典

図表1 ● Krstic, R.V., General Histology of the Mammal, Springer-Verlag, 257, 1985 (一部改変); Bear, M.F., et al., Neuroscience, Williams & Wilkins, p.349, 1996 (一部改変).

図表2 ● G, H : Krstic, A.M., General Histology of the Mammal, Springer-Verlag, 267, 1985 (一部改変), その他著者作製.

図表3 ● A : Desaki, J., Uehara, Y., J. Neurocytol., 10, 107, 1981 (一部改変), B : 著者作製.

図表4 ● A : Krstic, A. M., General Histology of the Mammal, Springer-Verlag, 265, 1985. B : Franzini-Armstrong, C., J. Cell Biol., 47, p.493, 1970 (一部改変).

図表5 ● A : Krstic, A.M., General Histology of the Mammal, Springer-Verlag, 269, 1985. B, C : 丸山工作, 筋肉のなぞ, 岩波新書, p.43, p.121, 1980 (一部改変).

図表6 ● 中野昭一, 他, 図解運動生理学第2版, 医学書院, p.250, 2000 (一部改変).deDuve, C., 細胞の世界を旅する (上), 東京化学同人, p.152, 1990 (一部改変).

図表9 ● A, B : 埜中征哉, 臨床のための筋病理, 日本医事新報社, p.19, 1993 (一部改変). C, D : 著者作製.

図表11 ● 宮下充正, トレーニングの科学的基礎, ブックハウス・エイチディ, p.32, 1993 (一部改変).

図表12 ● Gordon, A.M., et al., J.Physiol., 184, 185-186, 1966(一部改変).

図表13 ● 杉晴夫, 筋肉はふしぎ, 講談社ブルーバックス, p.97, 2003 (一部改変).

図表14 ● Andersen, J.L., et al., Scientific American, September, p.49, 2000 (著者作図).

図表15 ● 金子公宥, 瞬発的パワーからみた人体筋のダイナミクス, 杏林書院, p.83, 1974 (一部改変).

図表16 ● 福永哲夫, ヒトの絶対筋力, 杏林書院, p.220, 1978 (一部改変).

図表17 ● 宮下充正, 石井喜八 (編), 新訂運動生理学概論, 大修館書店, p.202, 2000.

図表18 ● 矢部京之助, 人体筋出力の生理的限界と心理的限界, 杏林書院, p.156, 1977 (一部改変).

図表19 ● Takekura, H., et al., J. Physiol., 533, 577-583, 2001 (一部改変).

第4章

運動と呼吸
―酸素の取り込みと呼吸機能の調節―

　私たちは酸素や栄養素，水分を体内に取り込んで活動している．栄養素と水分はある程度は体内に貯蔵することができるが，酸素は常にそのときどきの必要量を取り込まないと，身体機能を維持できず生命すら脅かされる．

　運動が始まると，さらに大量の酸素が必要となり，息づかいも激しくなる．一流選手の巧みな動きやすばらしいパフォーマンスの裏では激しい息づかいがある．一方，微妙なコントロールを必要とする運動だけでなく，瞬発的な運動でも「息」の調節が行われ，持久的な運動では酸素を取り込む量が，パフォーマンスの優劣と直結している．

　ほとんどの場合，呼吸は無意識に行われているが，意識的に息を吸ったり吐いたりすることもできる．本章では，無意識にコントロールされる呼吸のしくみやより多くの酸素を取り込みエネルギーを産生するための呼吸調節機能について解説する．

基礎編	呼吸器の構造と働き

呼吸を簡単な言葉で表現すると，最も適切な言葉は「息をする」であろう．日本語には「息が合う」，「息を殺す」，「虫の息」，「息があがる」，「鼻息が荒い」など，さまざまな表現が用いられている．このことは，「息」すなわち呼吸が，私たちの生理や心理と密接に結びついていることを教えてくれる．「息」をすること，すなわち呼吸はどのようなしくみで働き，運動の場面でどのような役割を果たしているのだろうか．

1. 呼吸器の構造

呼吸は，気道（口・鼻をふくむ），肺，呼吸筋などの器官の働きによって行われる（**図表 1**）．気道は肺に近づくにつれて気管支，細気管支，終末気管支へと分岐し，さらにガス交換の場である呼吸細気管支，肺胞管，肺胞嚢となり，空気を肺へ取り込んだり，排出したりする．気道は 1 日 1 万ℓもの空気が通り，大気中にふくまれるさまざまの異物（小粒子，有害ガス，微生物）に肺はさらされる．このため，気管・気管支にはリゾチームなど細菌作用がある分泌液が気管（支）内の粘膜を保護し，また腺毛上皮により異物を排除するといった防御作用がある．肺胞嚢には数十個の単位で肺胞といわれる薄い膜でできた小さな袋が集まっている．

肺胞は直径が $70 \sim 300\,\mu\mathrm{m}$ で，総数は約 3 億個あり，その全表面積は $70\mathrm{m}^2$ にもおよぶ．肺胞のまわりを毛細血管（肺胞毛細血管）が取り囲んでいて，肺胞内部に運ばれた空気と血液の間で，酸素や二酸化炭素の受け渡しが行われ

る（**図表 2**）．

呼吸筋は肋骨の間にある肋間筋と，胸と腹を隔てている横隔膜（筋）で構成されている．この肋間筋と横隔膜の収縮と弛緩により，胸腔内圧●（容積）が変化し，大気圧との較差で空気が肺に出入りする．

2. 呼吸器の働き

1）酸素の取り込みと二酸化炭素の排出

呼吸の最も重要な役割は，「息」を吸ったり吐いたりして，体内に酸素を取り込み，体外に二酸化炭素を排出することである（ガス交換）．これによって，体内が酸素不足になったり二酸化炭素が貯まり過ぎたりしないように調節されている．特に，肺を経由した後に心臓によって全身に送られる動脈血は，呼吸の働きにより極めて正確に，酸素と二酸化炭素の濃度が維持されている．

さらに，呼吸は体温・水分・血液 pH（p.149参照）の調節などにも貢献している．

2）呼吸の調節

「吸って，吐いて」，あるいは「大きく，小さく」と，私たちは意識的に呼吸することができる．また，無意識下でも呼吸を続けることができる．すなわち，呼吸は随意にかつ不随意に調節されている．

●神経系による呼吸調節

呼吸には，息を吐く「呼息」と息を吸う「吸息」の 2 種類があり，延髄には呼息運動を促す呼息

●胸腔内圧：肋骨，肋間筋，胸骨，脊柱，横隔膜に覆われた胸部（胸郭）の内側は胸膜と呼ばれる外界から遮断された腔が形成され，その内圧を胸腔内圧という．

図表1　呼吸器の構造

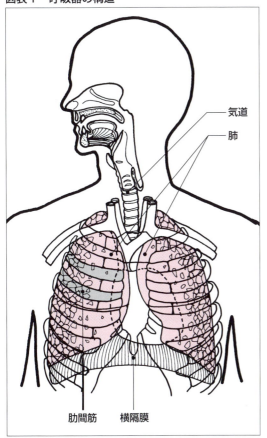

図表2　肺胞のしくみ

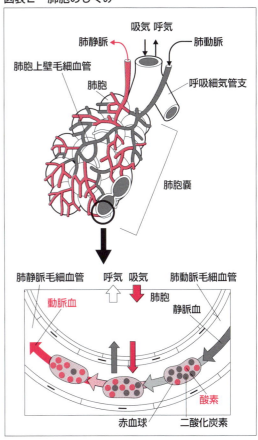

図表3　呼吸調節のしくみ

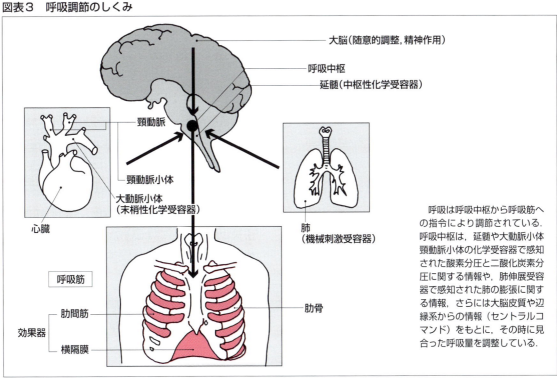

呼吸は呼吸中枢から呼吸筋への指令により調節されている．呼吸中枢は，延髄や大動脈小体，頸動脈小体の化学受容器で感知された酸素分圧と二酸化炭素分圧に関する情報や，肺伸展受容器で感知された肺の膨張に関する情報，さらには大脳皮質や辺縁系からの情報（セントラルコマンド）をもとに，その時に見合った呼吸量を調整している．

中枢と，吸息時に興奮して吸息運動を促す吸息中枢がある．呼吸中枢は大脳，肺，動脈などから集まってきた入力情報を統合して，肋間筋や横隔膜の収縮・弛緩を調節する（図表3）．

不随意の呼吸運動は，呼吸中枢で形成される自動的周期性興奮が運動ニューロンを経由して呼吸筋へ送られることによって起こる．吸息，呼息というリズミカルな呼吸運動は，吸息中枢と呼息中枢という2つの呼吸中枢によりコントロールされる．吸息により気道および肺の伸展が起きたとき，機械刺激受容器からの迷走神経入力を延髄の呼吸中枢が受けて，吸息性神経の活動を抑制させ（ヘーリング・ブロイエル反射），呼息が開始する．

怒ったり興奮したりすると，「息が荒い」と表現される状態になるが，これは大脳皮質や大脳辺縁系の興奮が呼吸中枢に入力されることによる呼吸の亢進である．運動を始める前に呼吸が速くなるのは，このような心理的変化が呼吸に影響するためである（呼吸のフィードフォワード調節）．

●受容器からの呼吸調節

大脳からの調節以外に，呼吸は日常的に自律性のフィードバック機構によって調節されている．その情報を受け取る役割には，中枢性化学調節と末梢性化学調節と呼ばれる2つの化学調節がある．呼吸調節の主となる受容器は延髄の中枢性化学受容器であり，動脈血中の二酸化炭素の濃度を監視し，二酸化炭素濃度の上昇にともなうpH低下に対して呼吸中枢に求心性の活動電位を送り，呼吸を増やすことで酸素が供給され，二酸化炭素が排出される．また，頸動脈小体と大動脈小体でも動脈血中の酸素や二酸化炭素濃度，pH変化が監視され，特に酸素濃度の大きな低下時には呼吸中枢に信号が送られ，

呼吸筋の活動を促進させて酸素濃度を高め二酸化炭素を減少させる（末梢性化学調節）．このようにいくつものセンサーの働きで呼吸が厳密に調節されている．

3）ガス交換のしくみ

血液中の赤血球の役割は酸素運搬である．赤血球に存在するヘモグロビンは酸素と強く結合する（p.137参照）．

ヘモグロビン＋酸素 ⇔ 酸化ヘモグロビン

肺胞では，酸素分圧❷が高く二酸化炭素分圧が低いので，大部分のヘモグロビンは酸素と結合し，酸化ヘモグロビンとなる．そのため肺から出た血液は鮮紅色となる．

組織では，酸素分圧が低く二酸化炭素分圧が高いため，酸化ヘモグロビンは酸素を離して還元ヘモグロビンとなる．組織でガス交換を終えた血液は暗赤色の静脈血となる．

ヘモグロビンが酸素と結合する割合（酸素飽和度）と酸素分圧との関係を示すS字型の曲線を，「酸素解離曲線」という（図表4）．

肺胞での酸素分圧は大気圧（160mmHg）と同じではなく，水蒸気圧と残気量の影響を受けるためほぼ100mmHgとなる．この分圧で，酸素は肺静脈（動脈血）の赤血球ヘモグロビンにほぼすべてが結合し，動脈血の酸素飽和度は97〜99%になる．酸素をふくんだ赤血球は組織に循環するが，組織内の酸素分圧は組織によって違い，一般的な組織内では40mmHg，活動中の筋肉内では20mmHg程度になる．この動脈と組織内の酸素分圧の差で，ヘモグロビンは酸素を解離放出する．

運動などで筋組織から血中に輸送された二酸化炭素の一部は細胞膜を通して赤血球内に取り

---

❷酸素分圧：分圧とは大気のような混合気体の全圧力のうち1種類の気体が占める圧力をいう．大気中21%の濃度を占める酸素の分圧は，1気圧（760mmHg）×0.21≒160mmHg．大気中0.03%の二酸化炭素分圧は，760mmHg×0.0003≒0.23mmHg.

図表4　ヘモグロビンの酸素解離曲線

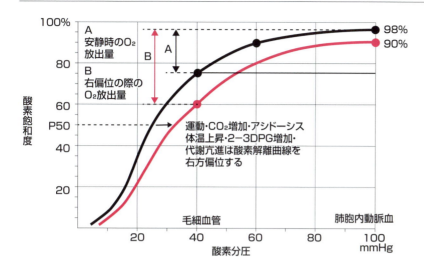

肺胞内動脈血の酸素分圧は100mmHgで，ヘモグロビン酸素飽和度はおよそ98％，となる．筋組織の毛細血管静脈血の分圧は40mmHg，飽和度は75％となる．この酸素分圧の差が筋線維などへの酸素の取り込みに利用される．

酸素飽和度50％の酸素分圧をP50として表し，酸素解離曲線の変化を調べる．体温上昇，二酸化炭素，2, 3-DGP（p.144参照）の増加，pHの低下などにより曲線は右方に偏位し，ヘモグロビンから酸素放出量が増える．

図表5　呼吸の記録

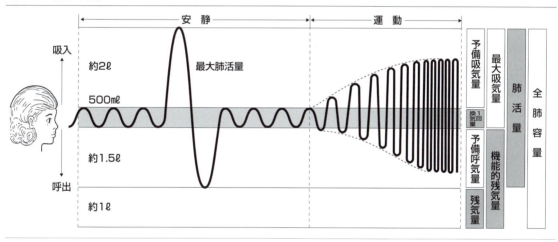

込まれる．赤血球内の二酸化炭素は水と反応し重炭酸イオン（HCO_3^-）と水素イオン（H^+）に解離されるためpHは低下する．赤血球内のpHの低下（アシドーシス），体温上昇，代謝産物の血液中2-3 DPGの増加は，ヘモグロビンの酸素親和性を低下させ（酸素解離曲線の右方偏位），酸素の解離を促進する．そのため酸素が組織に受け渡されやすくなる（ボーア効果）．酸素を解離したヘモグロビンはH^+と結合して赤血球内の過度の酸性化を防ぐ(p.138図表2参照)．

また，体温上昇によってもヘモグロビンの酸素解離は亢進する．

4）呼吸機能の測定

呼吸機能の評価法には，呼吸の量に関するものと肺や動脈血のガスの状態に関するものがある．よく知られている肺活量は，身長や体重が影響する肺の容積を反映しており，青年男性で約3〜4ℓであり，青年女子で約2〜3ℓである．

呼吸の量の指標として最も測りやすいのが呼

図表6　呼吸機能の測定

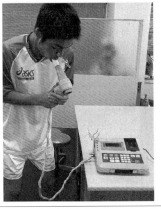

A：スパイロメーターによる肺活量の測定

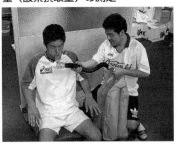

B：ダグラスバッグを用いた安静時換気量（酸素摂取量）の測定

C：ダグラスバッグを用いたトレッドミル走行時の最大酸素摂取量の測定

吸数で，安静時は毎分10～15回である．また，1回の呼吸で吸い込まれる（吐き出される）空気の量を1回換気量といい，約0.5～1.0ℓである．分時換気量は，分時呼吸数×1回換気量で求められ，5.0～10.0ℓである．

呼吸のようすを流量計で記録すると（図表5），波の振幅の大きさは1回換気量を表し，波の頻度は呼吸数を表す．

図表6はスパイロメーターによる肺活量の測定とダグラスバッグを用いての換気量の測定風景である．

動脈血酸素飽和度を評価するためには，かつては動脈からの採血を行う必要があったが，近年では指先や耳介からパルスオキシメーターという装置を使って非侵襲的に，また継時的に測定することができるようになった．

| 発展編 | 運動と呼吸機能の調節 |

運動を継続したり運動強度を高めたりすると，エネルギーの需要が増え，活動筋へすばやく酸素が運び込まれる．これは，呼吸によって肺から酸素が取り込まれ，血液によってその酸素が活動筋へ運ばれるしくみ（酸素供給機構）によって行われる．運動を始めてしばらくすると，呼吸が「ハーハー」と乱れ，心臓の鼓動が「ドキドキ」と強く，速くなるのは，酸素供給機構の亢進による．酸素は栄養物質や水と異なり体内に貯蔵することができない．そのため，酸素供給機構が適切に働かないと運動を継続することができなくなる．

1. 運動にともなう呼吸の変化

1) 呼吸数と換気量の変化

運動を行うと呼吸が速く，かつ深くなることは経験的に知られている．つまり，運動により分時呼吸数と1回換気量がともに増加し，分時換気量が増加する（図表7）．

▶ 呼吸の速さと深さ
▶ 換気量の増加
▶ 定常状態
▶ 動脈血酸素飽和度

運動中の呼吸を観察するためにいくつかの方法がある．一つは運動中の呼気だけを大きな袋に集めて，その呼気量を評価するダグラスバッグ法である（図表6）．さらに，呼気の酸素濃度と二酸化炭素濃度を同時に測定することにより，酸素摂取量も測定できる．最近では一呼吸ごとの呼気流速の変化をもとに換気量を評価でき，呼吸の変化をダイナミックに知ることが可能である．

運動強度を高めていくとき，1回換気量と呼吸数はともに増加し，換気量を増大させる．運動強度が漸増された際の1回換気量の増加は，予備吸気量の増大が最初に起こり，続いて呼気予備量が増加する（図表5）．1回換気量は運動強度に比例して増大し，最大運動の80～90%程度の段階で一定となるが，呼吸数は運動強度の増加に対応してさらに増加する．

また換気量は，運動開始直後に急峻な増加と運動終了直後に急峻な減少が起こる（図表8）．この運動開始直後と終了直後の変化を受けた筋受容器が呼吸中枢に信号を送るためである．軽強度の運動では，運動開始直後から換気量は徐々に増加していき，運動開始数分後には一定になる．この状態を換気の「定常状態」と呼ぶ．定常状態がみられるということは，呼吸循環系が活動する筋へ安定的に酸素を供給し，二酸化炭素が十分に体

図表7　運動中の呼吸の深さと速さ

● 運動強度が強くなるにつれて呼吸が速く,深くなる.

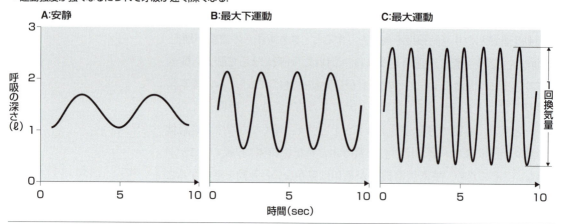

● 呼吸数（速さ）と換気量（深さ）

	安静	最大下運動	最大運動
呼吸数（回／min）	10～15	20～40	40～60
1回換気量（ℓ）	0.5～1.0	1.2～2.0	2.0～2.5
分時換気量（ℓ／min）	5～10	15～80	100～150

図表8　運動開始から回復期の換気量の変化

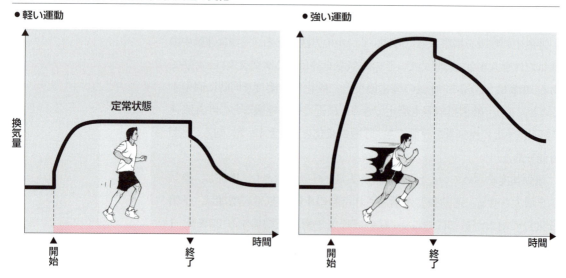

軽い運動では，運動開始と同時にすみやかに換気量が増加し定常状態になる．運動終了後もすみやかに回復し安静状態に戻る．一方，強い運動では換気量が急激に増加し，終了後の回復も遅い．

外へ排出されていることを示している．運動を終了すると徐々に換気量が減少していき，安静時の状態へと回復する．回復にかかる時間は運動強度が高いほど長くなる（図表8）．これは強い運動によって血液中に増加する乳酸や水素イオンを除去するのに時間がかかるためである．

図表9　運動強度と換気量の関係

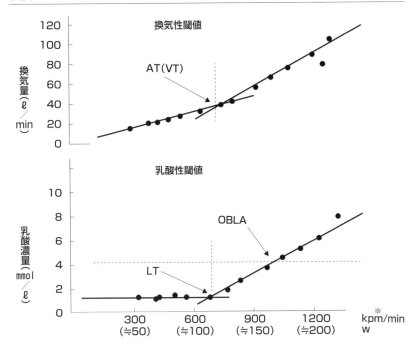

※kpm/min:トレーニング強度(kpm／min)＝負荷(kgw)×移動距離(m)／時間(分).

運動が強くなるにしたがって換気量が増加していくが，屈曲点がみられる．これを換気性閾値（VT）あるいは無酸素性作業閾値（AT）と呼ぶ．

2）動脈血の酸素飽和度の変化

　動脈血の酸素飽和度は，呼吸器が正常に酸素を血液に送り込んでいるかどうかを知る指標となる．安静時の動脈血酸素飽和度は97〜99％に正確に維持されており，通常，いかなる強度の運動中もこの値に大きな変化はみられない．運動開始時の酸素摂取量や換気量が劇的に変化しているときでさえ，動脈血酸素飽和度は安定している．すなわち，呼吸機能は，激しい運動中でも十分な余力を有している．それゆえ，最大運動中の換気量は無意識のうちに安静時の15〜20倍に達するが，それ以上に意識的により強く，速く換気することが可能である．最大運動中に肺血流速度が増大しても，肺胞毛細血管を赤血球が通過するわずかな時間❸でヘモグロビンを十分に酸化することができるからである．呼吸機能にこのような余力

❸赤血球の通過速度
　肺胞の毛細血管を赤血球が通過する時間は，安静時で数秒であり，最大運動時には0.5秒未満となる．赤血球中のヘモグロビンが酸素飽和に達する時間は0.25秒程度である．

があるので，激しい運動でも脳や心臓が酸素不足にならず，生命が危機に
さらされることなく身体の正常な機能が維持されている．

3) 運動強度と換気量の変化
―無酸素性作業閾値，換気性閾値―

▶最大換気量
▶ AT
▶無酸素性作業閾値
▶有酸素性作業能

運動強度には筋力，特に動的筋力の大きさが反映される．また，運動強
度は ATP 消費量と関係する．消費された ATP のほとんどは酸素を使って
筋で再合成されるため，運動強度と酸素摂取量とは密接に関係する．酸素
摂取量は換気量に依存しているので，運動強度と換気量にも密接な関係が
ある（図表9）．

分時換気量は酸素摂取量および運動強度にほぼ比例する．しかし，その
関係は直線的ではない．運動強度を徐々に強くしていくと，中程度の運動
強度で換気量増加の屈曲点が観察できる．この運動強度を「無酸素性作
業閾値（AT；anaerobic threshold）」あるいは「換気性閾値（VT；
ventilatory threshold）」という．

この屈曲点は，運動に必要なエネルギーを有酸素性エネルギーのみでは
十分にまかなえずに，無酸素性エネルギーが多量に動員され始めるポイン
トを示すと考えられている．

無酸素性のエネルギー供給は解糖系に依存するため乳酸生成が高まり，
筋や血中の水素イオン濃度を高める酸性化が起こる．この酸性化に対する
緩衝作用により呼吸運動が亢進し，結果として換気量が有酸素性エネル
ギー供給のみの時より増えることになる．

乳酸生成の速度が急増する時点と AT，VT とには結び付きが強いこと
から，血中乳酸濃度の変化からも AT が表されることになる．これは「乳
酸性作業閾値（LT；lactate threshold）」といわれている．安静時の乳酸
濃度は 1mmol 以下であるが，低強度運動ではゆるやかな濃度増加を示し，
さらに強度を高めると VT とほぼ同じ運動強度 50 ～ 70%で血中乳酸濃度
が急峻する．

LT は有酸素性作業能力の良い指標とされているが，数度の採血や乳酸
濃度の急激な上昇点を判定する困難性もあるため，乳酸濃度が 4mmol ／ℓ
時点での運動強度を調べ有酸素性能力の指標とする血中乳酸蓄積開始点
（OBLA;onset of blood lactate accumulation）も用いられている．

AT 未満の運動強度では，運動時のほとんどの ATP の再合成は有酸素
性エネルギー供給により行われるため，代謝産物の蓄積や血圧の急激な上
昇が少ない．したがって，AT は長距離競技選手の数時間におよぶトレー
ニングの強度設定の指標としても活用されている．

高齢者や有病者の運動については，心臓や血管への負担が少ない AT

図表10 運動開始後の酸素摂取量の経時的変化および運動強度と酸素摂取量との関係

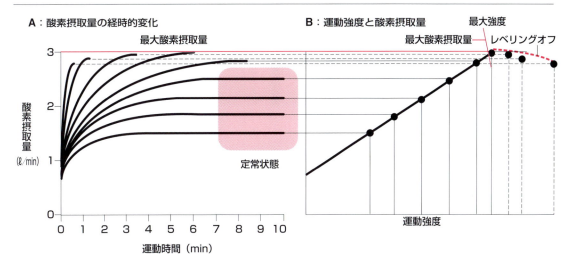

最大下強度における酸素摂取量は，運動開始後数分で定常状態になる．定常状態に至るまでの時間は運動強度によって異なり，運動強度が高くなるに従い時間を要する．

定常状態時の酸素摂取量と運動強度との関係をみると，酸素摂取量は運動強度に対して直線的に増加する（A から B へ線で結んだ値）．また，図最上部の赤線で結んだ値が最大酸素摂取量である．最大酸素摂取量が得られる強度が最大強度である（B）．最大運動強度よりさらに強い運動を行うと，図の最上部の赤の点線が示すように，酸素摂取量は運動強度に比例して増加せず，横ばい，あるいは低下する．これを酸素摂取量のレベリングオフという．

未満の強度で処方するのが，安全で効果的である．

2. 運動時の酸素利用

運動を開始すると同時に活動筋でのエネルギー需要が高まる．エネルギーは，酸素を使って作られるエネルギー（ATP 合成機構＝有酸素性エネルギー機構）と，酸素を使わずに作られるエネルギー（無酸素性エネルギー供給機構）によってまかなわれる（p.65 参照）．また，これらのエネルギー供給の能力は，呼吸による酸素の取り込み状態などと大きく関係する．

有酸素性と無酸素性エネルギー供給能力の大きさは，最大酸素摂取量や最大酸素借という指標で評価され，これらの能力は運動成績とも密接に関係している．

1）酸素摂取量，酸素借，酸素負債の変化

▶最大酸素摂取量
▶最大酸素借
▶レベリングオフ現象

①酸素摂取量

酸素摂取量とは，1 分間当たりに肺から体内に取り込まれる酸素量のことである．運動にともなって活動筋の酸素利用が高まると，呼吸や心臓の拍動，血液循環（体循環，肺循環）が高まり，酸素摂取量はすみやかに増加する．

軽強度の運動であれば，酸素摂取量は数分で一定の値を示すようになる．

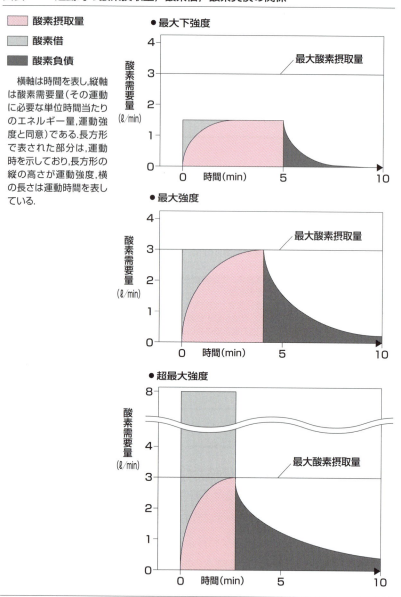

図表11 運動時の酸素摂取量，酸素借，酸素負債の関係

横軸は時間を表し，縦軸は酸素需要量（その運動に必要な単位時間当たりのエネルギー量，運動強度と同意）である．長方形で表された部分は，運動時を示しており，長方形の縦の高さが運動強度，横の長さは運動時間を表している．

この状態を「定常状態」という（図表10A）．

　定常状態において酸素摂取量が一定値を示すのは，呼吸循環機能がその運動に必要な酸素需要を満たしたからであり，このときの酸素摂取量と酸素需要量（運動に必要な単位時間当たりのエネルギー量）は等しい状態にある．したがって，その運動に必要なエネルギー量を知るためには，定常状態時の酸素摂取量を測定すればよい．

　最大下強度における酸素摂取量は，運動開始後数分で定常状態になる．定常状態に至るまでの時間は運動強度によって異なり，運動強度が高くなるほど，運動開始後の酸素摂取量の増加率は速くなるが，定常状態に至る

までの時間は長くなる（図10A）．この運動開始直後の酸素摂取量の増加率
や，定常状態に達するまでの時間は，持久的トレーニングを行っている人
ほど速いことがわかっている．これは活動筋への酸素供給機構が発達して
いることがおもな理由である．

②酸素借と酸素負債

運動開始から酸素摂取量が定常状態に達するまでにはしばらく時間を要
する．この間のエネルギー不足分は，ATP−PCr 系と解糖系代謝の二つの
無酸素性エネルギー供給によって補われる．この無酸素性エネルギー供給
量のことを「酸素借」という（図表11）．酸素摂取量と同様に，酸素借も運
動強度が高くなるにつれて大きくなる．また，酸素借が大きくなるほど，解
糖系でのエネルギー供給の依存が高まり，疲労困憊に陥りやすくなる．

運動を中止してもしばらくは息がはずみ，安静時よりも酸素摂取量の高
い状態が続く．これを「酸素負債」という（図表11）．この運動後の酸素摂
取量が高い状態は，酸素借として供給された無酸素性エネルギー分を返済
し，体内の回復を図るためのものであり，酸素借＝酸素負債と考えられて
きた．しかしながら，最近の研究により，酸素負債にはこのような返済分の
ほか，体温の上昇やホルモンの増加による代謝亢進などの要因もふくまれ
ていることがわかってきた．つまり，酸素借＝酸素負債ではなく，酸素借＜
酸素負債であることがわかった．このことから，酸素負債は運動後過剰酸
素消費量という意味合いで EPOC（Excess Post exercise Oxygen Con-
sumption）といわれている．運動開始後の酸素借は無酸素性エネルギー
供給機構でまかなわれるのに対して，運動中の酸素摂取量と運動終了後の
酸素負債は有酸素性エネルギー供給機構により補われる．

●運動時間と酸素供給

	運動時間	酸素借 （mℓ／kg）	酸素摂取量 （mℓ／kg）
400 m走	45sec	80	25
1500 m走	4min	70	280
マラソン	130min	20	6500

2）最大酸素摂取量と最大酸素借の変化

①最大酸素摂取量とは

定常状態時の酸素摂取量は運動強度に比例して直線的に増加するが，
ある強度を境にそれ以上は増加せず，横ばい状態になる（レベリングオフ）．
このときの最も大きな値を「最大酸素摂取量」（100% $\dot{V}O_2max$ と表記す
る）という（図表10）．

101

図表12　運動強度と運動時間

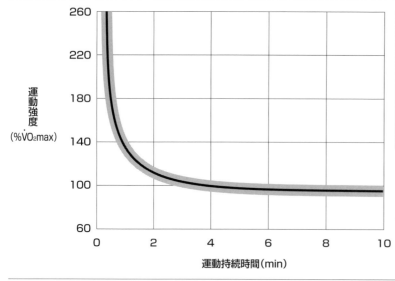

　最大酸素摂取量は，1分間に酸素を使ってエネルギーを作ることのできる最大値であり，呼吸・循環機能や持久的運動能力を反映する指標として，スポーツ選手の競技能力の評価に用いられる．

　また，酸素摂取量と運動強度の比例関係は，トレーニングや運動処方を行う際の運動強度の指標として用いられる．例えば，最大酸素摂取量の50％に相当する運動強度は，「50%$\dot{V}O_2max$」と表記される．

　一般に，青年期における最大酸素摂取量は，男性では2.5〜3.5ℓ／分，体重当たり35〜55mℓ／分／kg，女性では1.5〜3.0ℓ／分，体重当たり30〜50mℓ／分／kg程度であり，男性の値は女性よりも一般に高い．これは，男性の方が女性よりも筋量が多く脂肪量が少ないことによる．このため，最大酸素摂取量を除脂肪体重当たりに換算すると，男女の差はほとんどなくなる．

　持久的トレーニングを行うことにより最大酸素摂取量は向上し，一流マラソン選手などでは体重当たり80mℓ／分／kgを超える値もみられる．

　また，最大酸素摂取量は20歳前後で最大となり，その後は加齢とともに徐々に低下するが，加齢による低下の度合いはトレーニング，あるいは日常の身体活動量によって大きく影響される．これは，呼吸循環機能，代謝機能，筋量などの低下が，加齢やトレーニング，身体活動量によって異なるためである．

　一方，運動強度と運動持続時間は反比例の関係をなし（図表12），2分くらいまでは，運動持続時間の延長にともない急速に運動強度は低下する．それ以降は，運動強度は徐々に低下する．およそ4〜5分持続できる強度が100%$\dot{V}O_2max$に相当する．

図表13　酸素摂取量と心拍出量の関係

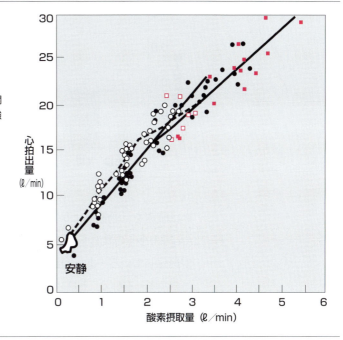

最大運動　　男：■
　　　　　　女：□
最大下運動　男：●
　　　　　　女：○

酸素摂取量と心拍出量の間にはほぼ直線関係が存在する．この関係に男女の差はない．中強度の運動でわずかだが屈曲点がみられる．

②最大酸素摂取量と最大強度

「最大酸素摂取量が得られる運動強度」のことを「最大強度」という．これは，最大酸素摂取量が得られるような運動中には換気量が安静時の15〜20倍，心拍数や心拍出量も最大値に達することから，呼吸・循環機能が最大限に活用されているという概念から名付けられたのであろう．

通常，最大酸素摂取量は4〜10分程度で疲労困憊に至るような運動で観察される．陸上競技では1,500〜3,000mの全力走，水泳競技では400m全力泳などが，ほぼ最大強度に相当する．

しかし実際には，100m走などのようにより高い強度で行われる運動種目もあるが，これらを「超最大強度」という．超最大強度運動では乳酸蓄積や無酸素性エネルギー供給の限界が制限となるため，酸素摂取量のレベリングオフの状態となり最大酸素摂取量は観察できない．一方，10,000m走やマラソン，あるいは水泳の1,500mのように最大強度より低く，長時間持続できる運動の強度を「最大下強度」という．

③最大酸素摂取量に影響する要因

最大酸素摂取量は，酸素を取り込む呼吸器系，取り込まれた酸素を活動筋へ運搬する循環器系，そして運搬されてきた酸素を活動筋で使う酸素利用能の総合能力によって決まる．これらには，呼吸量を増加させる呼吸筋の能力，肺から血中へ酸素を取り込みやすくする拡散能力，換気量，ある

図表14　活動筋量と最大酸素借

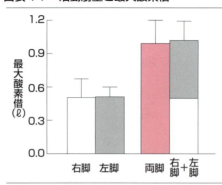

右脚および左脚のみで行われた運動中のそれぞれの最大酸素借（左図）を単純に加算した値は，両脚同時に運動を行ったときの最大酸素借（右図）の値とほぼ同じになることから，最大酸素借の大きさは，活動筋量に比例して大きくなることがわかる．

いは酸素を活動筋へより多く運搬するための心筋量，最大心拍出量，血液中により多くの酸素を取り込ませるヘモグロビン濃度，pHの緩衝系能などが関係している．また，酸素を利用するための筋量の増大，酸素を用いてエネルギーを作るミトコンドリアの量，酸化系酵素活性なども関係している．最大酸素摂取量は，これらの要因の中でも，特に，活動筋へ酸素を運搬する血液量，すなわち心拍出量の大きさと密接な関係がある（図表13）．このことから，血液を送り出す心臓の拍出能力を中心とした循環系の機能が，最大酸素摂取量のおもな限定要因と考えられている．

また，最大酸素摂取量は，空気中の酸素分圧（気圧，高度），性別や年齢などによっても影響を受ける．例えば，高地のように酸素分圧が低い場所では最大酸素摂取量が低下する．

●**最大酸素摂取量の決定因子**
①酸素取り込み能――呼吸筋，酸素拡散能，換気量
②酸素運搬能　　　――心筋量，最大心拍出量，ヘモグロビン濃度，緩衝系能
③酸素利用能　　　――筋量，ミトコンドリア量，酸化系酵素活性

---

④最大酸素借

酸素借は運動強度が高くなるにしたがい増大する（図表11）が，その最大値を最大酸素借と呼ぶ．これは，その人が無酸素性のエネルギーを作りだせる最大値を意味し，短・中距離走などの無酸素性運動能力の指標となる．最大酸素借は，2分程度の短時間高強度運動❹で出現する．

最大酸素借は活動筋量の大きさに強く依存する．例えば，片脚運動中の最大酸素借は，両脚運動中のほぼ半分の値となる（図表14）．したがって，筋量の多い男性は，筋量の少ない女性よりも，一般的に最大酸素借が大きい．

❹短時間高強度運動
100 m走や200 m走などでも多くの無酸素性エネルギーが使われるが，時間が短いために最大酸素借に達しない．最大酸素借に至るには，1分以上運動が持続されなければならない．陸上競技であれば800 m～1000 m走，競泳競技であれば200m泳などがこれにあたる．

図表15　トレーニング後の酸素摂取量の増加と相対的な運動強度の関係

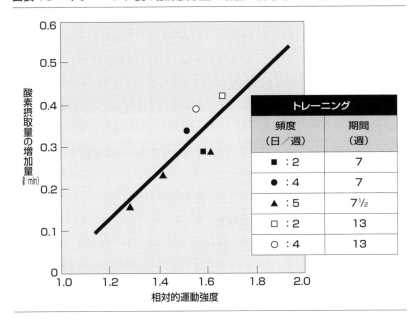

また，最大酸素借に対するトレーニング効果は，トレーニング強度に依存する．中等度以下（70% $\dot{V}O_2max$ 以下）の強度でトレーニングを行っても，最大酸素借は改善しない．最大酸素借を向上させるには，無酸素性エネルギー供給に大きな刺激を与え，1回のトレーニングでより多くの乳酸を作るような，スプリントトレーニングや超最大強度によるインターバルトレーニング❺などが効果的である．

3. トレーニングによる呼吸機能の適応

トレーニングを継続すると，競技成績やパフォーマンスが向上する．また，同じ強さの運動を楽に行えるようになる．これは身体の諸器官の生理的適応によるものである．トレーニングによって呼吸機能はどのように適応するのだろうか．

1）トレーニングによる最大酸素摂取量の向上

最大酸素摂取量はトレーニングによって増加させることができる．トレーニング内容は，①運動強度，②運動時間，③運動頻度，④トレーニング期間などを考慮して決定する．

定期的な運動を行っていない一般成人の場合であれば，心拍数が130～140拍／分くらいの「ややきつい」と感じる運動強度（RPE❻ 13～14 = 60～70% HRmax = 50～60% $\dot{V}O_2max$）で，1回30分間，週2～3回の頻度で，2～3か月トレーニングすると，最大酸素摂取量の増

❺走トレーニング
　走トレーニングにはおもに①持久走トレーニング（一定の低速度で長時間走る），②インターバルトレーニング（急走期と緩走期を交互に何度もくり返す），③レペティション（全力走と完全休息を数回程度くり返す）がある．

▶換気機能の変化
▶ガス交換の効率化
▶換気効率

❻ RPE
（Ratings of Perceived Exertion）
　主観的運動強度は運動強度を6～20段階に分け，「非常に楽である」から「非常にきつい」までの自覚度をあてはめた場合に，その数値は心拍数を10で除した整数値とほぼ一致する．

図表16 持久的トレーニングによる呼吸機能の適応のまとめ

	安静	最大下運動時	最大運動時
肺活量	➡	➡	＊
換気量	➡	⬇⬇	⬆
低酸素や高二酸化炭素に対する換気反応	⬇	⬇	＊
動脈血酸素飽和度	➡	➡	⬇
肺拡散能	⬆	⬆	＊

⬇⬇はトレーニングによる顕著な低下を，⬇は低下を，➡は変化なしを，⬆は増加をそれぞれ示す．
＊は明らかになっていないことを示す．

図表17 持久的トレーニングによる肺胞―毛細血管関門の厚さの変化

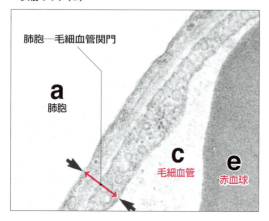
●安静ラット(S)

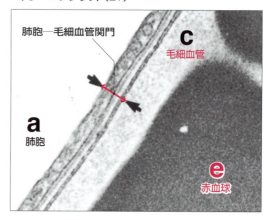
●トレーニングラット(ET)

❼持久的トレーニングと最大酸素摂取量
　トレーニングによる最大酸素摂取量の改善については，男女差があるという報告と，ほぼ同じとなるという報告があり，その見解については一致していない．また，トレーニング条件が同じであれば，青年（20歳代）の方が中・高年者よりも大きな改善が認められる．さらに，トレーニングに対する最大酸素摂取量の改善の大きさは，トレーニング前の最大酸素摂取量の大きさに反比例し，最大酸素摂取量が低かった人ほど改善が大きくなる．

加❼が期待できる．
　しかし，スポーツ選手の場合，もともと最大酸素摂取量が高いため，一般成人と同じような運動強度ではトレーニング効果は期待できない．より高い水準へ最大酸素摂取量を増大させるとき，強度，時間，頻度，期間の4つの因子の中で最も重要な因子は運動強度である（図表15）．すなわち，スポーツ選手における最大酸素摂取量の向上は，運動中の酸素摂取量が最大に達するような強度で，かつ可能な限り長く運動することが効果的といえる．その意味からも，休息をはさみながら高強度の運動をくり返し行うインターバルトレーニングは，最大酸素摂取量を高める効果的なトレーニングである．

図表18 持久的トレーニングによる換気の適応

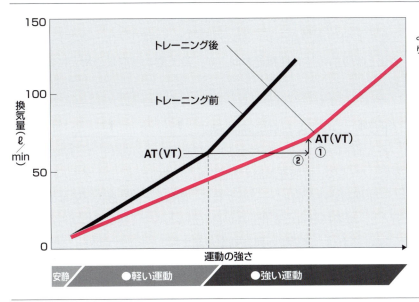

トレーニング効果としてATは，より高い換気量において，また，より強い運動負荷時に出現する．

2) トレーニングによる呼吸機能の向上

①トレーニングによる肺の適応

　最大酸素摂取量を増加させるしくみを検討するために，体内への酸素摂取の第一段階である呼吸器によるガス交換機能について考える．

　運動すると1回換気量や分時呼吸数が増加し，最大運動時には分時換気量は安静時の約15〜20倍にも達する．このような運動の習慣化は，肺や呼吸筋にさまざまな刺激を与えると考えられる．実際，最大運動中の最大換気量は持久的トレーニングによりわずかながら増加する（図表16）．持久性能力の優れた自転車選手に呼吸筋のトレーニングを課すことにより，呼吸筋の収縮力や疲労耐性が向上し，最大運動時の換気量が増大したとする報告がある．

　一方，胸骨に囲まれた胸部の大きさにより安静肺活量は決まるため，トレーニングで呼吸筋力が増大し，胸郭の柔軟性が増したとしても肺活量に大きな変化は見られない．また，呼吸筋の強さの指標となる安静時の努力性肺活量[8]や最大随意換気量などの機能的換気機能は，持久的トレーニングによって変化しない．

　肺の微細な構造には，持久的なトレーニングに対する適応がみられる．持久的トレーニングを行ったラットと対照ラットにおける，肺胞と肺毛細血管の間を隔てる1μmにも満たない厚さの膜（肺胞−毛細血管関門）の電子顕微鏡写真（図表17）を見ると，トレーニングラットの肺胞−毛細血管関門[9]が，対照群ラットよりも薄いことがわかる．肺胞と肺胞毛細血管との間

[8] 努力性肺活量
　ゆっくりと最大限に呼吸を行う肺活量と異なり，最大吸気位から最大呼気位まで，できるだけ強く速く息を吐き出す際の最初の1秒間にはき出される呼気量．呼吸筋力や気道抵抗を含む気道の狭窄を反映する．

[9] 肺胞−毛細血管関門
　肺胞−毛細血管関門は，肺胞内面被膜，肺胞上皮細胞，基底膜，血管内皮細胞から成り，関門における単位時間当たりのガス交換量は関門の厚さに反比例する．

における酸素や二酸化炭素の行き来する距離（拡散距離）が短くなることで，ガス交換が効率化することを意味している．

　このように，持久的トレーニングにともなう肺胞レベルでのミクロな構造変化と呼吸筋の持久性機能の向上が，最大酸素摂取量の増大に働いている．

②トレーニングによる呼吸調節の適応

　持久的トレーニングを継続すると，運動開始時の息苦しさ（呼吸困難感）を感じなくなる．呼吸を調節するしくみにも適応が起こると考えられる．

　一定期間の持久的トレーニング後に，開始前と同じ最大下強度の運動を行うと，酸素摂取量は変化しないにもかかわらず，換気量は明らかに少なくなる．これは，運動中の換気効率が高まることを示している．運動強度と換気量の関係からVTの変化を調べると，トレーニング効果としてVTは，より高い換気量時（図表18①）に，また，より高い運動負荷時に移行する（図表18②）．

　換気量増大①は，持久的トレーニングによって動脈血中の酸素不足や二酸化炭素増加に対する呼吸のフィードバック調節機能の耐性が高まることを示している．また，VTのより高強度負荷への移行②は，持久的トレーニングによって肺胞レベルでのミクロな構造変化や呼吸筋の持久性機能の向上など，酸素取り込み能の発達や酸素運搬能，利用能の発達によるものであり，より少ない換気量で酸素を取り込み，必要分のエネルギー産生を可能にできるようになった結果であると考えられる．

■まとめ

1. 呼吸器系を構成する器官を説明しよう.
2. 呼吸器系の各器官の役割について説明しよう.
3. 呼吸の調節について説明しよう.
4. 呼吸機能の評価法について説明しよう.
5. 運動強度と換気量, 酸素摂取量との関係について図示して説明しよう.
6. 最大酸素摂取量の定義と, それに影響する要因についてま説明しよう.
7. 運動中の酸素摂取量, 酸素借, 酸素負債の関係について説明しよう.
8. トレーニングによる呼吸器系の適応について説明しよう.

■今後の課題

1. 運動中の呼吸調節のメカニズムの解明.
2. 呼吸と循環の相互関係.
3. 最大酸素摂取量を限定している要因の解明.
4. 最大酸素摂取量と最大酸素借を効果的に改善させるためのトレーニング方法の解明.
5. 運動開始直後の循環系応答, 有酸素性エネルギー供給, 無酸素性エネルギー供給を決める要因の解明.
6. トレーニングに対する呼吸器系器官の適応のメカニズムの解明.
7. 宇宙飛行のような不活動による呼吸器系の変化とその予防法.
8. 呼吸機能や最大酸素摂取量の個人差に関連する遺伝子の探索.

■参考図書

1) 猪飼道夫 (編著), 身体運動の生理学, 杏林書院, 1973 年.
2) Åstrand, P.O. (著), 浅野勝己 (訳), オストランド運動生理学, 大修館書店, 1976 年.
3) Fox, E.L. (著), 朝比奈一男 (監訳), 選手とコーチのためのスポーツ生理学, 大修館書店, 1982 年.
4) 田畑泉, 山本正嘉 (著), 宮下充正 (監修), 身体運動双書　身体運動のエナジェティクス, 高文堂出版社, 1989 年.
5) 山地啓司, 最大酸素摂取量の科学, 杏林書院, 1992 年.
6) McArdle, W.D., Katch, F.I., Katch, V.L. (著), 田口貞善, 矢部京之助, 宮村実晴, 福永哲夫 (監訳), 運動生理学―エネルギー・栄養・ヒューマンパフォーマンス―, 杏林書院, 1992 年.

7）宮村実晴, 古賀俊策, 安田好文（編）, 呼吸—運動に対する応答とトレーニング効果—, ナップ, 1998 年.

●── 図版出典

図表2　●森亨, からだのしくみ・はたらきがわかる事典, 西東社, p.123, 2004.
図表3　●伊藤朗, 図説運動生理学入門, 医師薬出版, p.63, 1990（一部改変）.
図表13　● Åstrand, P. O., et al., J. Appl. Physiol., 19, 268-274, 1964（引用）.
図表15　● Fox, E. L., et al., J. Appl. Physiol., 38, 481-484, 1975.
図表17　● Miyachi, M., et al., Acta Physiol. Scand., 157, 513-514, 1996（一部改変）.

第5章

運動と循環
―身体の流通システム―

　運動を開始すると，心臓の鼓動は速まり，多くの血液が循環して筋に酸素とエネルギーが供給される．一流選手の巧みな動きやすばらしいパフォーマンスが発揮されているとき，心臓は激しい鼓動をくり返している．心臓は自律神経の調節を受ける．また，運動にともなって変化する血圧や血液中のホルモン・老廃物の濃度により拍動数や収縮力が調節される．血管は刺激に応じて収縮・拡張し，必要な部位に血液を送る．

　さらに，トレーニングによって，心臓は肥大して収縮力を高め，血管は弾性を増し，筋中の毛細血管網を密にしてより多くの血液を身体各組織に循環させることができるようになる．

　本章では，必要とする組織に酸素や栄養素を適切に送り込む流通システムとして働く循環機能の調節について解説する．

基礎編　循環のしくみと働き

　私たちは呼吸によって酸素を取り込み，全身の組織に酸素を送っている．この体内における酸素運搬は，絶え間なくポンプ活動をしている心臓と，一周約4万kmの地球をぐるりと取り巻いてもあまりある長さの血管の働きで行われている．

　循環器系は，血液が流れる血管系とリンパ液が流れるリンパ系の2つの系に分けられるが，ここではおもに血管系を取り上げる．

1．心臓・血管系の構造

1）血液の循環経路—体循環と肺循環—

　循環系は，血液を送り出す心臓と血液の輸送路である血管から成り立っており，「心臓・血管系」ともいわれる．心臓から送り出される血液は，動脈を通って身体各部に行きわたり，静脈を通って心臓へと戻ってくる（図表1）．動脈から静脈への移行部は「毛細血管」といわれる非常に細い血管となっている．この毛細血管を介して，組織への酸素や栄養の受け渡し，組織からの二酸化炭素や老廃物の受け取りが行われている．

　血液の循環経路は大きく二つに分けられる．一つは，心臓から大動脈を介して始まり，身体各部で毛細血管網として広まった後，再び大静脈に集まって心臓に還ってくる経路であり，これを「体循環（大循環）」という．体循環では酸素や栄養素，ホルモンなどを身体各組織に運ぶとともに，組織から二酸化炭素や老廃物を受け取る働きが営まれている．

　もう一つは，心臓から肺動脈を介し，肺胞の壁の上に毛細血管網をつくり，再び肺静脈に集

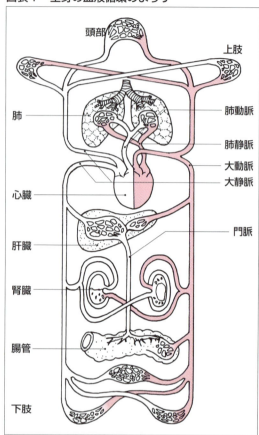

図表1　全身の血液循環のようす

まって心臓へ還ってくる経路で，これを「肺循環（小循環）」という．肺循環では，体循環によって集められた二酸化炭素を，肺を通過するときに放出して，新たな酸素を取り込む働きが営まれている．大動脈には酸素を多くふくみ，二酸化炭素の少ない血液が流れている．肺動脈には酸素が少なく二酸化炭素の多い血液が流れ，肺静脈には酸素を多くふくみ，二酸化炭素の少ない血液が流れている．

2）心臓の構造

　心臓は，肺にはさまれるようなかたちで，胸郭内のほぼ中央（約3分の2が正中線より左

側），横隔膜上に乗るように位置する．心臓の内部は，右心房，右心室，左心房，左心室の四つの部屋に分かれており，左心室は体循環のための，右心室は肺循環のためのポンプの働きをしている．左心房と左心室の間には左房室弁（僧帽弁），右心房と右心室との間には右房室弁（三尖弁）があり，血液が逆流するのを防いでいる．さらに，左心室から通じる大動脈口には大動脈弁が，右心室から発する肺動脈口には肺動脈弁がある（図表2）．

　心臓は握りこぶしくらいの大きさで，心筋と呼ばれる筋肉でできている．心筋は意識的に拍動を調節することができない不随意筋である．ポンプ機能として働く心房，心室は固有心筋といわれる．一方，固有心筋とは異なり，刺激伝導に関係して働く特殊心筋がある．

3）刺激伝導系

　心臓は，全身に血液を送り出すためのポンプとして絶え間なく拍動している．この拍動は心臓を支配している自律神経によって調節されているが，この自律神経を切り離しても，適切な条件下にあれば，一定のリズムで自動的に拍動をくり返すことができる．これは自発的に興奮してその興奮を伝える特殊心筋が存在するためである．この自発的な興奮は洞房結節から起こり，左右の心房全体に広がりながら房室結節（田原結節）へと伝わる．さらに，刺激はヒス束を通り，右脚と左脚に分かれ，さらにプルキンエ線維にまで伝わって心室を収縮させる．このような興奮の伝達路を刺激伝導系という（図表3）．

4）血管系

　心臓（左心室）から送り出された血液は，太くて血管壁の厚い大動脈を通り，中動脈，小動脈，細動脈と末梢にいくに従って枝分かれをくり返しながら，次第に細くなる血管を流れて行く．

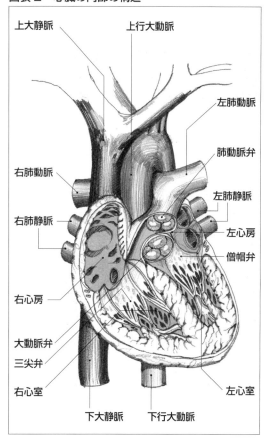

図表2　心臓の内部の構造

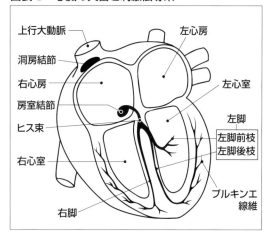

図表3　心臓の興奮と刺激伝導系

そして，各組織内に網目状に分布する毛細血管に至る．

　動脈の血管壁は内皮細胞からなる内膜，平滑筋がとりまく中膜，結合組織からなる外膜の3

層構造になっている．大動脈のように太い動脈は，外膜や中膜にコラーゲンやエラスチンという弾性線維が多くふくまれている．そのため，ゴムのように弾力性があり，「弾性血管」と呼ばれている．

血管が細くなるに従って弾性線維が少なくなり，さらに平滑筋を失って内皮細胞からなる毛細血管に移行する．内皮細胞は非常に薄い板状で，比較的簡単に血管の内と外での物質交換ができる．

体循環静脈は，毛細血管が次第に集まり，細静脈，小静脈，中静脈，大静脈と，心臓に近づくに従って合流をくり返し，血管も太くなる．静脈は動脈と比べると弾性線維が少なく，血管壁も薄い．また，太い静脈には，血液の逆流を防ぐために，ポケット状の弁がところどころに見られる．

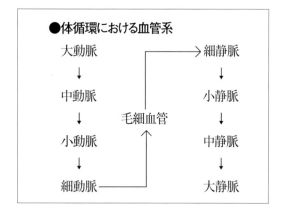

2. 循環機能の働き

循環系は，血液によって身体諸器官に必要とされる酸素や栄養素を運び込み，そこで産生された二酸化炭素や老廃物を運び去る働きをしている．また，ホルモンや電解質を循環させて体内の恒常性を維持したり，筋などの発熱器官から体熱を運搬するとともに，皮膚血流を調節しながら体温を保持する役割も果たしている．さらには，身体の防御機構に関する免疫物質を輸送している．

1) 心拍数，1回拍出量，心拍出量

1分間当たりの心臓の拍動数を「心拍数❶（HR;heart rate）」といい，心臓1回の拍動で拍出される血液量のことを「1回拍出量」という．成人における安静時の心拍数はおよそ毎分60〜100拍で，1回拍出量は40〜90mℓ程度である．また，1分間当たりに心臓が拍出した血液量（心拍数×1回拍出量）は心拍出量と呼ばれ，およそ毎分4.0〜5.0ℓほどになる．

心拍出量はどれだけ心臓へ血液が流入してきたか（静脈還流量）によって決まる．つまり，静脈還流量が多いと心室の筋が引き伸ばされ，その分，収縮力が強まり多くの血液を送り出すが，静脈還流量が少ないと，心臓の拍動も弱く，わずかな血液しか拍出されない．このように，一定のレベルまでは静脈還流量によって拍出量が決定されている．この内因性調節機構を「フランク・スターリングの法則❷」と呼ぶ．

$$\text{心拍出量}(ℓ/\min) = \text{心拍数} \times \text{1回拍出量}$$
$$\qquad\qquad\qquad\quad (\text{拍}/\min)\qquad (\text{m}ℓ)$$

2) 血圧

血流が血管内壁面を垂直に押す圧力のことを血圧という．血流は心臓の拍動にともなって加減速するため，血圧もこれにともなって増減する．通常，血圧は左心室が収縮したときに最も高く，拡張したときに最も低くなり，それぞれ「最高血圧（収縮期血圧）」，「最低血圧（拡張期血圧）」といわれている．

---

❶心拍数と心拍出量の男女差：一般に，心臓の大きさは女性よりも男性の方が大きい．そのため，安静時の心拍数は，女性の方が男性よりも3〜5拍／分ほど高く，1回拍出量は男性の方が大きい傾向にある．両者の積である心拍出量も，男性の方が高い傾向を示す．

図表4　動脈ポンプ作用と筋ポンプ作用

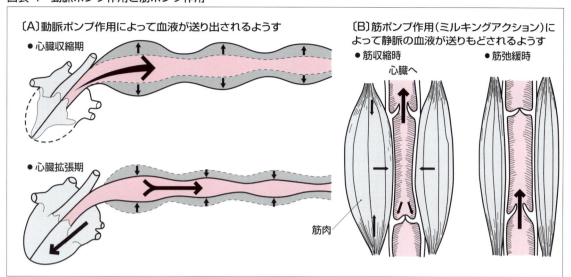

血圧は，心拍出量と末梢の血管抵抗のバランス，循環する血液の粘性や血液量などによって決定される．最高血圧は心臓の拍出量と動脈の弾性により決まり，最低血圧は末梢血管の容積など末梢抵抗により影響される．

青年期における平均的な最高血圧と最低血圧はそれぞれ120mmHg，80mmHgくらいであり，最高血圧と最低血圧の差を「脈圧」という．脈圧は，40〜60mmHgが正常値であり大動脈の硬化度（弾性）の指標となる．

また，一心周期あたりの血圧の平均のことを「平均血圧」という．血圧の大きさの比較をより単純にする方法として，平均血圧≒最低血圧＋（脈圧÷3）を求めることがある．平均血圧は65〜100mmHg程度である．平均血圧が低くなると，各臓器への循環血流量が低下しすぎる可能性があり，高い場合には，最低血圧が高く動脈硬化など血管壁の弾性低下が考えられる．

3) 血管のポンプ作用

血液は心臓のポンプ作用によって全身を循環

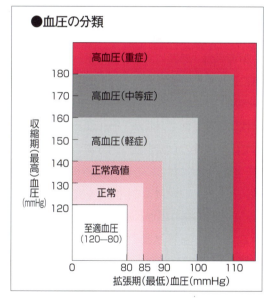

するが，血管自体にも補助ポンプとしての機能がある．例えば，左心室から血液が押し出されると，弾力性の強い動脈の壁は一時的にふくらむ．そして左心室から血液の流出が止まる．すると，ふくらんだ動脈壁の圧力と血管の弾性力を利用して，血管壁が血液を押し出す．このように，動脈は次々と波打つように小さなポンプ作用を心臓のポンプ作用と連携させて，全身に血

---

❷フランク・スターリングの法則：静脈還流量の増加により，右心室筋の拡張伸展が起こることから，心収縮力が高まり，1回拍出量が増大する．

液を送り出している．立位時などに心臓より高い頭部まで血液を送ることができるのも，この動脈のポンプ作用のおかげである（図表4A）．

　静脈は，動脈と比較すると血圧が低いうえ，血管壁が薄く弾力性も乏しいため，血管自身のポンプ作用に頼ることはできない．そのため，筋収縮や腹腔圧による圧迫（筋ポンプ作用，胸腹ポンプ作用），隣り合った動脈の拍動などで押しつぶされながら血液を送り出す（図表4B）．四肢の静脈には袋状の弁があり，血液の逆流を防いでいる．立位時に脚の血液が心臓に還ってくるのも，これらの作用によるものである．

3. 循環機能の調節

　循環系は，延髄にある心臓中枢と血管運動中枢によって調節されている．心拍出量は一定のレベルまではフランク・スターリングの法則で内因性に調節されているが，それ以上の変化に対しては外因性の心臓中枢や内分泌の影響を受ける．心臓中枢はおもに心臓の拍動リズム（心拍数）と1回の収縮による拍出量を変化させながら，心臓から送り出される総血液量を調節している．一方，血管運動中枢は自律神経を介し，血管平滑筋の緊張をコントロールして，細動脈を拡張・収縮させながら各器官の血流量，血圧を調節している．

1）心臓中枢による循環調節

①交感神経は増強，副交感神経は抑制

　心臓の拍動は，心臓中枢から心臓に連絡される交感神経と副交感神経（迷走神経[3]）によって自律神経性に調節されている（図表5）．交感神経の伝達物質であるノルアドレナリンは，交感

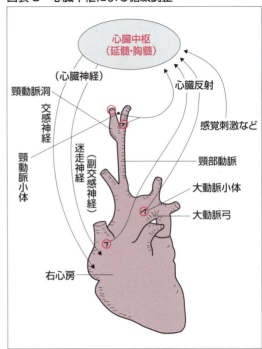

図表5　心臓中枢による循環調整

神経が連絡する心筋の伸展受容器（圧受容器）の感度を上げることで心筋の収縮力を高め，また洞房結節の興奮性を高め拍動を増やす．

　交感神経はさらに，副腎髄質を刺激しアドレナリンやノルアドレナリン分泌させ心拍数の上昇を促す．副交感神経の伝達物質アセチルコリンは，洞房結節に作用すると心臓の活動を抑制して心拍数を減少させる．

②心臓の神経支配と反射

　心拍動はさまざまな要因によって影響を受ける．その要因としては，①血液の変化があり，血液温度の上昇，血中の酸素濃度の減少，二酸化炭素濃度の上昇を大動脈と頸動脈小体（化学受容器[4]）が感知して信号を心臓中枢に送り交感神経反射により心拍数を増加させる．

　また，②血圧の変化を感じる大動脈弓や頸動脈洞の圧受容器が血圧上昇の刺激を受けると，

---

[3]迷走神経：脳神経であり延髄に出入し，頸部から胸腔・腹腔の内臓に分布する．大部分が副交感神経からなり，平滑筋の運動や腺の分泌機能を調節するが，感覚情報を伝達する神経もふくまれる．

図表6 血圧の調節機構

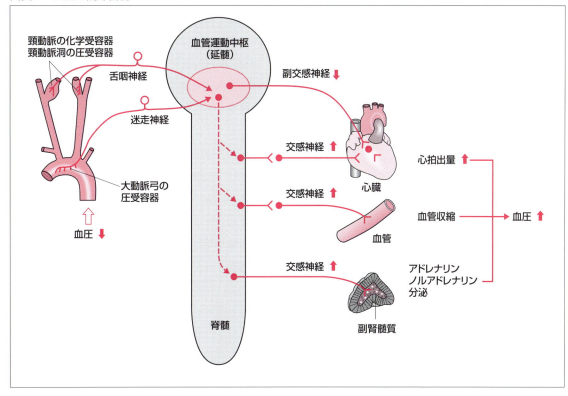

副交感神経反射により心拍数を抑制させるとともに拍出量も減少させ，血圧を下降させる．

さらに，③姿勢の急激な変化や運動開始によって大静脈から心臓への血流が増加すると，右心房周辺の圧受容器が刺激を受け，心拍数が増加する（ベインブリッジ反射❺）．

④呼吸の変化によっても反射が起こり，心拍数が変化する．呼吸中枢は，迷走神経を通じて心臓中枢へも伝えられ，吸気相では心拍数の増加，呼気相で心拍数減少が起こる（迷走神経反射）．

⑤呼吸にともなう胸郭内圧の変化は血圧へも影響し，圧受容器反射を介して心拍数に変化をおよぼす．

また，⑥眼球を圧迫すると，圧迫刺激が眼神経を通じて迷走神経活動を亢進し，その結果，心拍数が抑制される．

2）血圧の調節

血圧の決定には，心拍出量と大動脈を主とする血管の弾性（コンプライアンス），末梢血管抵抗の3要因が寄与する．心拍出量は血管を押し広げる量（圧）であり，大動脈コンプライアンスは，血管の伸展により血圧上昇を緩和するように作用する．

末梢血管の収縮により太い血管内で血流が滞ると血圧を上げ，末梢血管拡張により血流が確保されると血圧を低下させる．これを「末梢血

---

❹化学受容器：以前は，乳酸や酸素，二酸化炭素などの化学物質を感知する受容器のことを化学受容器と呼んでいたが，近年では，特に，筋肉内で乳酸や二酸化炭素，pHなどの代謝産物の変化を感知する筋内受容器を代謝受容器と呼ぶようになってきた．なお，筋以外で，化学物質を感知する末梢の受容器は，これまでと変わらず化学受容器と呼ばれている．
❺ベインブリッジ反射：心房後壁大静脈，右心房中隔，肺静脈心臓部などで静脈還流量が増加することにより，機械的に引き延ばされた心房にある圧受容器が興奮し延髄の心臓中枢に信号を送り，反射機構が作動することで心拍数が増加する．この反射は心拍数が低いときのみに認められる．

管抵抗」という．これらは①神経性あるいは②体液性に調節されている（図表6）.

①神経性調節

延髄にある血管運動中枢からは，血管運動神経といわれる血管収縮神経と血管拡張神経が出ており，血管壁の平滑筋に情報を伝えている．血管壁の平滑筋に情報を伝えている．血管収縮神経は交感神経であり，活動量の増減により細動脈の収縮状態を恒常的に維持することで血圧調節を行っている．一方，血管拡張神経は副交感性神経であるが，おもに内臓へ血管拡張を調節し血圧調節とは関係がない.

心臓中枢と同様に血管運動中枢は動脈および心肺圧受容器，化学受容器などからの刺激や感覚刺激を受けて，自律神経性に血圧を調節している.

例えば，臥位から立位へ姿勢を変換させた場合，筋と腱の固有受容器から情報が脳に送られると同時に．急激な下肢の血流変化に対して，すばやく大動脈や心臓，肺などにある圧受容体が血圧変化として感知し，血管運動中枢を興奮させて末梢血管を収縮させる（体位血圧反射）.これは脳や心臓への血流量を維持するための調節である.

出血などで血液量が減少した場合も，同様の調節がなされる．また，視覚あるいは聴覚などからの求心性情報によって大脳皮質が興奮すると，血管運動中枢に伝わって，交感神経の活動を介して血管抵抗（血圧）を変化させる．このような神経性調節は，おもに急激な血圧変化に対応するためである.

②体液性調節

血圧は，血液中のホルモンや代謝産物などによっても体液性に調節されている．例えば，交感神経の活動亢進により副腎髄質から分泌されるアドレナリン，ノルアドレナリンは心拍出量を増大させるなど，血圧調節に関与する.

腎臓の血流の低下はレニン・アンギオテンシン・アルドステロン系を活性化して細動脈の強い収縮作用を誘発し，血圧を上昇させる．下垂体後葉から分泌されるバゾプレッシン（抗利尿ホルモン）も腎臓の水分再吸収を促進し，血圧を上昇させる（p.55, 157 参照）.

また，乳酸やカリウムイオン，二酸化炭素，アデノシンなどの代謝産物の血中濃度の増加，血中酸素分圧の低下も，直接血管を拡張させ，血流増加を促す．さらに，毛細血管を形成する内皮細胞から分泌される一酸化窒素（NO）は血管拡張作用を有する（p.147 側注参照）.

細動脈から分岐する毛細血管の手前には，毛細血管を取り巻く形で前毛細血管括約筋があり，毛細血管の血流が調節されている．細動脈の収縮が交感神経により起こるのに対し，前毛細血管括約筋の収縮は血中の O_2, CO_2 分圧や内皮細胞から分泌されるエンドセリンなどの局所的因子によって強く影響される.

この体液性調節は，比較的長期にわたる血圧調節に関与している.

4. 循環機能の測定

1）心電図—心臓の健康診査—

心電図は，皮膚表面に電極を装着し，心臓の活動電位を記録し，興奮伝導路を観察する.

心電図は，P波，R波（QRS波），T波からなり，それぞれの波の特徴から，心臓の収縮・拡張のようすを知ることができる（図表7）.

さらに，各成分波の特徴から心筋の障害や心肥大，刺激伝導系異常，不整脈などを知ることができ，臨床医学的には欠くことのできない検

図表7　正常心電図と生理学的意義

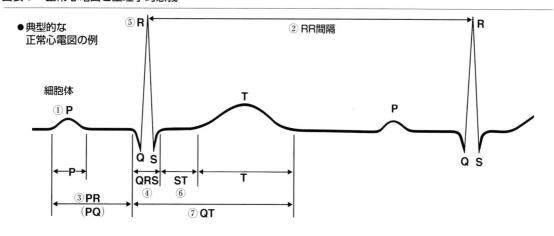

● 心電図波形の正常値と生理学的意義

名称	電圧(mV)	持続時間(秒)	意味
P	0.2以下	0.06〜0.10	心房の興奮に対応
QRS	0.5〜1.5(〜5)まちまち	0.06〜0.10	心室の興奮開始
T	0.2以下まちまち	0.2〜0.5	心室の興奮終了(回復期)
PR(PQ)	基線上にあるのが原則	0.12〜0.20	洞房室興奮伝導時間
ST		0.1〜0.15	心室全体が興奮する時期
QT		0.3〜0.45(拍動数が増えると減少)	電気的心室収縮時間

査である．また，運動参加の可否を決定するためのメディカルチェック，運動時の心拍動応答，心拍数の算出などの観点から，スポーツ適性を知るうえでも重要な測定意義を持つ．

特に大切な心電図の判読対象としては，①P波が規則正しく出現しているか，②RR間隔から求める心拍数が正常範囲か，③PR(PQ)間隔が正常範囲か，④QRS波の幅が正常範囲か，⑤Rの高さが高過ぎないか，⑥ST部が基線から下降または上昇していないか，⑦QTの幅が正常範囲か，などである．

異常がある場合には，それぞれに，①洞結節異常，②自律神経機能変調，③心房と心室間の伝達障害，④心室内伝導障害，⑤心室肥大，⑥心筋虚血，⑦心室細動の要因などが想定される．

2）血圧測定—血管の健康診断—

血圧は健康診断で必ず採用される項目であるが，それは血圧の値が体調に関する多くの情報をふくんでいるからである．

血圧は本来，水銀血圧計と聴診器（聴診法）によって測定され（図表8），血圧の値は水銀（Hg）を押し上げる高さ（mmHg）で表される．

上腕に圧迫帯（カフ，あるいはマンシェット）を巻いてゴム球で空気を送り込み，動脈が押しつぶされて血流が止まるまで圧迫する．そこから徐々に圧迫帯の空気を抜きながら圧を下げる．マンシェットの空気圧が動脈圧波の最高圧と同じレベルに達すると，押しつぶされていた動脈が徐々に開きだし，血液が流れ始める．このとき，マンシェット直下の上腕動脈に当てた聴診器からは乱流音（コロトコフ音）を聞き取ること

図表8　聴診法による血圧測定のようすとコロトコフ音の原理

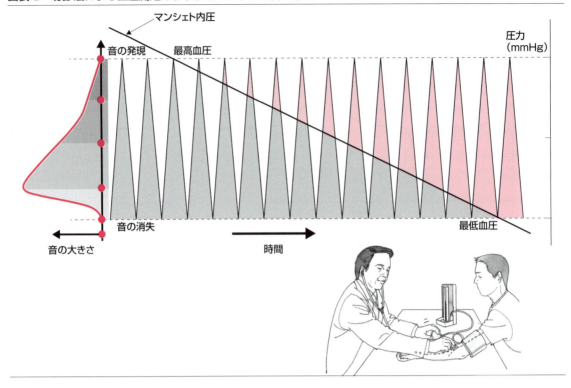

ができる．このときの血圧を最高血圧（収縮期血圧）という．さらに圧を下げると乱流は強くなるため音は徐々に大きくなり，さらに圧を下げると動脈は元の状態に戻り，血液の乱流は消失してコロトコフ音も聞こえなくなる．このときの血圧を最低血圧（拡張期血圧）という．

最近では，この音を振動としてキャッチし，デジタル表示する自動血圧測定器が一般に普及している．

| 発展編 | **運動と循環機能のコントロール** |

1. 運動にともなう循環機能の変化

運動を始めると活動筋でのエネルギー需要が増え，血液によってすばやく酸素が運び込まれる．酸素は栄養素や水と異なり，体内に貯蔵することができないので，運動を続けるためには，リアルタイムで適切な酸素供給機構が備わっていなければならない．この酸素供給機構は，酸素を取り込む呼吸器系と，心臓のポンプ作用によって全身へ血液を送り出す循環器系によって調節されている．

運動によって心拍数，1回拍出量，心拍出量，血圧など，身体の血液流通システムが変化する．

1）運動時の心拍数の変化

▶定常状態
▶運動強度と心拍数
▶最大心拍数

運動中の心拍数は運動開始直後から上昇し始め，中強度以下の運動であれば数分後に定常状態となる．また，運動強度と酸素摂取量との関係と同様に（p.103 図表 13 参照），運動強度が高いほど，運動開始からの心拍数の増加は速く，心拍数が定常状態に達するまでに時間を要する．

運動強度と心拍数増加との関係は，個人のトレーニング状況によって異なる．持久的スポーツ選手は，運動に対する呼吸・循環機能の適応が速く，一般人に比べると，同じ運動強度でも比較的短時間で，あまり心拍数を上げることもなく定常状態に至る．

最大酸素摂取量が得られるような運動時には心拍数も最大値に達する．これを「最大心拍数（HRmax）」と呼び，毎分あたりの拍数で表す．青年期の最大拍数は 190 ～ 200 拍／分くらいになる．ただし，最大心拍数はトレーニング状態によっても個人差があり，持久的スポーツ選手などでは最大心拍数は 170 拍／分くらいにしか達しないこともある．トレーニングによって 1 回拍出量が大きくなるために，心拍数が少なくても十分な心拍出量が得られるためである．

また，最大心拍数の男女差はほとんどないか，または男性がやや高い（3 拍／分程度）傾向にある．さらに，最大心拍数は年齢の影響を受け，加齢とともに低下する．年齢別の一般的な目安としては，最大心拍数＝（220 －年齢）程度と考えてよい（p.249 参照）．

運動強度と心拍数の関係は，酸素摂取量と同様に，心拍数は運動強度にほぼ直線的に比例して増加する（図表 9）．そのため，比較的容易に測定

121

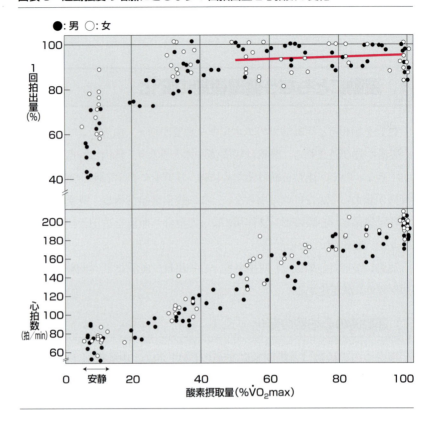

図表9　運動強度の増加にともなう1回拍出量と心拍数の変化

できる心拍数は，トレーニングや運動処方作成時の運動強度の指標として用いられている．最大心拍数に対する相対的心拍数（％HRmax）を運動強度の指標とするためには，以下の式が用いられる．

％HRmax＝（最高心拍数－安静時心拍数）×（相対強度）＋（安静時心拍数）

　例えば，30歳の安静時心拍数70（拍／分）のヒトが生活習慣病予防，体力増進などを目的として持久的運動を行う場合には，40〜50％HRmax程度の運動強度が求められる．これを上記式に代入すると運動時心拍数が118〜130（拍／分）になるような運動を選ぶことになる．スポーツ選手が最大酸素摂取量の向上を目的とする場合は，150拍／分（70％HRmax）以上の運動が必要である．

▶運動強度と1回拍出量

2）運動時の1回拍出量の変化

　運動を開始すると，静脈に対する筋ポンプ作用が亢進することから，心臓に還る血液量（静脈還流量）が増え，1回拍出量が増加する．また，1回拍出量と運動強度との関係では，最大酸素摂取量の50〜70％の強度

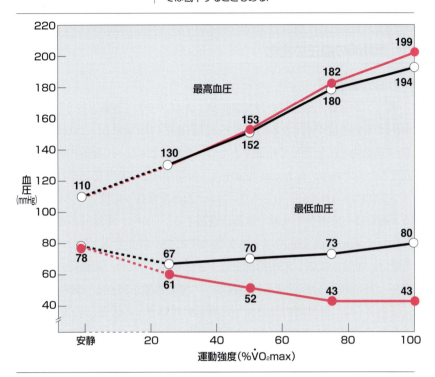

図表10　運動強度の増加にともなう血圧の変化

運動中の最高血圧は，運動強度の増加にともないほぼ直線的に増加する．一方，最低血圧は，自転車運動などではそれほど大きな変化はみられないが，ランニングなどでは低下することもある．

（50〜70% $\dot{V}O_2max$）までは，運動強度にともなって1回拍出量が漸増するが，それより高い運動強度では変化しないか，若干低下する場合がある（図表9）．

安静時の1回拍出量が40〜90mlに対して，最大1回拍出量は，安静時のほぼ1.5〜2.0倍の大きさ（一般成人では80〜120ml，持久的スポーツ選手では200mlを超える場合もある）になる．

1回拍出量は運動の種類によって異なる．例えば，両脚で自転車エルゴメーター運動を行ったときの1回拍出量は，片脚だけで行ったときよりも大きく，ランニング（全身運動）ではさらに大きくなる．これは，運動に参加する活動筋が増えるほど，筋ポンプが強く作用して静脈還流量が増えるからである．さらに，1回拍出量は体位によっても異なり，体を起こしているときよりも寝ているときが大きくなる．これは寝ていると心臓に血液が還りやすい（静脈還流量が増える）ためである．

3) 運動時の心拍出量の変化

▶運動強度と心拍出量

心拍出量は運動強度に比例し増加する．この心拍出量の増加は，中等度

の強度までは1回拍出量と心拍数の増加によってもたらされ，それより高い運動強度ではおもに心拍数の増加によってもたらされる（図表9）．一般に，最大運動時の心拍出量（最大心拍出量）は，安静時の4倍程度（15〜20ℓ／分）に増加するが，最大酸素摂取量の高い持久的スポーツ選手などでは安静時の6倍以上（25〜35ℓ／分）になることもある．

4）運動時の血圧の変化

①心拍出量と血圧

最大下から最大強度にかけて自転車エルゴメーター運動を行うと，最高血圧は運動強度が高くなるにつれてほぼ直線的に増加する．これは心拍出量が運動強度に比例して増加するため，それにともなって血管内の圧力も高まるためである．一方，最低血圧は，最高血圧と比較するとそれほど大きな変化はみられない．むしろランニングなどでは徐々に低下することもある．通常は交感神経の亢進で血管は収縮する．しかし，運動時の骨格筋内の動脈や細動脈は交感神経の感受性の変化や一酸化窒素（NO）の影響を受け，血管は拡張し末梢抵抗を低下させる．このため，運動時の過度な血圧上昇は抑えられるとともに活動筋への酸素供給を高める．（図表10）．

このように，運動時の最高血圧と最低血圧は多くの因子に影響を受け，身体の恒常性が大きく崩れないように変化する．そのため，循環系に対するストレスや刺激の大きさは，単に最高と最低血圧で評価されるだけでなく，平均血圧を算出して評価されることもある（p.115 参照）．

運動時には，心拍出量の増大にともなって最高血圧が高くなるが，末梢の血管が拡張して血管抵抗を下げることによって，平均血圧が過剰に変化することを防ぎ，循環系に対するストレスを軽減している．

②血流再配分と血圧

運動時には副交感神経の抑制と交感神経の亢進によって心拍数，心拍出量ともに増加する．増加した心拍出量は酸素需要の高い組織へ血流を増やし，需要の低い組織へ血流を減少させるように分配される．これを「血流再配分」という（図表11）．このような心拍出量の増加と血流の再配分によって運動時の血圧がコントロールされている．

運動にともなって交感神経の亢進は基本的には血管収縮に働く．交感神経の伝達物質であるノルアドレナリンが結合できるアドレナリン受容体にはα受容体とβ受容体があり，α受容体はさらに2種類，β受容体は3種類のサブタイプに分類されている．この中でα_1受容体はおもに血管平滑筋に存在し，運動時の非活動臓器の血管の収縮に関与している．逆に，β_2受容体は血管に対し拡張作用を与える．しかし，ノルアドレナリンはβ_2受

図表11　運動強度を変えたときの血流再配分

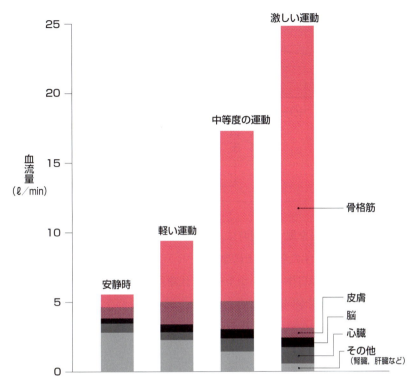

激しい運動を行うと，骨格筋への血流は安静時の20倍にもなる．皮膚血流は中等度運動までは増加するが，それ以上の強度では低下する．脳血流はほぼ一定に保たれる．

容体に結合しにくく作用は弱い．また，内臓では動脈圧の上昇が心臓中枢に作用し副交感神経終末から分泌されたアセチルコリンが働くことで血管が収縮し血流量の減少が起こる．一方，運動時の活動筋では，交感神経の亢進にともない副腎髄質から分泌されたアドレナリンが $β_2$ 受容体に結合し血管拡張が起こり血流量は増加する（p.51側注参照）．

また，運動にともなう代謝産物（乳酸，二酸化炭素，カリウムイオン（K^+），アデノシン❻）濃度の増加や，血液・血圧の増加にともなう内皮細胞からのNO分泌量の増加とエンドセリン分泌量の減少は交感神経に関係なく，局所的血管拡張因子として働く．運動強度が高まり，代謝が活発になることにより生じた代謝産物や血流量の増加が，酸素をより多く必要とする骨格筋に血液が流れ込む作用を起こす（図表12）．

一方，運動によって産生された乳酸，K^+，水素イオン（H^+）などの代謝産物が増加すると，これにともなって筋肉内のpHが低下する．この筋活動にともなうpHの低下を筋代謝受容器が感知すると，血管運動中枢を介して交感神経を亢進させ，血管収縮作用が促される．従って，運動によって産生される乳酸などの代謝産物は，活動筋の血管平滑筋に直接作用

❻アデノシン
　酸素欠乏時や代謝亢進時にATPから分解され生成される．血管平滑筋のA2受容体を介し，弛緩させる．また，心臓にあるA1受容体を介し，活動抑制に働く．

図表12　運動にともなう局所血流の変化

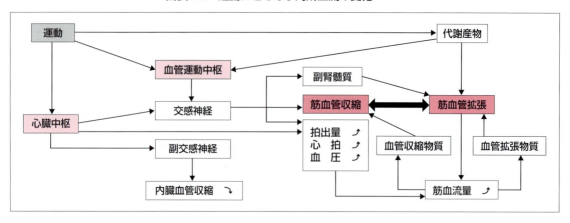

しながら血管拡張を促すと同時に，pHを低下させながら間接的に血管収縮の両方の作用をもたらすことになる．

運動時の血圧は自律神経，ホルモン，代謝産物などによる血管拡張と血管収縮を促す作用が同時に競合しながら，総合的なバランスによって，合目的に調節されている．

▶スポーツ心臓
▶フランク・スターリングの法則
▶左心室のコンプライアンス
▶筋ポンプ作用
▶運動性徐脈
▶遠心性心肥大
▶求心性心肥大

2. トレーニングによる循環機能の適応

これまでの研究によると，最大酸素摂取量は活動筋への酸素運搬に強く依存していると考えられている．持久的トレーニングによる循環器の適応が，最大酸素摂取量や全身持久力の向上に重要である．

1) トレーニングによる心臓の適応

持久的トレーニングによって心臓の容積が増加（スポーツ心臓）し，それにともなって1回拍出量や最大心拍出量が増加する．一方，安静時や運動時心拍数は低下する．

この1回拍出量の増加は，左心室腔の拡大といった形態的適応が最も重要な要因である．それに加えて，心筋量の増加による心筋収縮力の増大と左心室の収縮率の向上も，1回拍出量を増加させる．また，フランク・スターリング作用（p.114参照）の改善も1回拍出量を増加させる重要な要因である．これには持久的トレーニングによって左心室のコンプライアンス（柔らかく弾力性に富む性質）が大きくなることや，筋ポンプ作用の亢進により心臓への血液還流量が増大することが関係している．

持久的トレーニングによる1回拍出量の増加に対応して，運動時の心拍数は減少するが，持久性能力に優れる者は安静時心拍数も少ないことが知

図表13 筋力トレーニングと全身持久的トレーニングによる心肥大パターンの違い

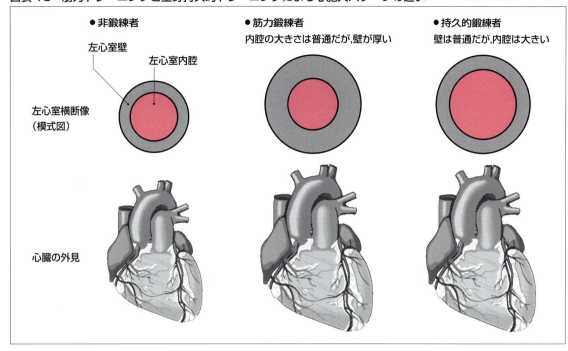

られている．このような安静時心拍数の低下を運動性徐脈と呼び，副交感神経の亢進，交感神経の活動レベルの低下，心筋のβ_1アドレナリン受容体感受性の低下，洞房結節の電気特性の変化などの要因が考えられている．

　スポーツ心臓は持久的トレーニングにかぎらず，レジスタンストレーニングによっても誘発される．持久的トレーニングでは左心室腔の拡大が心臓容積の増大（遠心性心肥大）のおもな要因である．それに対して，レジスタンストレーニングでは心筋肥厚（求心性心肥大）による心臓容積増大が起こる（図表13）．

▶動脈コンプライアンス

2）トレーニングによる動脈の適応

　持久的トレーニングに対する心臓や毛細血管の適応が古くから研究されてきたのに比べ，動脈の適応についてはあまり注目をされてこなかった．心臓は血液を送り出す循環機能の中心として，末梢血管は活動筋組織内でのガス交換や酸素運搬機能の観点から研究の対象とされてきたが，動脈は単なる血液を運搬する導管としか考えられてこなかったためと思われる．

　近年，長距離ランナーや自転車ロードレーサーは太い動脈を有していること，車椅子ランナーや車椅子バスケット選手の上肢血管が太いことが明らかとなり，持久的トレーニングが動脈の形態的適応を誘発する可能性が示された．持久的トレーニング前後の上行大動脈（大動脈の左心室からの

図表14　持久的トレーニング前後の大動脈の太さの変化

a：腹大動脈　　V：下大静脈　　T12：第12胸椎

●上行大動脈Mモードエコー図　　　　●腹大動脈Bモードエコー図

●トレーニング前

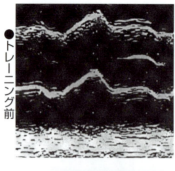
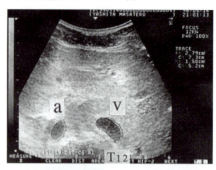

●トレーニング後

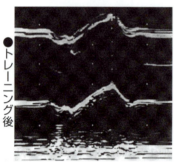
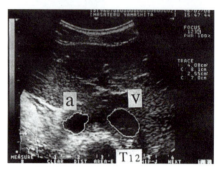

図表15　動脈のクッション機能（コンプライアンス）の持久的トレーニングに対する適応

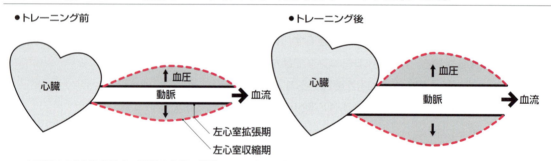

大動脈のような比較的太い動脈は、心臓の拍動によって生じる血圧を風船のように膨らむことで緩衝する。同じ血圧を受けても持久的トレーニングを行った人の動脈は大きく膨らんで、より効果的に血圧を緩衝できるようになる。

起始部のこと）の超音波エコー図をみると、トレーニング後に大動脈の直径が拡大している（図表14）。大動脈の内径が広くなることで、1回拍出量や心拍出量の増加に対応することができる。

また、動脈には血液の導管としての役割だけでなく、左心室収縮期の血圧上昇を大動脈の弾性（コンプライアンス）で緩衝し、血圧負荷を軽減させる役割が求められる。心臓の拍動時の大動脈内圧の急増は、血液を送り出す左心室にとっても強い負荷となり、1回拍出量の減少に働く。持久的ト

図表16　全身持久的トレーニングによる骨格筋内毛細血管密度の増加

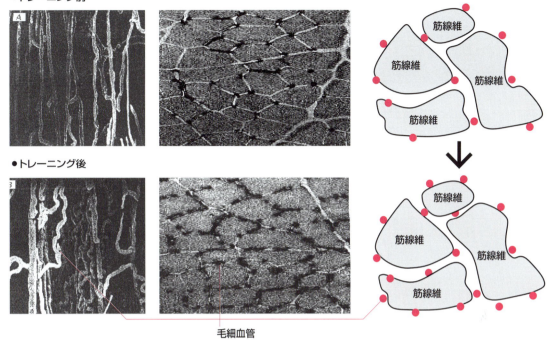

●トレーニング前
●トレーニング後
毛細血管

レーニングはこの動脈コンプライアンスを高めることが知られている（図表15）。持久的運動時に起こる循環血流の増大にともない，血管拡張物質である一酸化窒素（NO）が内皮細胞内で産生される。さらに，持久的トレーニングの継続により，動脈血管でのNO合成酵素の産生も増大することが，動脈コンプライアンスを改善すると考えられている。特に動脈が硬くなってしまった中・高齢者でその改善が著しい。

　筋力（レジスタンス）トレーニングが動脈にどのような影響をおよぼすかについて検討した報告は極めて少ない。最近の研究では，持久的トレーニングとは逆に，動脈コンプライアンスを低下させるといわれている。

3) トレーニングによる毛細血管の適応

▶毛細血管の増加

　持久的トレーニングにより活動筋の毛細血管数は増加する。大腿四頭筋から生検[5]（バイオプシー）によって得られた筋サンプルを光学顕微鏡で観察すると，筋線維1本あたり，あるいは単位面積あたりの毛細血管数（毛細血管密度）は，持久的トレーニングを行っている人の方が多い。また，持久的運動負荷は血管内皮細胞増殖因子や線維芽細胞成長因子を産生・活性化させるため，筋における毛細血管密度を増加させると考えられている（図表16）。

　毛細血管数が増加すると，より多くの血液を筋に送ることができる。筋

[5]生検（バイオプシー）
　生体の臓器あるいは組織の一部を取り出して，組織学的に観察を行う手法であり，骨格筋の場合は皮膚切開せずに特殊な針を筋組織に刺入して回転させ，組織の一部を切り取り採取する針生検が行われる。

への血流量増大は酸素の供給量を増加させる．また，筋組織と血管の接する面積が増えることにより酸素や二酸化炭素の拡散面積を増加させることができる．さらに，血管を流れる血液の速度もゆっくりとなるので，酸素や栄養素の受け渡しや代謝産物，二酸化炭素の除去も行われやすくなる．

一方，筋力（レジスタンス）トレーニングは毛細血管密度を増加させることはない．その根拠として，筋および筋線維の横断面積の増加があげられる．横断面積の増加に見合う程度の毛細血管数の増加しかみられないため，結果として毛細血管密度は変化しない．

4）トレーニングによる持久性能力の向上

持久的トレーニングによる循環器の適応は，いかに全身に血液供給量を増やすかであり，心臓と血管の形態的適応と機能的適応に分けられる．これらの適応により持久性能力が向上する．

●持久的トレーニングによる循環器の適応

形態的適応

①心臓容積の増大─┬─左心室腔拡大
　　　　　　　　　└─心筋拡大

②大動脈内腔拡大

③毛細血管数の増大

機能的適応

①自律神経調節機構の改善

②大動脈コンプライアンスの増大

③左心室コンプライアンスの増大

④心拍数の減少（安静時，最大下運動時）

⑤心拍出量の増大（運動時）

5）不活動による循環機能の適応

不活動とは，高度なトレーニングをしてきた選手が競技やトレーニングを止めてしまうこと（ディトレーニング，脱トレーニング，ディコンディショニング），あるいは高齢や障害などにより寝たきりになってしまうこと，宇宙飛行士が宇宙で微小重力状態に置かれることなど，身体活動量の急激な減少状態のことをいう．

これらの不活動状態によって，筋量が減少することはよく知られている（p.74参照）．循環器系もまた，不活動によってその形態や機能が変化する．数週間の宇宙飛行から帰還した飛行士や，数週間寝たきり（ベッドレスト）

になった人の心臓の形態を観察すると，心室腔の縮小と心筋の萎縮の両方が見られる．これらの形態的変化とともに，1回拍出量の減少と心拍数の増加が起こる．すなわち，スポーツ心臓とまったく逆の適応が不活動によって誘発される．

定期的な身体活動を継続していた人や持久的トレーニングを長期にわたり実施した選手が，運動を中断して非活動的な生活を送るようになると，獲得した形態や機能は失われていく．循環器系は機能の低下が比較的著しい器官の一つと考えられている．

このように，環境や身体活動の変化に影響を受けやすいことを「可塑性が高い」という．一般に身体活動やトレーニングに対して早く適応する形態や機能は，不活動によって早く失われる場合が多い．

●運動と循環機能の研究の歴史

運動生理学やスポーツ医学の分野において，循環系は骨格筋とともに重要な研究の対象となってきた．特に，「スポーツ心臓」は運動生理学やスポーツ医学の分野で最も古いトピックスの一つである．

習慣的な身体活動やトレーニングが心臓の容積におよぼす影響に関する最初の報告は，飼いならされた家畜と野生動物の心臓の比較であった．

1899年にはクロスカントリースキーヤーの心臓は，運動習慣のない人より大きいことが報告された．持久的スポーツ選手では安静時に著しい徐脈がみられることも同時期に報告されている．著名なフランク＝スターリングの法則（p.106参照）が提案されたのもこの時代である．

1930年代から1970年代の北欧において，持久的スポーツ選手の運動中の心機能と有酸素性作業能力との関連が盛んに研究された．1950年代末に考案された超音波エコー法が，現在に至るまでスポーツ心臓の形態学的・生理学的研究に広く利用されている．スポーツ心臓に関する研究はすでに120年あまりの歴史がある．

毛細血管と身体活動やトレーニングとの関連についても古くから検討されている．1919年には，収縮をくり返した筋の毛細血管が安静に保った筋の毛細血管よりも多いことが報告され，末梢血管と運動に関する研究の端緒が開かれた．

電子顕微鏡や組織化学染色の開発といった技術の進歩により，身体活動やトレーニングが骨格筋の毛細血管の形態学的変化を誘発することが明らかとなった．このように，末梢循環と運動に関しては100年近くにわたって検討されており，今日においても運動生理学の重要な研究領域の一つである．

■まとめ

1. 循環器系のしくみについてまとめよう.
2. 循環系の果たす役割についてまとめよう.
3. 心拍動はどのように調節されているか, 説明しよう.
4. 血圧調整に関与していることについてまとめよう.
5. 運動に対する心拍数, 心拍出量, 1回拍出量の変化について説明しよう.
6. スポーツ心臓について説明しよう.
7. トレーニングによる動脈の適応とその意義について説明しよう.
8. トレーニングによる毛細血管の適応とその意義について説明しよう.
9. 持久力とトレーニングの関係について説明しよう.

■今後の研究課題

1. 上肢, 下肢, 全身による運動中の心拍応答, 血圧応答の差異を決める要因の解明.
2. 運動時の呼吸と循環の相互関係についての解明.
3. 運動開始直後の酸素運搬応答と, 有酸素性・無酸素性エネルギー供給との関係の解明.
4. トレーニングに対する心肥大, 血管の発達に関するメカニズムの解明.
5. トレーニングによる局所循環機能および局所有酸素性代謝の変化が, 筋持久力, 全身持久力の改善に対する貢献度についての解明.
6. 宇宙飛行のような不活動による循環器系の変化とその予防法.
7. 循環器の解剖的あるいは機能的要因と全身持久力の個人差に関連する遺伝子の探求.

■参考図書

1) Åstrand,P.O., (著), 浅野勝己 (訳), オストランド運動生理学, 大修館書店, 1976 年.
2) 池上晴夫, 現代の体育・スポーツ科学　新版運動処方―理論と実際―, 朝倉書店, 1990 年.
3) McArdle,W.D.,Katch,F.I. (著), 田口貞善, 矢部京之助, 宮村実晴, 福永哲夫(監訳),運動生理学　―エネルギー・栄養・ヒューマンパフォーマンス―, 杏林書院, 1992 年.
4) 田畑泉, 山本正嘉 (著), 宮下充正 (監修), 身体教育学双書―身体運動のエナジェティクス, 高文堂出版社, 1989 年.

5）Fox,E.L.（著），朝比奈一男（監訳），渡部和彦（訳），選手とコーチのためのスポーツ生理学，大修館書店，1982 年.

6）勝田茂（編著），運動生理学 20 講，朝倉書店，1993 年.

●——図版出典

図表4 ●中野昭一（編），図解生理学，医学書院，p.114，1990.
図表6 ●中野昭一（編），図解生理学，医学書院，p.108，1990（改変）.
図表8 ● Åstrand, P.O., Cuddy, T.E., Saltin, B., Stenberg, J., Cadiac output during submaximal and maximal work. J.Appl.Physiol., 19, 268-274, 1964（改変）.
図表10 ●松村準（監訳），循環の生理　第 2 版，医学書院，p.244，1989.
図表13 ● Miyachi, M., Yano, H., Acta.Physiol.Scand., 154, 513-514, 1996（引用）.

第6章

運動と血液・尿
―身体の流通物質の働きと調節―

　健康診断では血液検査，尿検査が行われている．血液や尿には各臓器組織の健康状態を知る成分がふくまれているためである．血管内を流れる血液は，酸素や栄養素を全身の組織に運び，そこから代謝産物を受け取り呼気ガスあるいは尿へと排出する役割を担っている．また，尿はアンモニアなどの老廃物を余分な水分とともに排泄しているが，尿の排泄は体液量・血圧の調節として大切な役割を担っている．

　運動時の血液・尿成分は刻々と変化しているが，それらの変化は不随意的に行われているため意識されることはない．しかし，一流選手がすばらしいパフォーマンスを発揮維持するためには，血液性状が適切に保たれていることが重要であり，尿性状でそれが適切であったかを知ることができる．

　本章では血液の組成と運動を支える酸素供給機能や老廃物に対する緩衝能力，また，運動時の尿生成について解説する．

| 基礎編 | 血液の成分と働き |

血液は体重のおよそ8%を占めている．体重60kgの人の場合,その血液量は約4.8kgとなり,血液の比重は1.06であるので約4.5ℓとなる．

血液は,酸素や栄養素,老廃物,ホルモン,体温の運搬に重要な役割を果たしているとともに細菌やウイルスなどの病原菌の侵入を防ぐ免疫機能や細胞内のpH,水分調節などの働きをしている．

1. 血液成分

1）血漿成分

①血漿成分の構成

血液を採取し試験管内で放置すると,透明な上層と暗紫色の凝固した下層部分に分かれる．さらに,毎分3,000回転で遠沈❶すると,透明な上層と下層の細胞成分が明確に分離される．上層の透明な液体部分を血漿という．血漿には血清とフィブリノーゲンがふくまれている．下層の血球部分の最上層には白い白血球成分があり,その下はほとんどが赤血球層である（図表1）．

透明な血漿中の約9割は水分であるが,マグネシウム,鉄,カルシウム,ナトリウム,カリウム,塩素などの無機物がイオンの状態でふくまれている．また,グルコース,脂肪などの栄養素,アルブミン,グロブリン,フィブリノーゲンなどの血漿たんぱく質もふくまれている．

②血漿成分の役割

血液には物質の運搬とともに体液量や体液にふくまれる成分（p.148参照）を調節する働きがある．血漿成分はこの体液の調節に関係している．

例えば,運動時は血漿成分が筋組織に入り込むため,血液中の血漿水分量は減少する．80% $\dot{V}O_2max$ 水準の運動ではおよそ13%,100% $\dot{V}O_2max$ 水準ではおよそ23%の血漿水分量が減少する．また,持久的トレーニングのように長時間の運動による発汗によっても血漿水分量の減少が生じる．

このような血漿水分量の減少は血液粘度を高め,心臓・血管系にとってはきわめて大きな負担となる．

2）血球成分

①ヘマトクリット値

血球成分には赤血球,白血球,血小板がふくまれているが,量的にはほぼ赤血球とみてもよい．この血球成分が血液中に占める容積の割合を「ヘマトクリット値（Ht%）」といい,男子でおよそ45%,女子でおよそ40%である．運動性貧血（p.144, 212参照）ではこのヘマトクリット値が低くなり,赤血球数の低下を意味する．

②血球成分の形成

赤血球,白血球,血小板は,骨髄の多能性幹細胞の分化と成熟によって形成される．ただし,白血球の中のリンパ球は未成熟のまま胸腺やリンパ組織に移動し,そこで増殖・分化してTリンパ球,Bリンパ球が形成される．

❶遠沈：遠心力を利用して,液体中にある密度の高い固形成分を沈殿させること．血液中では,赤血球が最も高い密度（比重1.097）を持っているため,遠心力により沈殿する．
❷エリスロポエチン（EPO）：腎臓の尿細管で作られるホルモンであり,骨髄中の赤芽球の細胞周期に作用し,赤血球の産生に働く．持久性能力を高めるためのドーピング薬（p.161参照）としても知られている．

図表1　遠沈後の血液

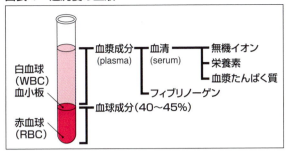

白血球の平均寿命は血中では約半日，組織中では3〜15日である．

末梢での血液中の酸素濃度（分圧）が低下してくると，腎臓の尿細管間質細胞の核で低酸素応答転写因子が働きエリスロポエチン❷（EPO）が作られ，赤芽球の細胞周期が働き，赤血球が作られる．

赤血球は1日2000億個が骨髄で造られる．

赤血球の平均寿命は120日である．

●多能性幹細胞
　血液細胞（血球）は，骨髄内で毎秒200万個の速さで作られている．
　前赤芽球 → 赤芽球 → 赤血球
　骨髄芽球 → 前骨髄球 → 顆粒球（白血球）
　リンパ芽球 → リンパ球 → Bリンパ球
　　　　　　　　　　　　→ Tリンパ球
　単芽球 → 単球 → マクロファージ
　巨核芽球 → 巨核球 → 血小板
　（巨核細胞）

③赤血球の構造と働き

赤血球数は，男子で500万個／mm^3，女子で450万個／mm^{3}ときわめて多い．直径約8.0 μm，厚さ約2.0 μmの円盤状の細胞で，中央部の陥没により，内容量に対して表面積が大きくガス拡散の効率がよくなっている．

赤血球は，核や細胞内小器官を持たないが，赤血球膜にATP分解酵素があり，ATPの分解エネルギーにより円盤状構造を維持している．また，赤血球膜は弾力性があり容易に変形するので，狭い毛細血管（内径3〜8μm）も通り抜けることができる．

④赤血球による酸素運搬と二酸化炭素の排出
●酸素の運搬

赤血球にふくまれるヘモグロビンの働きによって，各臓器・組織に酸素が運搬される．ヘモグロビンは，鉄をふくむ色素たんぱく質のヘムと立体構造たんぱく質であるグロビンとからなる複合たんぱく質である．このヘムがふくむ鉄原子には酸素と可逆的に結合する能力があり，ヘモグロビンは生体内での酸素運搬の役割を果たしている．ヘモグロビン1gで1.36mℓの酸素と結合する．赤血球中のヘモグロビン（Hb）は酸素と結合して酸化ヘモグロビン（HbO$_2$）となり，臓器・組織へ酸素を運ぶ．酸化ヘモグロビンは酸素を臓器・組織に渡すと，脱酸化ヘモグロビン（Hb）となる．血液中の酸素飽和度は，酸化ヘモグロビン量と脱酸化ヘモグロビン量の比によって決まり，動脈血では常に97〜99％以上の飽和度を示し，静脈血では約75％である（p.93 図表4参照）．

●CO$_2$の排出

臓器・組織での代謝によって産生された二酸化炭素（CO$_2$）は，水に溶けやすく血漿中で水と反応し炭酸（H$_2$CO$_3$）となり，炭酸は解離して，水素イオン（H$^+$）と重炭酸イオン（HCO$_3^-$）になり運搬される．これにより，細胞内の酸塩基平衡❸が維持されている．CO$_2$の一部は赤血球に入る．赤血球には，炭酸脱水酵素がふくまれるため，比較的早い速度で水との反応が進む．

---

❸酸塩基平衡：細胞外液のpH（H$^+$濃度）は7.4に維持されている．体液の酸と塩基量が平衡し，このpHを保つ働きを酸塩基平衡という．

図表2 赤血球の酸素と二酸化炭素の運搬

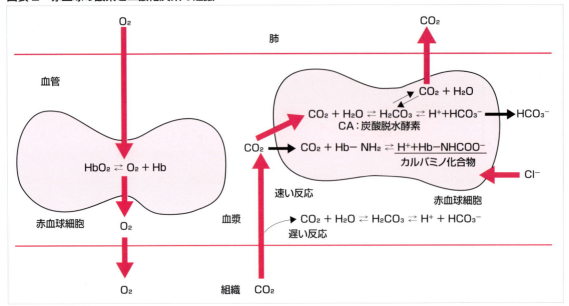

また，赤血球内ではCO_2はHbのアミノ基(NH_2)に結合し，$CO_2 + Hb-NH_2 \rightarrow H^+ + Hb-NHCOO^-$（カルバミノ化合物）としても運搬される（図表2）.

⑤白血球

白血球数は4,500〜8,000個／mm^3であり，顆粒球，リンパ球，単球に区別できる．

顆粒球には好中球（60〜70％），好酸球（1〜4％），好塩基球（0.5％）があり，病原菌や異物の侵入を防ぐ防衛作用がある．

好中球は1日1000億個程度が造られる．

リンパ球には，胸腺由来のTリンパ球（細胞）と骨髄由来のBリンパ球（細胞）があり，免疫機能の主役を演じている．①身体に病原菌（抗原）が入ると，最初に顆粒球（白血球の中の特に好中球）が分解酵素を放出し殺菌作用を発揮する．この時，②血液中の定住性免疫であるナチュラルキラー（NK）細胞[4]も病原菌に対して攻撃を加える．③次にマクロファージが菌の貪食に働く．マクロファージは単球として血管内にあり，各器官に移動し破壊された病原菌やリンパ球などの異物（異細胞）を処理する．

マクロファージは貪食作用と同時にT細胞の一つである④ヘルパーT細胞，またキラーT細胞，さらにB細胞に抗原を提示し，それぞれの細胞を活性化する．⑤ヘルパーT細胞は化学伝達物質サイトカイン[5]によりB細胞に抗原の情報を伝達し，B細胞の分化と抗体の産生を促す．⑥B細胞は形質プラズマ細胞に分化し，急速に抗原に合う抗体（免疫グロブリン[6]）を産生し病原菌を処理する．⑦ヘルパーT細胞からの情報は定住性免疫であるNK細胞やキラーT細胞も活性化する．⑧キラーT細胞は抗体を作るのではなく，細胞表面に抗原と反応できる受容体を持ち，病原菌と結合することで無毒化する．

病原菌が処理された段階でT細胞の一つである⑨サプレッサーT細胞からヘルパーT細胞，

---

[4] ナチュラルキラー（NK）細胞：Natural Killer細胞ともいう．T細胞，B細胞のいずれにも属さない大形のリンパ球で，抗ウイルス感染細胞，腫瘍細胞に対する拒絶に重要な役割を果たす．
[5] サイトカイン（cytokine）：免疫系は，種々の細胞が相互に機能調節を行い，防御作用を発揮している．これらの免疫細胞の分化，増殖，連絡などに関与している超微量なたんぱく質からなる情報伝達分子をサイトカインという．

図表3　白血球による防衛作用

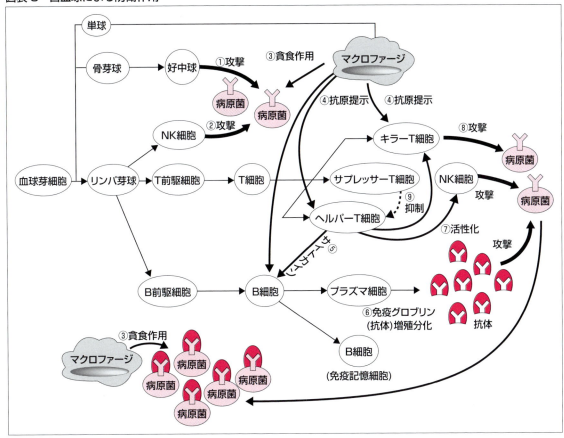

またキラーT細胞，B細胞に活動抑制が伝達される（図表3）．

⑥血小板

血小板は，骨髄で造血細胞から生まれた巨核球という細胞の細胞質の破片が血流に入ったもので，核を持たない大きさ約 $2\mu m$ の血球であり，血中には15万～40万個／mm^3 程度がふくまれている．血小板は，何種類かの血液凝固因子をふくんでおり，出血など血管内皮細胞が傷害を受けると，血小板内の細胞骨格系が変化し，これと同時に傷ついた内皮細胞から接着因子が分泌され血小板どうしが凝集し傷口を塞いで止血に働く（p.145参照）．

血小板は1日1億個が作られ血中での寿命は10日程度である．

---

❻免疫グロブリン：抗原特異性が未知のものをふくめて抗体は免疫グロブリンと総称され5つのクラスがある．
Immunoglobulin G：IgG
　細菌，ウイルス，薬物，組織抗原などの刺激に対する生体反応を示す．
Immunoglobulin A：IgA
　外分泌液中で最も重要な免疫グロブリンであり，唾液，涙，鼻汁，乳汁，消化液などに存在する．外来異物侵入時に最も早く異物と反応する．
Immunoglobulin M：IgM
　抗原刺激を受けて最も早く血中に出現する．
Immunoglobulin D：IgD
　Bリンパ球の膜表面に多く存在している．
Immunoglobulin E：IgE
　肥満細胞（好塩基球）などに親和性を持つ．抗原が反応すると生体内の肥満細胞の顆粒が放出され，ヒスタミンなどの活性物質が遊離して即時型アレルギーが惹起される．

| 発展編 | **運動と血液の動態** |

血液は，酸素や栄養素を各組織へ運び，老廃物を処理する重要な役割を果たしている．トレーニングによってこの機構が効率よく働くようになる．

血液にふくまれる物質は，身体臓器の状態を反映しており，運動が身体におよぼす効果やストレスなどの指標となる．

1. 運動と血球成分の変化

1) 運動による赤血球数の変化

1気圧下では，酸素分圧は一定であるため，運動エネルギーに必要な酸素の供給は赤血球数に依存することになり，赤血球数が多いほど多くの酸素を骨格筋に運搬できる．酸素の運搬は赤血球数と同時にヘモグロビン量に依存する．さらに，赤血球数は各臓器・組織での酸素の取り込みや最大酸素摂取量と関係する．

赤血球の動態を知る指標には赤血球数，平均赤血球容積[7]（MCV），平均ヘモグロビン量[8]（MCH），平均ヘモグロビン濃度[9]（MCHC）などがある．

①運動による赤血球数の変化

一過性の運動では，歩行，ランニング，自転車，水泳のいずれの運動種目においても，運動強度に依存して赤血球が増加する．また，同一の運動強度では，運動時間の延長にともなって赤血球も増加する．運動時の赤血球の増加は，発汗による血液濃縮や血球成分貯蔵庫（脾臓）などからの放出によるものと考えられる．しかし，これらの赤血球の増加は一時的なものであり，早期に安静値に戻る．

一方，長期のトレーニングでは，運動強度の違いによる赤血球数の変化はほとんど認められない．

4年間にわたる長距離選手（平均走行距離21.2km／日）の赤血球数の縦断的変化をみると，有意な減少が認められる（図表4）．持久的トレーニングにともなうこのような赤血球数の減少は，酸素の供給面からみればマイナスの要因となるはずである．

▶平均赤血球容積
▶平均ヘモグロビン量
▶平均ヘモグロビン濃度
▶血液粘度
▶高地トレーニング
▶運動性貧血

---

[7]平均赤血球容積（MCV）（mean corpuscular volume）

$$MCV = \frac{ヘマトクリット値（\%）}{赤血球数}$$

男子 87 ～ 111 μ m^3
女子 87 ～ 99 μ m^3

[8]平均ヘモグロビン量（MCH）（mean corpuscular hemoglobin）

$$MCH = \frac{ヘモグロビン量（g／d\ell）}{赤血球数}$$

赤血球1個内のヘモグロビン量は，男子 30 ～ 38pg，女子 30 ～ 34pg．酸素運搬能力の指標となる．

[9]平均ヘモグロビン濃度（MCHC）（mean corpuscular hemoglobin concentration）
赤血球1個の容積に対するヘモグロビン重量の比，男女とも 30 ～ 38%．赤血球の酸素飽和度の指標となる．

---

140 ——————— 第6章・運動と血液・尿—身体の流通物質の働きと調節—

図表4　4年間の持久的トレーニングによる赤血球数の変化

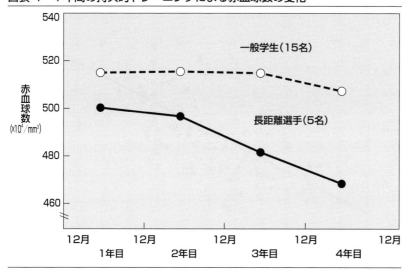

図表5　持久的トレーニングによる平均赤血球容積と平均ヘモグロビン量

長距離選手では赤血球数と平均赤血球容積,平均ヘモグロビン量との関係が成立するが,一般学生ではこのような相関関係は見られない.

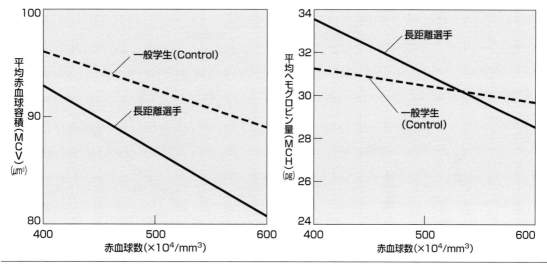

②運動による赤血球の平均容積と平均ヘモグロビン量の変化

　持久的トレーニングを行っている選手と一般学生のMCVとMCHについてみると,選手では赤血球数の減少にともないMCVとMCHが増加する(図表5).MCVとMCHとの間にはもともときわめて高い相関関係があるので,持久的トレーニングによるMCVの増加は同時にMCHも増加することを示す.これは,持久的トレーニングによる赤血球数減少の代償的作用として,赤血球1個ずつの容積とその中にふくまれるヘモグロビンの量を増加させ,酸素運搬能力を維持していると考えられる.

図表6　赤血球数と血液粘度の関係

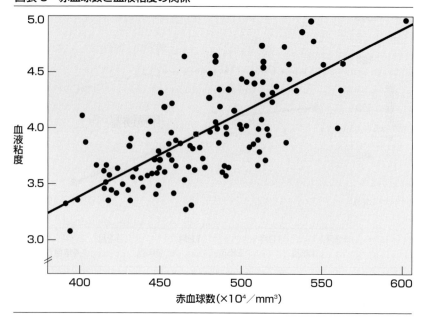

図表7　長距離選手の血液粘度，ヘモグロビン量と5000m走の記録の更新

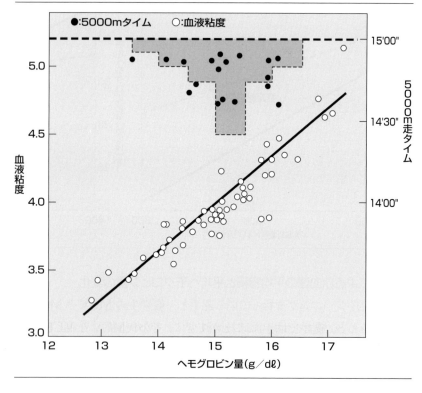

2) 運動による血液粘度の変化

　血液には粘性があり，赤血球数，ヘマトクリット値，血漿成分濃度などが，この粘性を変える要因となる．特に，血液中の成分割合からみて，赤血球

図表8　高地における赤血球数，ヘマトクリット値，ヘモグロビン量と平均ヘモグロビン量の変化

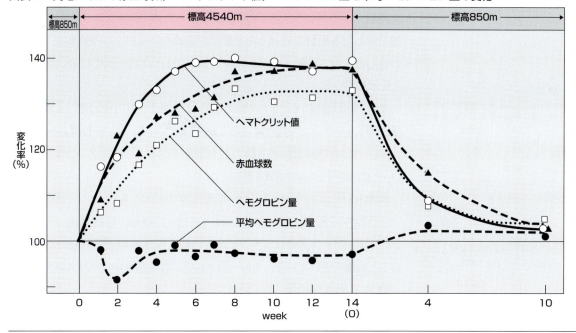

数の影響は大きい．赤血球数と血液粘度⓾には，赤血球数が少ないほど血液粘度が低いという有意な相関関係がみられる（図表6）．血液粘度が低いことは血液が流れやすいことを意味する．持久的トレーニングによる赤血球数の減少は，血液粘度を低下させて血液を流れやすくするためであると思われる．

　しかし，赤血球数の減少は酸素供給の立場からみると不利となる．赤血球数と相関の高いヘモグロビン量と血液粘度，ヘモグロビン量と5000m走の記録の関係をみると，好タイムを出すための至適ヘモグロビン量は15g／dlの付近にある（図表7）．つまり，血液粘度が低いほど好タイムを出せるわけではない．

　酸素供給を使命とする赤血球は，その役割から常に十分な酸素供給システムを形成しようとするが，赤血球数の増加は血液粘度を高め心臓・血管系への負担を増大させる．このような負担を軽減するために，持久的トレーニングでは赤血球数を減少させて血液粘度を低下させる．しかし，それだけでは十分な酸素を供給することができず，その代償的な作用としてヘモグロビン量を増大させているものと考えられる．

3）高地トレーニングと赤血球の変化

　高地では気圧の低下とともに酸素分圧が低下し，十分な酸素摂取ができなくなる．そのため，呼吸数を増加させ，1回換気量も大きくなり，激しい呼吸となる．このような条件下では，赤血球数，ヘマトクリット値が増加し

⓾血液粘度
　血液の液体性・ねばりの度合いであり，水との相対粘度で表す．

てくる（図表8）．これは酸素不足に対する赤血球の適応である．しかし，赤血球数とヘモグロビン量がともに増加するため，ヘモグロビン量を赤血球数で除したMCHにはほとんど変化が認められない．この結果は，高地での適応と平地での持久的トレーニングとでは赤血球の反応に違いがあることを示している．

また，赤血球内にふくまれている2,3-ジホスホグリセリン酸[11]（2,3-DPG）は高地トレーニングで増加することが知られている．2,3-DPGの増加は，ヘモグロビンの酸素解離曲線の右方偏位を起こし，筋においてより多くのO_2を放出させる（p.93図表4参照）．

高地トレーニングの方法には，低酸素室の利用もある．近年の研究では，「高地滞在・高地トレーニング」よりも「高地（2500m）滞在・低地（1200m）トレーニング」方式のほうが，平地での最大酸素摂取量を有意に増大させることが報告されている．その一因として，高地滞在中のエリスロポエチン（EPO）の増加が指摘されている．

4）運動性貧血

①運動性貧血とは

運動性貧血は，持久的トレーニングを行っている選手にしばしばみられる現象である．激しい運動習慣による物理的な衝撃による溶血[12]，毛細血管内での摩耗などによる赤血球の寿命の短縮，さらに，赤血球の分解に合成が追いつかない，などが影響していると考えられている．このような状況で鉄やたんぱく質などの栄養素が不足すると貧血症状が起こりやすい（p.212参照）．

特に，スポーツ選手によくみられる運動性貧血には，鉄欠乏性の貧血が多い．これは，鉄やたんぱく質の摂取不足によりヘモグロビンの合成が減少する貧血である．その結果，立ちくらみ，疲労感の増大，酸素運搬能力の低下による酸素不足やエネルギー不足による息切れやスタミナ切れなどが起こる．

②運動性貧血の予防

一般に，運動性貧血の予防には鉄を多くふくんだ食品の摂取がすすめられる．ヘモグロビンは，血清鉄とトランスフェリン[13]の結合により合成される．このため，血清トランスフェリンの量的変化は，直接ヘモグロビンの合成に関与してくる．一方，生体内での各臓器・組織の鉄欠乏の指標には鉄たんぱくである血清フェリチン[14]が用いられる．血清中に逸脱する血清フェリチンの量は，肝臓，脾臓，骨髄および筋肉組織などの鉄の充足度を反映している（図表9）．

---

[11] 2,3-DPG

2,3-DPG; 2,3-ジホスホグリセリン酸は解糖系の側路で産生され，赤血球内では高濃度で存在し，赤血球にとってのATP産生の材料である．また，ヘモグロビンを構成するα鎖2本とβ鎖2本のうちβ鎖サブユニット間に2,3-DPGが結合することによってヘモグロビンと酸素分子との親和性を低下させ，組織に酸素を供給しやすくしている．持久性種目の選手や高地住人に高いレベルでふくまれる．

[12] 溶血

スポーツ活動時に足底を地面に強く踏みつけたり，赤血球が細い毛細血管を通りぬけることで衝撃や摩擦により破壊される現象をいう．

[13] トランスフェリン
（transferrin）

血中にふくまれる糖たんぱく質で，血清中の鉄と結合する．鉄により飽和されたトランスフェリンと，鉄と結合しない非結合トランスフェリンが存在するため，前者を鉄結合能（TIBC: total iron binding capacity）と呼ぶ．

[14] 血清フェリチン
（ferritin）

分子量45万の水溶性たんぱく質アポフェリチン1分子に2500個のFe^{+++}が結合したものをいう．

図表9　鉄の輸送と代謝

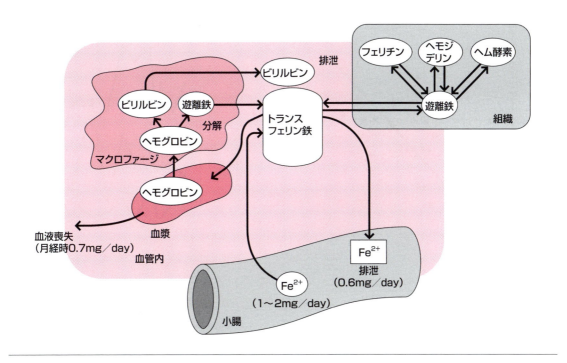

運動性貧血の特徴は，トレーニング量を減少させるとその症状が軽減することにある．また，成長が著しい思春期では，身体の大きさに見合うだけの造血機能が備わっていないことが原因と考えられる運動性貧血もみられる．

貧血症状の出現には大きな個人差がある．よい栄養状況でも貧血になる場合もあり，またその逆に，あまりよくない栄養状況でも貧血がみられないこともある．血中ヘモグロビン量による貧血の判定では問題がなくても，潜在的な鉄欠乏状態の場合もある．食事のみの改善では鉄欠乏が解消できない場合には，医師に相談のうえ，鉄剤を利用することも有効である．なお，鉄摂取過剰症（p.195 図表8参照）による体調不良などもあり，安易に利用することは望ましくない．

5）運動による血小板の変化

血小板は，通常は円盤状の形をしているが，血管が損傷を受けると活性化し，損傷部に移動し血栓を作る．

出血があると，血液中にふくまれる多数の凝固因子が次々と連鎖反応して，フィブリノーゲンをフィブリン（線維素）に変換する．フィブリンは固まる性質を持つため，傷害部に凝集している血小板や赤血球を包みこんで凝固塊ができる．

図表 10　血小板数と血液粘度との関係

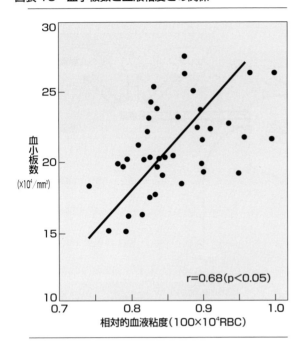

図表 11　長距離選手の4年間にわたる血小板数の変動

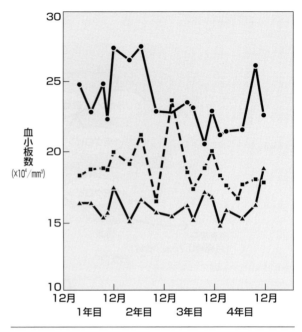

　無酸素性作業閾値（AT）以上の運動強度では血小板活性が亢進し，中等度以下の運動では低下する．この血小板活性の変化にともない凝集能も変化する．

　血小板数の変化は血液粘度に関係するはずである．血液粘度はおもに赤血球数，あるいはヘマトクリット値に依存するため，一定濃度（100万個／mm³）の赤血球数に対する血液粘度と血小板数との関係を求めた．その結果，血液粘度と血小板数には相関関係がみられた（図表10）．

　長距離選手の4年間にわたる血小板数の変化をみると，もともと血小板数の少ない選手ではその変動が少なく，逆に血小板数の多い選手では大きな変動を示している（図表11）．血小板数は個人差が比較的大きく，トレーニングの影響を受けないと考えられる．

▶NK細胞
▶サイトカイン
▶免疫グロブリン
▶オープンウィンドウ
▶マクロファージ

[15] インターロイキン6
　リンパ球など免疫担当細胞から分泌される情報伝達物質（サイトカイン）の一種．IL-1～IL-15がある．

2. 運動による免疫系への影響

　運動は免疫機能に影響を与える．一過性の運動では，運動時間や運動強度に比例して，好中球，NK細胞（ナチュラルキラー細胞），サイトカインの一種であるインターロイキン6[15]（IL-6）などが増加する．これらの増加は，筋損傷にともなう急性の炎症反応が原因と考えられている．また，NK細胞や免疫グロブリンの一つであるIgAは運動後に減少することから，

図表12 免疫系における運動強度とオープンウィンドウ説

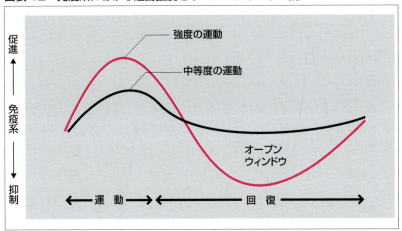

高強度の運動では免疫系の抑制が起こり，病原体の感染に対して無防備な状態となることが知られている（図表12）．

この現象をオープンウィンドウと呼ぶ．オープンウィンドウの発現は運動直後より数時間以内と考えられ，この時間内に感染の危険性がある．従って，運動終了時には，感染予防のために，うがい，手洗いなどの励行が必要である．また，運動後の栄養，休養についても十分に留意することが大切である．

長期間にわたる激しいトレーニングでは，好中球の移動能や貪食能などの機能低下，免疫グロブリン数やNK細胞数の低下が報告されており，免疫機能が低下する可能性が指摘されている．一方，中等度の強度によるトレーニングがNK細胞数を増やし，好中球の機能亢進やマクロファージが血管拡張作用を持つ一酸化窒素(NO)[16]産生能を促進することで免疫物質の流量を増やし，感染防御機能を高める可能性も報告されている．

3. 運動による血清逸脱酵素の変化

血中には，生体内化学反応を触媒する種々の酵素が存在している．AST[17]，ALT[18]はアミノ酸の転移酵素で，糖の中間代謝からアミノ酸を生成している．LD[19]は乳酸から脱水素し，ピルビン酸とする酵素である．CK[20]はクレアチンリン酸を触媒とする酵素で，筋細胞に多くふくまれる．運動によってこれらの酵素が細胞から血中に逸脱してくることがある．

血中への逸脱酵素の増加は，少なくとも各臓器・組織の細胞内酵素の逸脱を意味し，それぞれの細胞が代謝機能の亢進や傷害，破壊を受けていることを示す．病的な状態ではこの逸脱が著しく，きわめて高い値となる．

長距離選手の4年間にわたる血清CK活性値の変化をみると，大きな個

[16] 一酸化窒素（NO）
大気汚染物質の1つと考えられていた一酸化窒素は生体の緒臓器でも産生され，血管弛緩作用や情報伝達系など生体の生理的恒常性の維持に広く役立っている（p.118参照）．

[17] AST（aspartate aminotranceferase, GOT）
心筋，肝臓，骨格筋などに多くふくまれる酵素で，血清中の濃度の上昇は，肝炎，脂肪肝，心筋梗塞などが疑われる．正常値は13-30U／ℓ以下．

[18] ALT（alanine aminotranceferase, GPT）
肝臓に多くふくまれる酵素で，血清中の濃度の上昇は，肝炎，脂肪肝，心筋梗塞などが疑われる．正常値は8〜42U／ℓ以下．

[19] LD（乳酸脱水素酵素，lactate-dehydrogenase, LDH）
解糖系の最終過程であるピルビン酸←→乳酸の反応を触媒する．腎臓，心臓，骨格筋，脾臓，肝臓，肺などに多くふくまれており，LDH値の上昇はそれらの組織の疾患診断の目安として利用されている．正常値は119〜229U／ℓ．

[20] CK（クレアチンホスホキナーゼ）（creatine phosphokinase, CPK）
骨格筋や心筋に多くふくまれており，ATPの再合成系であるADP→ATPを触媒する．正常値は60〜287U／ℓ．

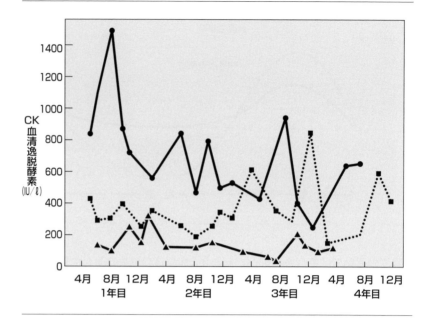

図表13 血清逸脱酵素（CK）の4年間における変動

人差が認められるが，もともと高値であった選手では漸減傾向を示しており，長期的なトレーニングの継続による効果が得られたと考えられる（図表13）．しかし，そのほかの逸脱酵素の値はきわめて安定した変動を示し，持久的トレーニングの継続による逸脱酵素の減少は認められない．

血中AST，ALTの変化はおもに肝機能の指標として用いられ，短時間の運動では運動強度に依存して上昇する．LDは無酸素性作業閾値を超えるような運動で増加し，持久的運動での増加は認められない．CKには持久的運動の影響が出現し，マラソンやサッカーなどの運動では増加することが知られている．特に，くり返しの運動負荷が加わると著しい上昇を示す．

高い逸脱酵素を示す対象者ではその変動も大きく，逆に低い逸脱酵素を示す対象者では，その変動が小さくなっている．運動にともなう逸脱酵素の出現は当然として受け入れられがちであるが，異常値となるほどの血中逸脱酵素の増大は運動そのものが各臓器・組織に何らかの傷害を引き起こしていることを示している．

4. 運動と血液の緩衝作用

体液は，細胞内液と細胞外液に区分される．細胞外液は，血液の液体成分である血漿やリンパ液のような管内液と細胞間質液などの管外液に分類されている．

エネルギー代謝の過程では常に酸性物質である水素イオン（H^+）が産

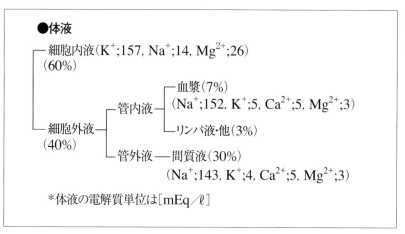

生され,細胞や体液は常に酸性に傾くように働く.酸性に傾くと細胞機能は低下し,臓器障害・神経障害などを引き起こす.胃液はpH1〜2,胆管から十二指腸に分泌される膵液はpH8.1と中性域から大きく外れるが,身体全体として体液は通常pH7.4に保たれている.このように体液のpHを中性に保つ働きを「緩衝作用」という.pH7以下あるいはpH7.7以上になると生命維持が困難となる,動脈血はpHを7.35〜7.45という狭い範囲で調整されている.

このpH7.4を基準に,酸性にもアルカリ性にも傾いていない状態を「酸塩基平衡」という.この「酸」とは水に溶けH^+を生じる化学物質(CO_2(二酸化炭素),H_3PO_4(リン酸))であり,「塩基」とは酸を受容するあるいはOH^-を生じる化学物質(HCO_3^-(重炭素イオン),HPO_4^{2-}(リン酸水素イオン)である.

エネルギー代謝で作られたCO_2は水と反応しH^+を放出する($CO_2 + H_2O \leftrightarrows H^+ + HCO_3^-$).この$H^+$が細胞や血液を酸性に傾ける.この反応は両方向に進み,また化学反応の途中でH_2CO_3(炭酸)に変化し中和化がはかられる($CO_2+H_2O \leftrightarrows H_2CO_3 \leftrightarrows H^+ + HCO_3^-$).$H_2CO_3$は血管を通り肺に運ばれ$CO_2$に戻される($H_2CO_3 \leftrightarrows H_2O + CO_2$).$CO_2$はほとんどが呼気から排泄され,残りの$CO_2$は腎臓上皮細胞で$HCO_3^-$を作るために使われる(図表2).また,腎臓では$H_2CO_3$から変換された$H^+$を($H_2CO_3 \rightarrow H^+ + HCO_3^-$)尿中に排泄する.また,$H^+$の増加により延髄の呼吸中枢が興奮し,呼吸運動が促進され,CO_2がより多く排出される.

CO_2以外にも,リン酸系(PO_4^{3-}),血漿たんぱく質系,ヘモグロビン系などいくつかの酸塩基平衡を維持する緩衝系が存在する(図表14).pHが7.3以下になった場合を「アシドーシス」と呼ぶ.

運動時の血中ガスを分析し,pH,CO_2,O_2濃度について比較すると,O_2の変動係数は1.11%であり,生体内ではきわめて高い制御がされていることがわかる.CO_2の変動係数は15.70%であり,酸素に比較すると二

図表14　pHの緩衝作用

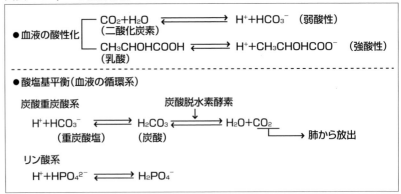

図表15　血液pHと血液ガスの濃度変動係数

	濃度 平均値±標準偏差	変動係数 $\frac{標準偏差}{平均値} \times 100$
pH	7.388 ± 0.026	CV=0.35%
CO_2 (mmHg)	23.38 ± 3.67	CV=15.70%
O_2 (mmHg)	138.90 ± 1.54	CV=1.11%

酸化炭素の制御はきわめて緩徐となっている（図表15）．しかし，pHの変動係数は0.35%であり，酸素に比較するとおよそ3倍高い制御がなされている．これらの結果からも明らかなように，生体内での血液の緩衝作用はきわめて精度の高い調節がなされている．

　細胞内で産生されるH^+のほとんどがミトコンドリア内の電子伝達系を介し，酸素と結合することにより無害の水となる．

　運動強度を高めると多くのエネルギーが産生されるため，それだけ多くのH^+が作られる．大量のH^+のスムーズな処理ができなくなると，血中のpHが低下する．自転車エルゴメーターで負荷強度を漸増すると，徐々にpHの低下が起こり，運動終了後もpHの低値が続き，アシドーシス状態からの回復にはかなりの時間を要する（図表16）．

図表 16　運動負荷と血液 pH の変化

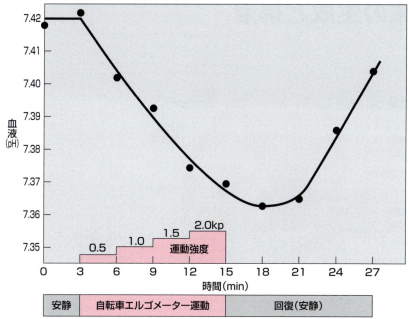

基礎編　尿の生成と排泄

図表17　腎臓の構造

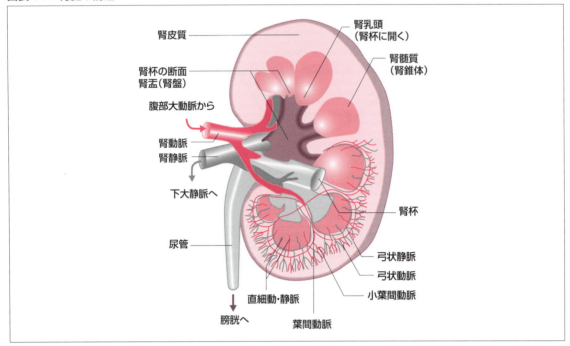

体液の組成や濃度など，内部環境の恒常性を保持することは，生命維持にとって不可欠である．この内部環境の保持のためには生体内で不要となった代謝産物，解毒物質，過剰物質などを体外に除去することが必要である．この働きを排泄[21]というが，腎臓は尿の排泄をとおして，血液の浸透圧やpHなどの種々の調節を行っている．つまり，尿の生成は，飲食，運動，産熱などの要因によって変化する血液の状態を正常なレベルに維持する働きを担っている．また，尿量は体液量をコントロールし，血圧や血液粘度の変化などに影響を与え，循環機能の調節とも深く関係している．

1. 尿の生成と排泄

1）腎臓の構造と機能

飲水や発汗など，水や電解質の出納の如何を問わず，体液の浸透圧や電解質組成は，常に一定の状態に保持されている．腎臓はその排泄機能により体液量や体液組成を調節する器官である（図表17）．

腎臓は脊髄の腹腔後壁の左右にひとつずつ位置している．重さは体重の0.3％程度であるが，心拍出量の20〜25％に相当する1.0〜1.3ℓ／分の血流配分を受けている．組織面積比では

---

[21] 排泄：呼吸器によるCO_2の放出，皮膚からの放熱発汗も一種の排泄である．尿中に排泄される代謝産物・解毒物質はたんぱく質の分解産物であるアンモニアから変換された尿素が主であり，その他，尿酸，イオウがある．また，グルコース，Na^+，Cl^-などが過剰な場合には排出される．

図表18 ネフロンと血管系

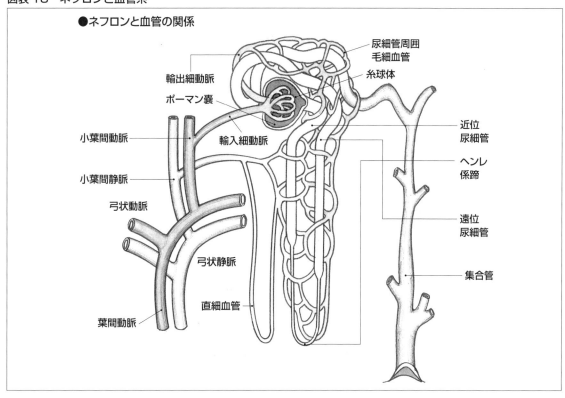

体内で最も血液量の多い臓器である．

　腎臓中央部のくぼみ部（腎門）から動・静脈血管，尿管が出入りしている．腎臓内部は内側を腎髄質，外側を腎皮質という．皮質部の糸球体において血液の濾過が行われる．腹部大動脈から別れた腎動脈は，腎髄質で扇状に分枝（葉間動脈）し，髄質と皮質の境部を球状に進み（弓状動脈）皮質に入る．弓状動脈は皮質部では直角に枝を出して（小葉間動脈）左右に別れ，さらに分枝し輸入細動脈となってボーマン嚢に入り糸球体毛細血管を形成する．ボーマン嚢から出る輸出細動脈は再び毛細血管となってボーマン嚢に続く尿細管の周りに分布し，一旦濾過した物質のうち必要な物質の再吸収の場となる．毛細血管は小葉間静脈・弓状静脈を経て腎静脈となって腎臓を出る．

　腎臓の構造単位は，ボーマン嚢と糸球体からなる腎小体，近位尿細管，ヘンレ係蹄，遠位尿細管，集合管までをふくみ「ネフロン」と呼ばれる（図表18）．

　腎臓は約100〜130万個のネフロンから形成されており，老廃物の排泄，血圧の調節，尿細管におけるH^+の排出による体液量とpHの維持，骨代謝に関連するビタミンD_3の活性化など，重要な役割を果たしている．

　また，腎臓は各種のホルモンを分泌している．例えば，糸球体近接細胞からレニンを分泌し，アンギオテンシンを活性化して全身の血圧を上昇させる（p.55 図表15参照）．また，赤血球新生刺激因子と考えられるエリスロポエチン（EPO）を産生・放出するなど（p.137参照），内分泌器官としての働きもある．

2）糸球体濾過

　安静時の腎血漿流量[22]は，500〜600mℓ／分程度である．糸球体を通過する血漿の約

図表19　尿の生成過程

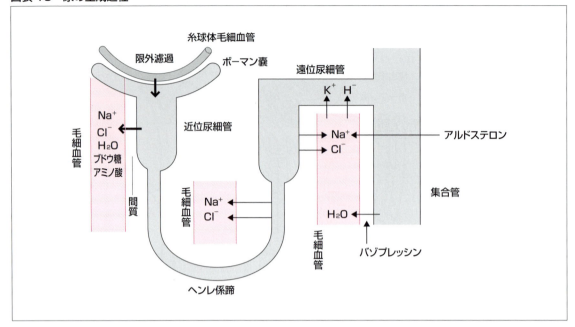

20%が限外濾過[23]（原尿）される．

濾過された水には，ブドウ糖，アミノ酸の全量，無機イオン，尿素，尿酸などの小分子の物質がふくまれボーマン嚢内へ移行する．

糸球体濾過量[24]は，糸球体血圧の上昇にともない増大する．しかし，糸球体血圧は，糸球体の出入口にある傍糸球体細胞装置により輸入細動脈の収縮・弛緩が調節されるため，腎臓の血流量は血圧変動の影響を受けにくくする機能を有している．

3）近位尿細管

原尿にふくまれる水や電解質（ナトリウムイオン（Na^+），塩素イオン（Cl^-））などの約80%が近位尿細管で再吸収され，ブドウ糖，アミノ酸，ビタミンなどは，ほぼ100%が再吸収される．Na^+やブドウ糖やアミノ酸の再吸収は，濃度勾配とは逆向きの能動輸送[25]によって行われる．高血糖（180〜200mg／dl）では，再吸収能を超過するため糖が尿中に排泄される．

4）遠位尿細管と集合管

近位尿細管で再吸収されなかったNa^+は，ヘンレ係蹄で能動輸送により毛細血管への再吸収が進む．このとき水分は吸収されないため，ヘンレ係蹄内の電解質は低張となる．さらに遠位尿細管での残りのNa^+の再吸収は，副腎皮質ホルモンであるアルドステロン依存性により行われる．集合管では最初の原尿の99%までの水が再吸収されるが，これは下垂体ホルモンから分泌されるバゾプレッシン（抗利尿ホルモン）に依存する．

体液（血液）量が多く，還流血液量が増加し心房筋が伸展した場合には，心房性ナトリウム利尿ホルモンが血中に分泌され，遠位尿細管，集合管でのNa^+と水の再吸収が抑制され，尿

---

[22]腎血漿流量（RPF：Renal plasma flow）：血液中の物質が濾過されたときに，これに関与した血漿量を腎血漿流量という．
[23]限外濾過：濾過とはおもに細胞膜にある小さな穴（孔）を通じて，一定の大きさ以下の分子しか通過させないしくみである．腎臓の限外濾過とは，糸球体には50-100nmの孔が多数あり，この多孔質膜を通り水溶性の低分子物質が濾過される際に，糸球体内にかかる40〜50mmHgの圧力により液体が押し出される量を増やしている（限度以上の;限外）濾過形態をいう．これにより，腎臓の細胞外液の恒常性維持機能が保たれている．

中への排泄量を増加させる（**図表19**）．吸収され
なかった物質は腎盂に集まり，尿管を通って膀
胱に蓄積され，尿として排泄される．1日に約
150ℓ作られた原尿は再吸収されて，1日の排尿
量は約1.5ℓ程度となる．

5）腎臓による酸塩基平衡の調節

　生体が中性を保つため，腎臓による酸塩基平
衡の調節が行われる．これを「代謝性調節」と
いう．

　取り込んだ栄養素が代謝されたときに作られ
る二酸化炭素は，血液中では水と反応し水素イ
オン（H^+）を放出する（$CO_2+H_2O \rightarrow H^+ +$
$HCO_3{}^-$），（**p.149参照**）．このH^+を腎臓から尿
中へ排出させることで，pHが保たれている．ま
た，腎臓は$HCO_3{}^-$を再吸収することで，pHを
維持している．

---

❷❹糸球体濾過量（GFR：Glomerular filtration rate）：クリアランス法を用いる．糸球体で完全に濾過され，尿細管で再吸収も分泌もされな
いものについては，血漿中濃度（P）×糸球体の血漿流量（C）＝尿中濃度（U）×尿量（V）の式が成立する．
　ここでCをクリアランス（clearance）という．この条件をほぼ満足する物質には，イヌリン，マニトールや体内で産生されるクレアチ
ニンなどがある．つまり，一定時間内の血漿中と尿中クレアチニン濃度また尿量を測定することにより糸球体濾過量を知ることができる．
❷❺能動輸送：膜輸送において，担体が濃度勾配に逆らって分子やイオンを運ぶ機構であり，エネルギー源として直接ATPを消費するNaポ
ンプ（Na^+, K^+-dependent ATPase）に代表されるような1次性能動輸送と，腎尿細管でのNa^+／ブドウ糖共輸送のようにATPを消費しない
2次性能動輸送とに分けられる．

155

発展編　運動と尿の動態

　長時間の運動では，栄養素の補給ばかりではなく，体液量を保持し，体組成，血圧，血液粘性などの変化を最小限に抑えるため，水分の補給も重要となる．

　発汗などによる細胞外液の減少時には，細胞内液からの水の移動や腎における水の再吸収量の調節が重要となる．

▶尿量
▶腎血流量
▶レニン・アンギオテンシン・アルドステロン系
▶カリクレイン・キニン系
▶クレアチニンクリアランス

1．運動による腎機能の変化

　運動は，腎機能にさまざまな変化をもたらす．

1）運動による尿量の変化と血圧の調節

　運動時は腎臓への血流量が低下し原尿生成が抑えられるとともに，水分喪失を防止し血液量を確保するため，抗利尿効果として尿量が減少する．しかし，個人差が大きく，運動量と尿量の関連は明確ではない．運動による尿量の減少は，複数のホルモンの働きによる糸球体濾過量の変化，尿細管での水再吸収の変化による．

図表20　血流量（血漿量）の調節

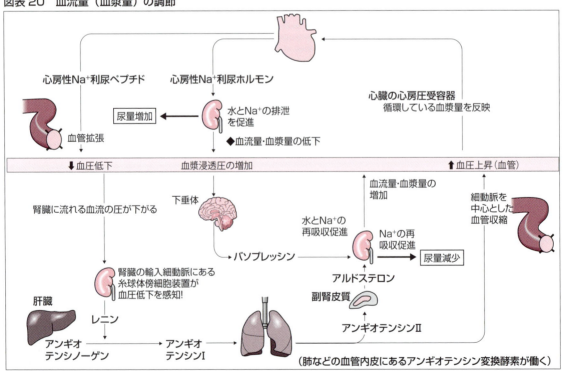

図表 21　運動強度と腎血流量の関係

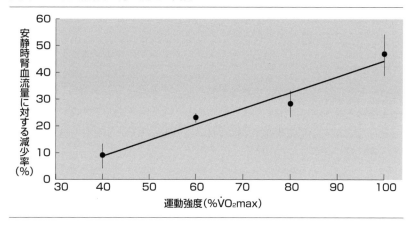

①運動と腎血流量

　安静時の腎血流量は，心拍出量の約 20 〜 25％を占め，臓器重量比では骨格筋の約 100 倍量の流量に相当する．最大運動時には心拍出量が約 4 〜 5 倍程度まで増加する一方で，腎血流量は安静時の約 50 〜 60％程度まで低下する（図表 21）．これは運動時には筋，肺，心臓などへの血液配分率が高くなるためである（p.125 図表 11 参照）．

　運動終了後，腎血流量は比較的速く回復し，40 〜 60 分以内に，安静時の 80 〜 95％まで回復する．

②運動時の尿生成と血圧調節

　運動時に発汗が増えた場合，血液（血漿）量が減少し，血漿浸透圧の上昇と血圧の低下を引きおこす．

　抗利尿ホルモンであるバゾプレッシンは，運動時の発汗による血漿浸透圧の上昇などによって下垂体より血中に分泌される．バゾプレッシンは，集合管の水透過性を亢進させて水の再吸収量を増やす（図表 19，p.55 図表 15 参照）．

　また，運動による水分喪失と血液再配分による腎血流の低下は，直接的あるいは間接的に交感神経系の興奮を介して，糸球体傍細胞装置で生成されるレニンの血中への分泌を促進する．このレニンは，近位尿細管での Na^+ の再吸収・維持に貢献するとともに，レニン・アンギオテンシン・アルドステロン系[26]と呼ばれる一連の働きにより，遠位尿細管での水・Na^+ の再吸収を促進させることで還流血液量を増やし，還流血液量が心拍出量の増加につながる．これらの作用によって血圧が上昇する（図表 20）．

　一方，Na^+ の過剰摂取や血圧上昇時には腎臓皮質部からカリクレインが分泌され，血管内皮細胞でキニノーゲンに作用してブラジキニンを産生す

[26]レニン・アンギオテンシン・アルドステロン系
　レニンは，肝臓から分泌されるアンギオテンシノーゲンを分解してアンギオテンシン I に変換し，次にアンギオテンシン I は肺毛細血管にあるアンギオテンシン変換酵素によってアンギオテンシン II に変換される．アンギオテンシン II は，血管収縮に働く一方，交感神経系を刺激して心拍出量を増加させることにより血圧を維持する．また，アンギオテンシン II は，副腎皮質に作用して，Na^+ の再吸収を促進するアルドステロンの合成・分泌を促す．アルドステロンは遠位尿細管に作用して Na^+ および水を再吸収し，血液の減少を補い血圧を上昇させる．

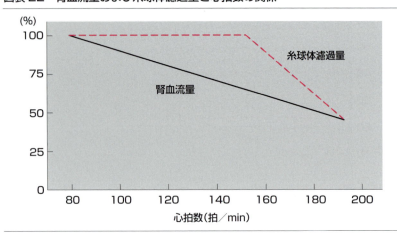

図表22 腎血流量および糸球体濾過量と心拍数の関係

❷カリクレイン・キニン系
この系で遊離されるブラジキニンには，血圧を降下させる作用があり，レニン・アンギオテンシン・アルドステロン系で産生されるアンギオテンシンⅡと拮抗する．同様に，レニン・アンギオテンシン・アルドステロン系で作用するアンギオテンシン変換酵素は，ブラジキニンを不活化する作用を有している．

る（カリクレイン・キニン系❷）．ブラジキニンは糸球体内の血管拡張作用とともに，尿細管から毛細血管へナトリウム再吸収を抑制することで尿量を増やし血液量を減らすことで血圧を低下させる．

このほか，心房性ナトリウム利尿ホルモンが血圧の調節に働く（図表20）．これらの一連の反応は，運動中の腎血流量を可能な限り維持し血圧を一定に保とうとするしくみである．

③運動と糸球体濾過量

運動による心拍数の増加にともない腎血流量は減少する．これに対し糸球体濾過量は，心拍数が150拍／分程度までの運動ではほとんど変化しないが，それ以上の強度になると減少する．運動強度が中程度までの運動で糸球体濾過量が一定に保たれるのは，輸出細動脈の選択的収縮により糸球体内圧を上昇させることで濾過率が増大することに起因している（図表22）．

運動後の糸球体濾過量は，運動強度に関係なく約30分で安静値まで回復する．

2）運動による尿成分の変化

①尿成分の検査方法

運動はそれ自体が腎臓に対してストレスとして働く．また，スポーツ選手の積極的なたんぱく質摂取も腎臓には相応の負担となる．運動が腎機能におよぼす影響を知る方法として各種の検査方法がある．

②尿成分の変化とたんぱく尿

尿中成分濃度の変化は生体内代謝変動を反映するものであり，運動時に

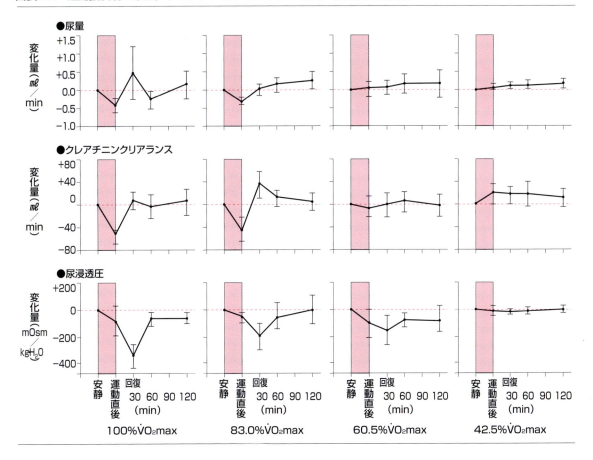

図表23 運動強度別の尿量，クレアチニンクリアランスおよび尿浸透圧の変化

● 腎機能の検査方法

1) 血液生化学検査	尿中に排泄されるべき物質が腎機能の異常によって排泄されず，血液中の濃度が高くなる状態を把握する.
2) 尿生化学検査	正常ならば尿中に排泄されない物質が尿中に排泄される状態を把握する.
3) クリアランス測定	血液中のある物質が単位時間当たりどの程度尿中に排泄されるかを把握する.

は尿成分も大きく変化する．運動負荷後の尿成分の変化は血液成分ほど鋭敏ではないが，運動時間内に変動した累積的結果であり，運動の影響を示す指標になる．

原尿には，血漿中のNa^+，K^+，Ca^{2+}，Mg^{2+}，Cl^-などの電解質，ブドウ糖，尿素窒素，尿酸，クレアチン，アミノ酸などの窒素化合物，リン酸，硫酸などの有機酸などがふくまれている．尿量，クレアチニンクリアランス，尿浸透圧は運動強度にともなって大きく変化する（図表23）．クレアチンクリアランスは糸球体濾過量を示すものであり，濾過量によりボーマン嚢内の成分濃度は変動するため，尿中成分はそれぞれクリアランス比として表される．クリアランス比と異なる変動があった場合には，尿細管における再

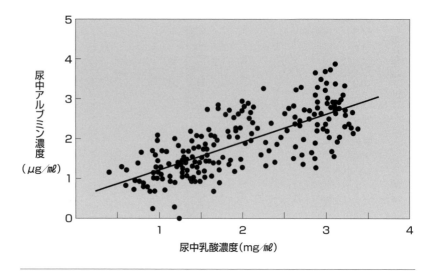

図表24　最大運動負荷後の尿中乳酸とアルブミン濃度の相関関係

吸収減退によるものと考えられる．

　長時間の運動では，エネルギー源として脂質が動員されるため，ケトン体の排泄も認められる．また，運動時には，尿量の減少とともにNa^+, Cl^-, 尿素窒素，尿酸などの尿中排泄が減少し，pHが低下する．

　一方，運動時に尿中に正常値以上のたんぱく質が排泄されることがある．これを「運動性たんぱく尿」という．このたんぱく尿は血漿由来であり，糸球体毛細血管壁の細胞膜透過性の亢進により起こる．ボーマン嚢へのたんぱく質の総透過量が増加し，さらに尿細管での再吸収能が低下した時にたんぱく質が排出される．膜の透過性は血流量や血中pHが影響する．血中pHに影響する血中乳酸濃度に依存して尿中の乳酸濃度も変動する．尿細管でのたんぱく質（アルブミン）吸収能の低下には，乳酸濃度増加による尿中pHの低下が影響する（図表24）．ただし，このような運動時の一過性のたんぱく尿は腎機能障害ではない．

③血尿

　運動後に認められる着色尿は，尿の濃縮，血尿，ヘモグロビン尿，ミオグロビン尿などが原因である．

　尿1ℓに血液が1mℓ混入すると血尿が目視できる．肉眼的血尿は，膀胱後壁などの外傷性に起因する血尿と，ネフロンの虚血による透過性変化や濾過圧の亢進などによる非外傷性の血尿に大別される．ヘモグロビン尿は，ランニングなどにともなう溶血により，ヘモグロビンが尿へ排泄されたものである．

　血尿やヘモグロビン尿は，ほとんどが運動後の休息と十分な水分補給で

図表 25　ドーピング禁止物質の種類と禁止方法

```
1. 禁止薬物　A) 興奮剤
            B) 麻薬性鎮痛剤
            C) たんぱく質同化剤
                1) アンドロゲニック・アナボリック・ステ
                   ロイド
                2) β2 作用剤
            D) 利尿剤
            E) ペプチドホルモン，類似化合物およびその同
               族体
2. 禁止方法　A) 血液ドーピング
            B) 薬学的，化学的，物理的操作
3. 一定の制限を受ける物質の種類
            A) アルコール
            B) カンナビノイド類
            C) 局所麻酔薬
            D) コルチコステロイド
            E) β遮断剤
```

数日以内に回復し，腎機能障害をきたすことはほとんどない．

　ミオグロビン尿が観察されることは非常に少ないが，激しい運動で広範な筋の傷害が起こった場合，ミオグロビンが筋細胞外に逸脱して血中に流出する．これは横紋筋融解症と呼ばれ，筋細胞の壊死が原因である．

2. 血液・尿分析とドーピング

▶ドーピング
▶利尿剤

　ドーピングは「スポーツおよび医・科学の倫理に反するもの」であり，ドーピングとは，①禁止薬物に属する物質の投与，②禁止方法の行使，である（IOC の定義）．禁止薬物は 200 種類以上あり，毎年更新されている（図表25）．

　ドーピングは，選手が運動能力を増進させるために，事前に薬物を服用したり，人工的な操作を行うことであり，①選手の健康を損ね，場合によっては生命をも奪う危険性を持つ，②スポーツのフェアプレー精神に反する，③薬物の習慣性や青少年への悪影響など社会的な害をおよぼすなどの観点から厳しく禁止されている．

161

●ドーピング禁止薬物

ドーピングの禁止薬物は，図表25に示す5つがある．

A) 興奮剤は，中枢興奮作用を持つもので，疲労感をなくし，闘争心・集中力を高める作用がある．しかし，長期間使用では，神経過敏，精神錯乱，幻覚などが現れ，循環器系への作用として動悸，不整脈，狭心痛，脳出血が原因となって死亡することもある．

B) 麻薬性鎮痛剤は，多幸感や無敵感，運動時の苦痛軽減といった作用を持つが，中断により禁断症状も現われる．

C) たんぱく質同化剤は，筋肉増強作用を持つが，副作用として，男性では睾丸萎縮，女性では月経異常などの他，めまい，吐気，頭痛，発熱，精神異常などが起こり，長期使用により肝臓や腎臓の障害，動脈硬化，心血管障害が現れる．

D) 利尿剤は，体重階級制の種目において減量に利用される他，他の薬物を尿中に排泄して検査時に薬物を検出しにくくする目的で使用される．しかし，人為的な体液調節により血中の電解質の異常をきたし，不整脈の誘発，心停止を起こす可能性がある．

E) ペプチドホルモン，類似化合物およびその同族体には，男性ホルモンの産生量を増加させるものや赤血球の産生を促すエリスロポエチンなどがある．エリスロポエチンは酸素運搬能の増加により持久力を増強させるが，ヘマトクリット値の増加による心筋梗塞や脳血栓による死亡例も報告されている．

●ドーピング禁止方法

禁止方法に示された血液ドーピング（**図表25の2**）とは，保存しておいた自己あるいは他者の血液成分を競技前に輸血し，酸素運搬能力の増加を目的として行われる．この輸血の際に血液製剤を使用することがあり，不適合輸血による腎臓障害，肝炎，エイズなどの感染症の恐れがある．また，薬学的，化学的，物理学的操作とは，尿を他人のものと取り替えたり，尿中に禁止薬物が排泄されにくくする目的で，別の薬物を使用するなどの不正操作を示す．

最近では，トップアスリートの遺伝子解析が進み，持久性能力に関係すると考えられる遺伝子（ACE遺伝子，PPARGC1A遺伝子）や速筋線維比率に関係すると考えられる遺伝子（ACTN3遺伝子）が見つかっている．今後，このような遺伝子を選手に導入しようとする「遺伝子ドーピング」の利用が懸念されている．

■まとめ

1. 血液成分について説明しよう.
2. 運動性貧血について説明しよう.
3. 持久的トレーニングと血液粘度との関係について説明しよう.
4. 逸脱酵素の特性について説明しよう.
5. 高地トレーニングのねらいについて説明しよう.
6. 血液による緩衝作用のメカニズムについて説明しよう.
7. 血圧の調節について説明しよう.
8. 腎臓の働きについて説明しよう.
9. 腎臓における尿生成のメカニズムを説明しよう.
10. 尿生成と血圧との関係を説明しよう.

■今後の課題

1. 運動時の発汗量, 飲水量と血漿濃度の関係を解明.
2. 運動性貧血を予防・改善する運動方法, 栄養摂取法を解明.
3. 高地トレーニングの酸素運搬能を解明.
4. 運動強度あるいは運動障害と白血球の動態の関係を解明.
5. 運動強度, 運動時間, 運動継続期間と免疫系の関係を解明.
6. 血小板数と持久性能力の関係を解明.
7. 血清逸脱酵素の分析から, 生体内での運動負荷特性を解明.
8. 尿から知り得る生体情報の解明.

■参考図書

1) 井川幸雄, 運動と血清酵素, 日本医師会雑誌, 71, 695-705, 1974 年.
2) Gordon, J.L.(著), 山中学(訳), 血小板—生理と病態—, 日本メディカルセンター, 1978 年.
3) 小野三嗣, 運動の生理科学, 朝倉書店, 1978 年.
4) Bouverot, P., Adaptation to altitude-hypoxia in vertebrate, 61, Spring-verlog, 1985 年.
5) 宮村実晴, 新運動生理学, 真興交易医書出版部, 2001 年.
6) 宮本博司, 人体生理学の基礎, 医学出版社, 1996 年.
7) 中野昭一, 運動とエネルギーの科学, 杏林書院, 1996 年.
8) 日本体力医学会学術委員会, スポーツ医学, 朝倉書店, 1998 年.
9) 中野昭一, スポーツ医科学, 杏林書院, 1999 年.

10) Pedersen, B.K. (著), 山崎元 (訳), 運動と免疫, ナップ社, 2000 年.

11) 本郷利憲, 標準生理学 5 版, 医学書院, 2000 年.

12) 大地陸男, 生理学テキスト, 文光堂, 2000 年.

13) 芳賀脩光, トレーニング生理学, 杏林書院, 2003 年.

● ――図版出典

図表 9 ●大地陸男, 生理学テキスト, 文光堂, p.231, 2000 (一部改変).
図表 18 ●大地陸男, 生理学テキスト, 文光堂, p.448-449, 2000 (一部改変).
図表 19 ●宮本博司(編), 人体生理学の基礎, 医学出版社, p.164, 1996(一部改変).
図表 21 ●中野昭一 (編), スポーツ医科学, 杏林書院, p.208, 1999 (作図).
図表 22 ●中野昭一 (編), 運動とエネルギーの科学, 杏林書院, p.137, 1996 (一部改変).
図表 23 ●中野昭一 (編), スポーツ医科学, 杏林書院, p.206, 1999 (一部改変).
図表 24 ●中野昭一 (編), スポーツ医科学, 杏林書院, p.217, 1999 (一部改変).
図表 25 ●中野昭一 (編), スポーツ医科学, 杏林書院, p.592, 1999 (改変).

第7章

運動と体温
―体温調節の重要性とそのしくみ―

　私たちの身体には，常に37℃に保つ体温調節機構が備わっている．体温調節機構は，環境温の変化などに対して産熱と熱放散によって体温を一定に保つしくみであり，37℃は生体化学反応を触媒する酵素が最も高い活性を維持するための温度である．
　運動時には多くのエネルギーを生成するために体熱が産生される．一流選手が巧みな動きやすばらしいパフォーマンスを発揮しているとき，産熱の亢進による体温上昇が起こらないように，皮膚血流の増加や発汗などの体温調節機構が働いている．しかし，最高のパフォーマンスを発揮するためには，身体の体温調節機構に頼るだけでなく，積極的な水分補給や衣服の選択などによる体温調節も必要となる．また，高温下での熱中症や低温下での凍傷を防ぐためにも，体温調節の重要性を認識しなければならない．
　本章では，環境温の変化に対する体温の産熱と放熱のしくみ，運動時の体温調節のしくみついて解説する．

基礎編　体温調節のしくみ

　身体の基本単位である細胞が高度な生体機能を維持するためには体温を一定に保たねばならない．そのため，私たちの身体には優れた体温調節システムが備わっている．このシステムは，基本的には皮膚や体内の温度受容器と視床下部にある体温調節中枢，さらに効果器である皮膚血管，汗腺などから構成されている．

1. 体温とは

1) 体内温度の分布

　体温は一定に保たれているが，身体各部で異なる．体内の深部は高温であり，体表に近づくにつれて低くなる（図表1）．環境温に影響を受けずに37℃に保たれている体内深部の体温を「核心温度（深部温）」という．深部とは，頭腔，胸腔，腹腔などであり，臓器が本来の活動水準を維持するために常に37℃に保たれている．

　これに対し，体表面の体温を「外殻温度」と呼び，環境温の影響を受けて変化する．この外殻温度の変化は核心温度を一定に保つための変化である．

　通常，体温は腋窩温[1]として腋の下で測られるが，個人差がある（図表2）．

2) 環境温による皮膚温の変化

　それぞれの四季に見合う衣服を着用して，その四季の平均気温の部屋で安静を保っていると

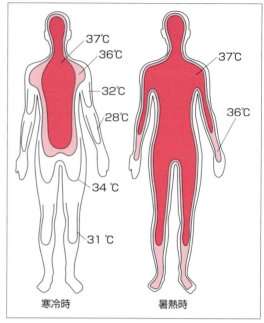

図表1　体内温度の分布（仮想図）

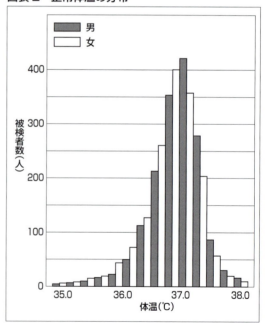

図表2　正常体温の分布

---

[1] 腋窩温：一時期，低体温児の急増が話題となったが，従来の水銀体温計と普及してきた電子体温計の測定値の誤差が原因であった．体温は腋窩で体温計を10分程度維持しなくては真の温度に近づかないのに対し，電子体温計では20〜30秒程度の温度上昇率から体温を予測し表示するため，誤差が生じる可能性がある．

図表3　身体各部の皮膚温と四季の環境温度

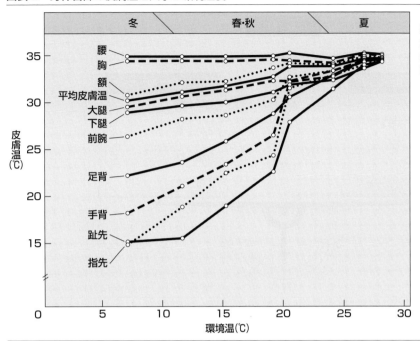

体表や四肢の温度は環境温の影響を受けやすく，冷環境では皮膚温を下げ，脳や内臓器など生命維持に大切な臓器がある深部温を一定に保っている．

き，身体部位の皮膚温はそれぞれ異なる変化を示す（図表3）．

　胸部や腰部の体幹部では四季の環境温に関係なくほぼ35℃に保たれている．一方，大腿部や腕，さらに指先などの末梢部ほど環境温に影響を受けやすく，環境温が20℃付近で手背，指先などの皮膚温が急激に低下する．身体各部位の皮膚温の変化はその部位の皮膚血管の血流量が反映されたものである．環境温20℃付近や冬の手足，指先の皮膚温低下は四肢の皮膚血流を抑え，深部血流量を増加させた結果である．このような皮膚温の変化は，脳や心臓，内臓など，生命維持に不可欠な臓器をおさめている体内深部の核心温度を一定に保つ働きにほかならない．

2. 体熱平衡

　睡眠中や安静状態であっても，私たちの身体では常にエネルギーが使われており，自律的に呼吸を行い，心臓は拍動し，血液は体内を循環している．エネルギーの消費は熱産生（産熱）をともなう．産生された熱によって体温が上昇する一方で，熱を体外に逃す（熱放散）しくみが備わっている．熱の放散は皮膚直下の毛細血管を流れる血液量の変化によって調節されている．皮膚からは，伝導，対流，輻射，蒸発によって熱の放散が行われる（図表4）．

1）熱の伝導と対流

　伝導とは，二つの異なる物体が接しているとき，両方の温度が等しくなるように，二つの物体間で，熱が移動することである．環境温が体温より低いときには，身体から外気へ熱が伝導する．

　伝導により体表面の周りの外気が体温と同じに温められると，その空気は膨張して軽くなり上昇する．そこへ下から冷たい空気が流れ込んでくる．これが対流である．寒風が体温を下げるのもこの対流のためである．

図表4　体熱の平衡天秤

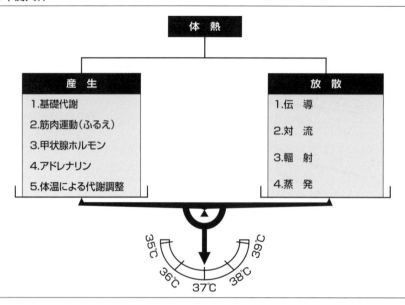

2) 熱の輻射と蒸発

輻射とは，離れた二つの物体間の電磁波（赤外線）による熱移動である．冬の日でも直射日光を浴びると暖かいのは，太陽の輻射熱を受けるためである．輻射は気温や気流には影響されることはない．通常，環境温は体温よりも低いため，私たちの身体から輻射による熱放散が起きている．

また，発汗していないときでも，常に身体から水の蒸発が起きている．一日に皮膚から約450 mℓ，呼気により肺から約550 mℓ，合計1,000 mℓの水蒸気が排泄され，体温調節に働いている．これらの水蒸気は意識されないままに蒸発して排泄されるため「不感蒸泄」という．蒸発は身体からの熱放散のみに作用する働きである．

3) 体熱放散の割合

環境温が体温より低いときには，身体から空気へ伝導，対流，輻射，蒸発により熱放散が行われる．反対に環境温が体温より高いときや直射日光の下では，外気の熱が身体に伝導，対流，輻射され体温を高める．

例えば，環境温25℃の無風下では，おおよそ，輻射60％，伝導と対流により15％，蒸発25％の割合で熱放散が行われている．しかし，環境温が35℃以上になると，熱放散のほとんどが蒸発によって行われる（図表5）．

また，衣服による肌の露出量が変わったり，風が吹く戸外に出たり，あるいは運動による発汗作用の亢進などによって，体熱放散の割合は大きく変化する．

4) 暑さ，寒さの感覚

「暑い」，「寒い」という感覚は，気温だけではなく，湿度や対流（風），輻射熱によって影響される．環境温が25℃以上では，湿度が10％上昇すると蒸発による熱放散が抑制され，体感温度を0.6～1.5℃上昇させる．環境温が高いほど湿度の影響を受け，体感温度は上昇する．そのため，夏の高温多湿，無風，直射日光では耐えられない暑さとなる．これをミスナールの体感温度として表すことができる．

図表5　環境温と熱放散の割合

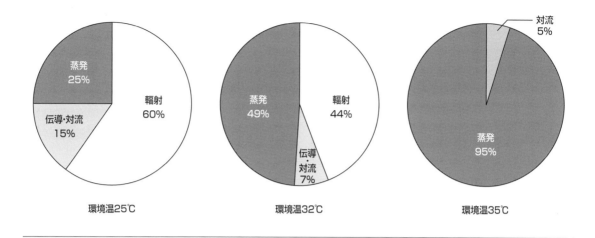

●ミスナールの体感温度＝
$$t - \frac{(t-10)}{2.3} \times \left(0.8 - \frac{h}{100}\right)$$
t＝気温（℃）　h＝湿度（%）

風は体感温度を下げる．それゆえ，真夏でも風があると比較的涼しく感じられる．しかし，北風の強い冬では，一段と寒さが身にしみる．

日本の平地の年間平均風速は4〜6m／secであり，この範囲では風速が1m増すと体感温度は約1℃下げる．これをリンケの体感温度として表すことができる．

●リンケの体感温度＝$t - 4\sqrt{V}$
　V＝風速（m／sec）

しかし，体感温度は実際の環境温とは異なり，その感じ方には個人差が大きい．

3. 体温調節中枢

1）温度の感覚器と体温調節中枢

体温は，環境の変化や運動などによる身体の内部環境の変動に大きく影響を受ける．体温の変化は，皮膚に分布している温点，冷点と呼ばれる温度受容器や，内臓，骨，脳にある深部温度受容器によって感知され，感覚ニューロンを介して視床下部にある視索前野の体温調節中枢に伝えられる．体温調節中枢には血液の温度や，皮膚・深部温度受容器からの情報を受け統合統括する温感受性ニューロンと冷感受性ニューロンの2種類のニューロンがある．

体温調節中枢は，①身体各部位の温度受容器の情報を収集し，②そこから基準体温を決定し，③基準体温と核心温度との差を計算し，④それらの情報を基に体熱放散（血管，汗腺），あるいは熱産生（筋，内分泌系）を作動させるための信号を送る働きを行っている．

末梢では，体温調節中枢からの指令により自律神経系や内分泌系，さらに意識性の行動により体温調節が行われている．その結果，体温は

図表6　体温調節系

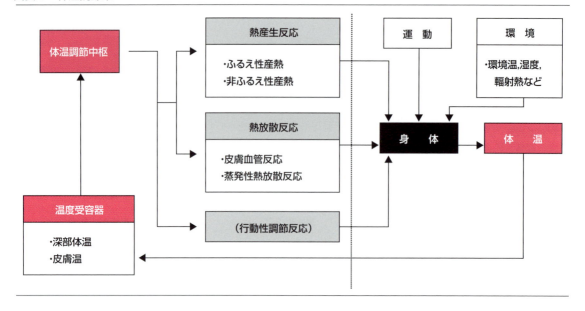

一定に保たれることになる（図表6）．

●**体温低下時の末梢での調節**
（体温を上昇させる働き）
①着衣などの行動性調節
②皮膚血管が収縮し熱放散を抑える．
③ふるえ（筋運動）による産熱反応が起こる．
④代謝亢進による非ふるえ性産熱反応が働く．

●**体温上昇時の末梢での調節**
（体温を低下させる働き）
①脱衣などの行動性調節．
②皮膚血管が拡張する．
③汗腺機能が増強され蒸発熱を増加させる．
④あえぎや呼吸が速くなり，口腔からの熱放散を促進する．

2）体温のセットポイント

　基本的に，体温は一定に保たれているが，深部温は日内リズムや性周期にともない変動する（その幅は0.5〜1.0℃の範囲で維持されている）．これは，体温調節中枢の基準値（セットポイント）が生体内の状況に応じて適切に設定され，その基準値に従い安定的に体温は変動するためと考えられている．また，発熱時には長い時間にわたり高体温が持続する．これは，ホルモンや発熱物質の影響を受けてセットポイントが上昇するためである（図表7）．

4. 環境温と体温調節

　人間は，マイナス60℃からプラス40℃の，100℃の範囲に生活圏を持っている．この生活圏の環境温を体温と比較すると，人間は平均体温からマイナス97℃もの低い環境下でも生活できるが，体温よりわずか3℃以上高い環境では生活できないことを示めしている．

図表7　体温とセットポイント

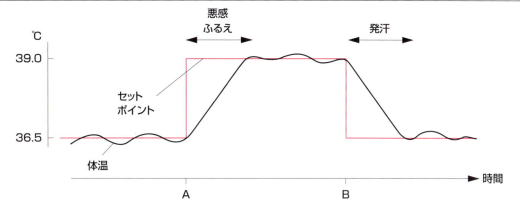

発熱時には体温が長い時間上昇し続けることがある．これは，身体に進入した細菌が持つ発熱作用や内因性の発熱物質であるインターロイキンIに反応し，脳内で作られるプロスタグランジンが温度調節機能を再設定するためである．
　風邪などでは，温感受性ニューロンの感受性を下げて冷感受性ニューロンの感受性を上げるためセットポイントが上昇する（A）．解熱剤を服用すると，アスピリンなどによりプロスタグランジン合成が阻害され，セットポイントが下降する（B）．

冷環境では，エアコンなどの機器に頼らなくても，衣服や建物を工夫することにより，体熱の伝導，対流，輻射，蒸発といった体熱放散を抑制することができる．一方，高温環境下での体熱放散は皮膚血流による調節にたよっているが，体温以上の高温下では逆に，環境温から皮膚を通して身体への熱伝導を防ぐことができず，常に発汗（蒸発）によってのみ放熱を行わなければならない．高温環境下での発汗は，同時に水分と無機物も排泄されることになり，生体機能の維持が困難となる．

1）恒常的体温調節域

裸体安静状態では，環境温28～32℃の範囲のときに快適に過ごすことができる．このとき，身体は発汗やふるえなどを起こさない最低の酸素消費量を維持し，皮膚血管の収縮・弛緩だけで放熱量を調節して，体温を一定に保っている．このときの環境温を「中性温度域」という（図表8）．中性温度域の上下臨界温は，無風状態で28～32℃であるが，湿度，風速などで左右される．

しかし，環境温が中性温度域以下に下がると，血管収縮だけでは放熱量の増加を防ぐことができずに，ふるえが起きたり，ホルモンの働きによって内臓での代謝を亢進させて産熱を高める．これは化学的反応による体温調節であることから，このときの環境温を「化学的調節域」という．

また，気温が高くなりすぎると血管が著しく拡張し，同時に発汗がはじまって気化熱が奪われるなど物理的過程により体温調節が行われる．このときの環境温を「物理的調節域」という．

体温が一定に保たれる化学的調節域から物理的調節域までの温度範囲を「恒温適応域」という．

2）高温環境での体温調節

①高温下の皮膚血管拡張と体温

体温が高い時には，交感神経の活動が低下し皮膚血管を拡張させ深部静脈からの血液を皮膚下にある静脈（表在静脈）に集める．このため皮膚温は上昇し，体熱の放散量が高まる．

高温下での食道温（深部温）と前腕皮膚血流量の関係をみると，深部温の上昇に比例して皮膚血流量は増加する（図表9）．また，皮膚の血

図表8　代謝量と体温におよぼす環境温度の影響

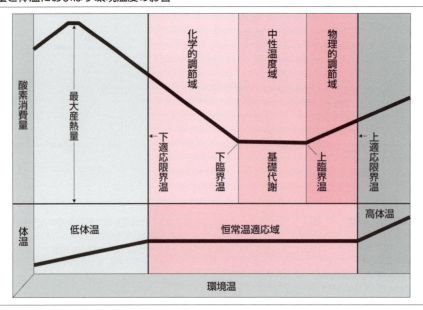

流は安静時の約4倍にも増える．このとき，血流再配分により皮膚血流が増えるだけでなく，皮膚血管を拡張して血液が流れる体表面積を広げ，より体熱放散が行われやすくなる．

②高温下の体温上昇と心拍数の増加

体温と環境温の温度差がないような高温の部屋に長時間いると，皮膚血管が拡張し血流を増やしても伝導・対流・輻射による熱放散の効率が低下する．さらに高温多湿では，残された手段である蒸発にも頼れなくなり，体温は上昇する．また，実験によると，裸体座位安静状態で室温が30℃の部屋に120分いた場合にも直腸温は変化しないのに対し，室温35℃では0.5℃，室温40℃では2℃も上昇する（図表10）．

このとき，心拍数も同様に増加する．高温下では熱放散のため皮膚血流は増加するが，内臓や筋などの血液配分（p.125 図表11参照）は減少する．このため心臓への還流血液量が減少する．

還流血の減少は心臓の1回拍出量を低下させるが，総血流量を保つ反応が起きるため心拍数を増やすと考えられている．さらに発汗による体内水分量の減少は，血液を濃縮させ血液粘度を高めるため（p.142参照），心臓の負担が増す．負担軽減のためにも，1回拍出量を少なくし，総血流量を確保するために心拍数をさらに増やすことになる．

③高温下の発汗

発汗とは汗腺からの水分の分泌現象であり，常に起こっている不感蒸泄とは区別される．発汗によって水分1mlを蒸発するのに0.585kcalの気化熱が必要であり，それに相当する体熱を放散する．

手掌や足底などは常に発汗が起こっているが，そのほかの身体の部位では普段はほとんど見られない．

高温下や運動時の全身の皮膚からの発汗は

❷温熱性発汗：温熱刺激による発汗神経の興奮が汗腺に伝えられ，発汗が起こる．発汗神経の伝達物質は，汗腺周囲の血管にも作用し血管拡張を促す．このため，さらに皮膚血流量が増え発汗の促進と体熱放散が進む．

図表9 体温と皮膚血流量

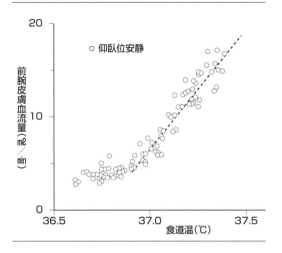

図表10 室温の変化に対する直腸温と心拍数の変動

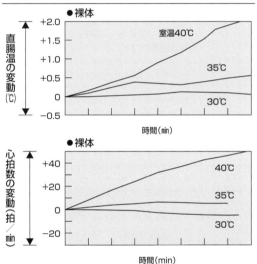

4名の学生が，裸体あるいは軽装にて温度30～40℃，湿度70～80％の室温下で，椅子に長時間腰掛けていたときの体温と心拍変動を示した（図表中の数字は室温を表している）．

「温熱性発汗[2]」といわれている．発汗には，緊張時に手掌や足底に起こる「精神性発汗」，辛いものを食べたときに頭部や顔面に起こる「味覚性発汗」などもあり，それぞれの調節中枢によってコントロールされている．

温熱性発汗は体温の上昇と比例関係にあり，皮膚の温度受容器からの刺激と，脳内の血液温に対する温感受性ニューロンからの刺激の両方に影響される．例えば，室温を徐々に高めていった場合は皮膚が温められることにより発汗が開始し，さらに深部温の上昇にともない発汗量は増加する．

この皮膚温上昇による発汗は，皮膚温度受容器が，実際の深部温を反映する脳内の温感受性ニューロンの反応に先だって起こる予測反応と考えられる．

寒い冬の日に熱い汁物を食べたとき暖かさを感じたり，逆に夏の暑い日にかき氷を食べ涼しさを感じるのは，口腔から直接的に視床下部に熱が伝わり，次に口腔から内臓までの温められた，または冷やされた血液が脳に送られ，皮膚温度受容器より脳内温度受容器が優先に働くためである．

発汗量の限界は1時間に2～2.5ℓ程度と考えられているが，急速な発汗による流れ落ちるような汗は気化熱を奪わないため，熱放散には働かない（無効発汗）．また，高温下の活動では呼吸数を増し，呼気からの水分蒸発を盛んにするため，最大3ℓ程度の水分が奪われることになる．汗には無機物，特に，塩化ナトリウムやカルシウムなどが多くふくまれている．発汗量が多くなるのに従い血液も濃縮されるため，無機物の分泌量も増える．多量の発汗時には水分とともにミネラル成分の補給も大切となる．

3）低温環境での体温調節

①低温下の体温低下

体温が低下したときには，私たちの身体は皮膚血管を収縮させ，体の表面に流れる血液量を少なくして熱放散を防ぐ．同時に汗腺からの水分の分泌を少なくするため立毛筋が収縮する．さらに，骨格筋のふるえによる熱産生，甲状腺機能亢進による肝臓などでの熱産生によって，体温を上昇させる．

さまざまな低温下の部屋で，軽装により90

図表11　環境温と体温

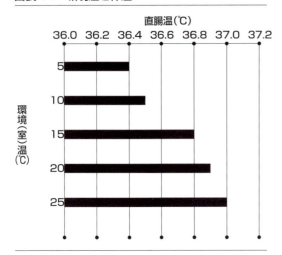

図表12　ふるえの大きさの季節差

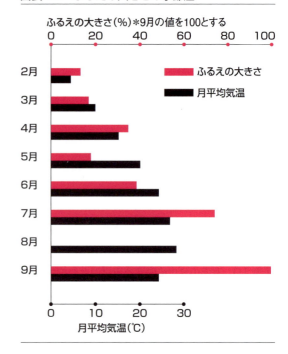

分間精神作業を行ったときの体温変化をみると，環境温が下がるのに従い体温も低下する（図表11）．しかし，室温が5℃の条件下でも体温調節機構が働いているため直腸温は0.5〜0.6℃の低下にとどまる．

②低温下のふるえと非ふるえ熱産生

●ふるえによる熱産生

安静状態での産熱は，内臓器の代謝に依存している．安静時の各臓器代謝量の割合は肝臓・腎臓・消化器30％，胸腔の臓器37％，皮膚血管32％，その他1％である．

一方，低温下においては，特に，骨格筋のふるえによる産熱が重要な役割を担い，筋肉の代謝量は全体の75％を占めるようになる．ふるえは不随意に起こり，屈筋と伸筋が同時に収縮する．ふるえの程度によるが，酸素消費量からみた代謝は安静時の2〜5倍になり，心拍数，心拍出量も増加する．しかし，ふるえは同時に身体の周りに対流を起こして熱放散を高める．また，筋血流が増加するため末梢組織への血流が盛んになり，放熱量を増加させる欠点がある．

これらのことから，ふるえは急激な体温低下に対する，一時的な応急手段としての役割を果たしているものと考えられる．

●ふるえによらない産熱

私たちの身体にはふるえに頼らない熱産生機構が備わっている．甲状腺ホルモンやノルアドレナリンなどのホルモン分泌による肝臓を中心とする内臓器の代謝亢進である（P.56参照）．この非ふるえによる産熱機構は，寒冷適応を受けると発現しやすい．寒冷曝露の実験によると，秋から初冬にかけては，環境温が20℃程度でもふるえが起きるが，身体が寒さに慣れた2月には5℃以下でもふるえは起こらない（図表12）．これは寒冷適応として非ふるえによる産熱機構が働いているためである．

低温下ではよく尿意を経験する．これは皮膚血流を減らすために体幹部の血液配分が増大し腎血流量が増えること，さらに体幹部の血流増大によって抗利尿ホルモンの分泌が抑制されて腎臓での水分再吸収を抑えることなどにより，尿量が増加するためである．

発展編　運動時の体温調節

　運動にともない体温は上昇する．高温下での体温の上昇は，熱放散と熱産生のバランスが崩れたときに起こるが，運動時の体温上昇は運動適応として起こると考えられている．

1. 運動と体温調節

1) 運動時の体温変化

▶運動時の体温変化
▶血流配分

　毎分 250m の速度でトレッドミル走行を行ったとき，身体各部位の体温変化を安静時から連続してみると，各部位で異なる変化を示す（図表 13）．直腸温は運動開始から時間とともに上昇するのに対して，脳内温の指標となる鼓膜温にはあまり変化がみられない．このことから脳血流量は運動刺激の影響を受けにくく一定に保たれていることがわかる．また，前頭部皮膚温や大腿皮膚温は時間とともに上昇するが，運動初期には皮膚温の一過性の低下がみられる．これは，脚を中心とする活動筋への急速な血液配分

図表 13　運動時の身体各部の体温変化

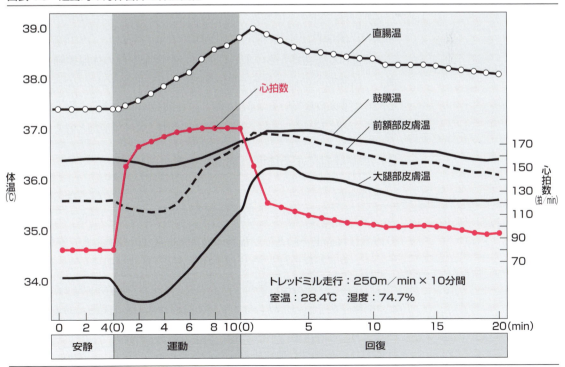

図表14　準備運動の有無と筋温の回復過程

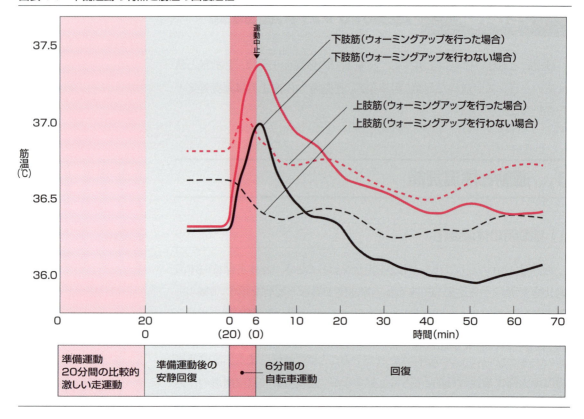

の増加が起こり，皮膚への血流が減ったことが原因と考えられる．

　運動強度が増すと活動筋への血流量は増大する一方，運動強度と運動初期の皮膚温低下率との間には相関関係は見られない．このことは活動筋にふくまれる筋紡錘からの求心性の信号が視床下部の体温調節中枢を刺激し，活動筋への血流量とは関係なく皮膚血管収縮をコントロールしているためと考えられている．また，激しい運動時には発汗による気化熱が皮膚温をさらに下げることも，運動強度との関係をなくす原因と考えられる．

2）準備運動による体温（筋温）上昇

　準備運動（ウォーミングアップ）の有無は筋温にどのような影響を与えるだろうか．準備運動として比較的激しい走運動を20分間行い，20分間の休息後に，主運動として6分間の自転車運動を負荷した．準備運動によって上昇した筋温は，20分間の休息後も，準備運動をしない場合に比べて，下肢，上肢ともに維持されている．6分間の自転車運動を負荷すると，準備運動を行った場合は，下肢の筋温が著しく上昇し，あまり運動に関わらない上肢でも上昇がみられる．これは，運動中に，活動筋をふくむ身体全体への適切な血流供給が行われていることを表している．また，準

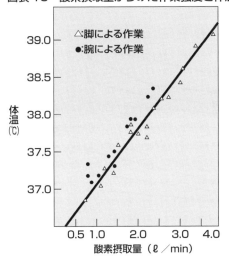

図表15 酸素摂取量からみた作業強度と体温

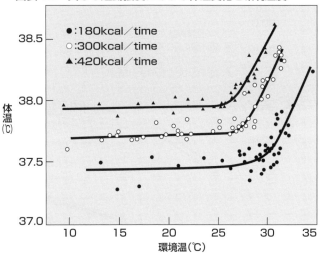

図表16 異なる運動強度における体温変化と環境温度

備運動を行った場合は，運動終了後も筋温は高く維持されている（図表14）．

筋温が高く保持されると，血液の酸素解離曲線（p.93図表4）が右方偏位するため，血中ヘモグロビンから筋組織への酸素の受け渡しが容易になる．また，代謝活性が高まるため，エネルギー供給や老廃物の排泄がスムーズに行われる．さらに体温が高い状態にあることは，筋・神経などの伝導速度が増してすばやい反応が可能になるなど，主運動に適応した状態を作ると考えられる．

2. 高温環境下の運動

1) 運動時のセットポイント

運動強度を強くすると活動筋での産熱量が増える．このとき，酸素摂取量で表す運動強度と体温上昇は比例する（図表15）．

この体温上昇は，活動筋での産熱量の増加に対して熱放散が追いつかないことによる体温調節不全のために起こるのではない．体温調節反応は正常に働いており，運動強度に応じた適応が行われていると考えられる．

運動時の深部温は，ある範囲内では環境温に関係なく運動強度によって決定される（図表16）．これは運動強度によって体温調節中枢の設定温度（セットポイント）が決定されているためであると考えられる．体熱放散が大きい低温下では，運動による代謝亢進以上に体温基準値を上昇させて運動効率を高める．また，運動強度が高いほどセットポイントを高くしているのは，環境温との温度差を大きくして熱放散率を高めるための生理的機構

図表 17　水分摂取量のちがいが運動中の深部体温におよぼす影響

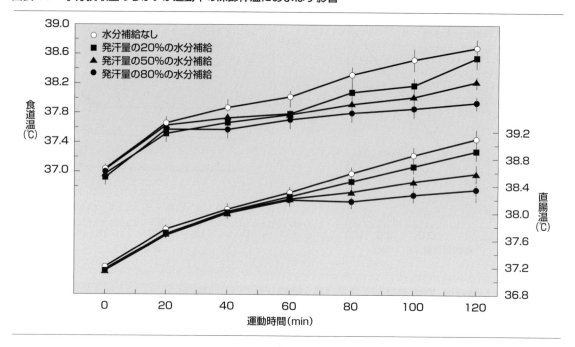

と考えられる．

　運動強度をさらに上げ，骨格筋の収縮や呼吸・循環機能の促進による産熱量が著しく上昇すると，体表面の血流を増やして熱放散を高めなくてはならない．しかし，その一方で，活動筋にも十分な血流を確保しなくてはならない．このため運動強度が同じでも環境温がある限界を超えると（臨界温），熱産生量は全熱放散量を上まわり，その結果，体温が上昇を始める．運動強度が高いほど熱産生量は多くなるため臨界温が低くなる．

　体温調節中枢のセットポイントの変化は，体温の日内リズムや女性の性周期リズム，あるいは風邪などの発熱時にも起こる生理的変動として知られている（図表7）．

2）高温下の長時間運動と体温調節

　マラソンではゴール後に6～8％の体重減少がみられる．この体重減少のほとんどが水分の放出によるものである．

　暑熱下[3]で長時間の運動をすると，約1時間で発汗量は最大となりその後は減少する．初期の発汗量が多いほど減少速度も大きい．発汗量の減少は，汗のしたたり落ちる状態，つまり蒸発速度より発汗量が多く皮膚が湿った状態のときに起こる．この発汗量の減少を「汗腺疲労（発汗漸減）」と呼び，①皮膚組織内への水の浸透により汗腺の膨潤と閉塞，②深部温の上昇にともなう体温調節中枢の変調，が原因と考えられる．また，体熱放散

[3]暑熱下
高環境温に加え高い湿度をともない，不快と感じ，時には障害をもたらす環境をいう．

図表18　野球練習時の飲水による直腸温の変動

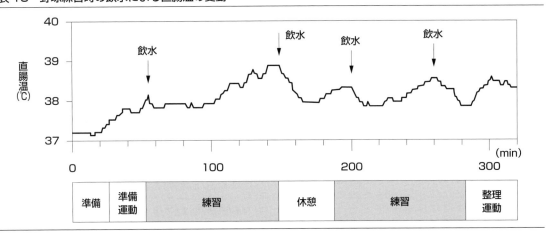

に関係しない無効発汗に対する体液減少の抑制など，多量の発汗時には体温調節系よりも体液調節系 (p.54, 56参照) がより優位に働く．

さらに運動時の発汗や口腔からの水分放出は，血中の水分を減らすことになり，血液粘度を増加させ，心拍出量の低下による末梢血流量の減少を起こす．この結果，さらに皮膚血管拡張に対する抑制作用が起こり，体熱放散の効率が低下すると考えられる．このため水分を摂らずに長時間の運動を継続すると深部温は上昇する．

体重の1%にあたる体液の減少で深部温0.3℃の上昇が起こり，3%以上失われると体温調節中枢が変調をきたし危険な状態となる．高温下の長時間運動時には，汗をぬぐい，皮膚を乾燥させて汗腺活動を盛んにさせる必要と，適切な水分補給によって血中の水分量を保ち，発汗量を維持して体温上昇を抑えることが必要となる（図表17）．

運動時の飲水は体液水分の補給だけではなく，運動時に高温となる内臓温を直接冷やすため体温上昇を抑える効果が期待できる（図表18）．

3) 高温高湿下での身体反応 —熱中症—

▶熱中症
▶水分・塩分の補給
▶熱中症予防5か条

気温や湿度の高い状況下での激しい運動では，多量の発汗により水分だけでなく血中のナトリウムなどのミネラル類が失われ，熱中症に陥ることがある．熱中症とは，脱水あるいは塩分不足のために体温調節や水分代謝が乱れた状態であり，最悪の場合には死に至ることがある．熱中症はその症状によって，①熱失神，②熱疲労，③熱痙攣，④熱射病に分類される．

熱中症の発生要因は，気温，湿度，風速，直射日光，運動強度・時間，服装，水分摂取量などが関係する．その予防には運動前・中・後に適切な水分・ミネラルの摂取が必要不可欠である．特に，高温・高湿下での2時間を超過するスポーツ活動時には，水分に加えナトリウム，カリウムなどの

図表 19　熱中症予防のための運動指針

WBGT	湿球温	乾球温	運動中止の有無	注意事項
31℃以上	27℃以上	35℃以上	運動は原則中止	WBGT31℃以上では，皮膚温より気温のほうが高くなる．特別の場合以外は運動は中止すべき．
28℃以上	24℃以上	31℃以上	厳重警戒（激しい運動は中止）	WBGT28℃以上では，熱中症の危険が高いので激しい運動や持久走など熱負荷の大きい運動は避ける．運動する場合には積極的に休息をとり水分補給を行う．体力の低いもの，暑さに慣れていないものは運動中止．
25℃以上	21℃以上	28℃以上	警戒（積極的に休息）	WBGT25℃以上では，熱中症の危険が増すので，積極的に休息を取り，水分を補給する．激しい運動では，30分おきくらいに休息をとる．
21℃以上	18℃以上	24℃以上	注意（積極的に水分補給）	WBGT21℃以上では，熱中症による死亡事故が発生する可能性がある．熱中症の兆候に注意するとともに運動の合間に積極的に水分・塩分を補給する．
21℃以下	18℃以下	24℃以下	ほぼ安全（適宜水分補給）	WBGT21℃以下では，通常熱中症の危険は小さいが，適宜水分の補給は必要である．市民マラソンなどではこの条件でも熱中症が発生するので注意．

WBGT（湿球黒球温度）
屋外：WBGT ＝ 0.7 ×湿球温度 +0.2 ×黒球温度 +0.1 ×乾球温度
屋内：WBGT ＝ 0.7 ×湿球温度 +0.3 ×黒球温度
＊環境条件の評価は WBGT が望ましい．
＊湿球温度は気温が高いと過小評価される場合もあり，湿球温度を用いる場合には乾球温も参考にする．
＊乾球温度を用いる場合には，湿度に注意．湿度が高ければ，1 ランク厳しい環境条件の注意が必要．

補給が必要である（図表 19・20）．水分の補給は体温上昇を抑え，また，血液粘度を下げ，循環器の負担軽減や体温低下にも働く．身体に風を当てる，水をかけて身体を直接冷却する，直射日光をさけるなどの工夫も必要である．

●熱中症
①熱失神：皮膚血流の増大により脳血流が低下し，めまいや失神を起こす．
②熱疲労：脱水による脱力感，めまい，頭痛，吐き気が起こる．
③熱痙攣：血中ミネラル類の濃度低下による四肢や腹部の筋に痛みをともなう痙攣が起こる．
④熱射病：体温上昇による反応鈍化，気絶などの中枢障害．死亡に至ることもある．

図表20　スポーツ活動中の熱中症予防5か条

1. 暑いとき，無理な運動は事故のもと

気温が高いときほど，また同じ気温でも湿度が高いときほど，熱中症の危険性は高くなります．また，運動強度が高いほど熱の産生が多くなり，やはり熱中症の危険性も高くなります．暑いときに無理な運動をしても効果はあがりません．環境条件に応じて運動強度を調節し，適宜休息をとり，適切な水分補給を心掛けましょう．

2. 急な暑さに要注意

熱中症事故は，急に暑くなったときに多く発生しています．夏の初めや合宿の初日，あるいは夏以外でも急に気温が高くなったような場合に熱中症が起こりやすくなります．急に暑くなったら，軽い運動にとどめ，暑さになれるまでの数日間は軽い短時間の運動から徐々に運動強度や運動量を増やしていくようにしましょう．

3. 失われる水と塩分を取り戻そう

暑いときには，こまめに水分を補給しましょう．汗からは水分と同時に塩分も失われます．スポーツドリンクなどを利用して，$0.1 \sim 0.2 \%$ 程度の塩分も補給するとよいでしょう．水分補給量の目安として，運動による体重減少が 2% をこえないように補給します．運動前後に体重をはかることで，失われた水分量を知ることができます．運動の前後に，また毎朝起床時に体重をはかる習慣を身につけ，体調管理に役立てることがすすめられます．

4. 薄着スタイルでさわやかに

皮膚からの熱の出入りには衣服が関係します．暑いときには軽装にし，素材も吸湿性や通気性のよいものにしましょう．屋外で，直射日光がある場合には帽子を着用するとよいでしょう．防具をつけるスポーツでは，休憩中に衣服をゆるめ，できるだけ熱を逃がしましょう．

5. 体調不良は事故のもと

体調が悪いと体温調節能力も低下し，熱中症につながります．疲労，睡眠不足，発熱，かぜ，下痢など，体調の悪いときには無理に運動をしないことです．また，体力の低い人，肥満の人，暑さになれていない人，熱中症を起こしたことがある人などは暑さに弱いので注意が必要です．学校で起きた熱中症死亡事故の7割は肥満の人に起きており，肥満の人は特に注意しなければなりません．

図表 21　環境温と競技成績

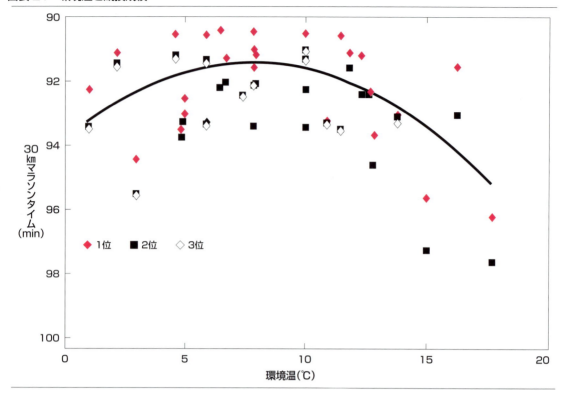

3. 低温環境下の運動

1) 低温下の長時間運動

　マラソンのような長時間の運動では，環境温が競技成績に大きく影響し，低温環境がパフォーマンスに有効に働くことがある．1967年から始まった青梅マラソン（東京都）30kmの男子上位3名の記録と当日の気温の関係をみると，5℃から10℃のときに記録がよく，気温が10℃以上になると記録が低下する（図表21）．

　一方，低温環境下において深部温が一定に保たれている場合でも，四肢など末梢の筋温は低下しているため，運動開始初期においては，低温環境が運動機能にマイナスに働くことがある．

2) 低温下の運動機能

　低温下では，準備運動（ウォーミングアップ）によって身体を温めることが大切である（図表14）．特に，高いスキルや運動機能を発揮するために，四肢の筋など末梢部の血流を高め体温を上げる必要がある．低温下で皮

図表 22　環境温と垂直跳の滞空時間

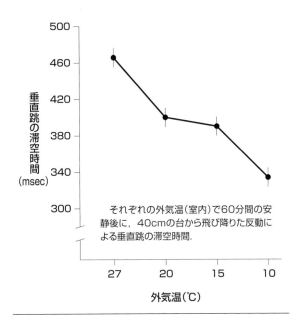

膚温や表層の筋温が低下していると，ヘモグロビン酸素結合量の低下や血管収縮による酸素供給量の低下，筋でのATP分解・再合成の低下，神経伝導速度の低下，神経筋協応動作の変調など，運動機能に大きな影響を与える．その結果，運動パフォーマンスを著しく低下させる可能性がある（図表22）．

3）低水温時の身体反応

外気の温度が20℃の場合でも深部温には大きな変化がみられないが（図表11），低水温では急激な体温低下が起こる．水温21℃で，胸まで水槽につかったまま30分間安静状態を維持したとき，平均0.8℃もの体温低下がみられた（図表23）．これは，水の熱伝導率は空気中より25倍も高く，陸上に比べて水中では，体温は環境温に大きく影響を受けるためである．

日本水泳協会の水泳指導教本では，水泳指導の際には，気温とプールの水温との関係から，気温＋水温≧50℃，また気温－水温≦6℃の二つの条件が満たされなくてはならないとしている．

また，文部科学省では，学校体育の水泳時における最低気温を，低学年や初心者は23℃，高学年や上級者は22℃としている．

4）低体温での身体反応

体温の下限限界の30℃は，生命が危険にさらされたときの蘇生可能限

図表23 水温の違いによる体温の低下量

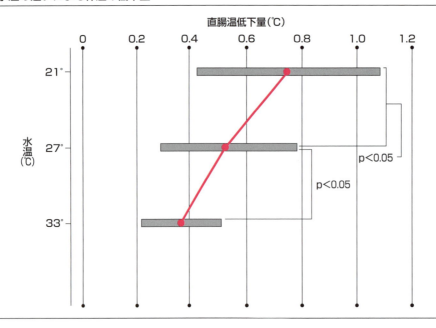

図表24 低体温症

体温℃	症状
35	戦慄・反射亢進・血圧上昇
35 – 31	体温調節中枢麻痺, 呼吸数低下
31 – 29	反射減衰, 瞳孔反射の消失
29 – 26	協調運動障害
26 – 22	意識喪失・血圧低下
2 以下	代謝量低下, 凍死

図表25 凍傷の症状

重傷度	症状
第一度凍傷（紅斑点性凍傷）	冷感・かゆみ・無感覚（皮膚の変化, 蒼白から紅潮）
第二度凍傷（水疱性凍傷）	12時間以内に水疱ができる（皮膚の変化, 腫れから水疱）
第三度凍傷（壊死性凍傷）	乾燥・無感覚・脱落, 皮膚から皮膚組織までもがただれる（皮膚の変化, 壊死）

度でもある．下適応限界温（図表8）に達する段階では，ひどいふるえにより代謝量は安静の4倍以上に高まる一方，身体のコントロールがきかない状態になる．

　環境温が下適応限界温より低下した場合には，代謝は亢進するが体温低下は防ぐことができない．体温が低下し続けると，戦慄，反射亢進，血圧上昇が一過性に起こり，やがて中枢神経の変調による呼吸数低下や反射

減衰，意識喪失が起こる．さらに代謝量の低下が続くと凍死に至る（図表24）．

5）寒冷下による局所障害

　冬山登山や寒中水泳などの寒冷環境では容易に局所障害が起こる．環境温が5℃前後の低温下では，耳や手足の末端部の血流が低下する．さらに，血流低下が長時間続いた場合には，痛みをともなう凍瘡を起こす．凍瘡は鬱血と血管壁の障害によるもので，軽度ではかゆみを感じる程度であるが，腫れ，水疱，潰瘍へと進行する恐れがある．

　また，凍傷とは，2℃以下の寒気に長時間さらされ，皮膚や皮膚組織が壊死に至った状態をいう．壊死は局所寒冷による血行障害が細胞内浸透圧の変化を引き起こすことが原因である．また，組織内の水分が凍結して結晶となり組織内で体積を増やすため，細胞が圧迫破壊して壊死を起こす．重傷の場合には筋肉から骨までも壊死し，指先の脱落や四肢の切断が必要となる（図表25）．

4.　発汗機能のトレーニング効果

　高温環境に馴化した熱帯民族は一般に汗腺数が多い．このため，汗でぬれる体表面積が広く気化熱が奪われやすいため，発汗量が少なくても効率的に熱放散が可能となる．また彼らは一般的に小柄で四肢が細長いため，体容積に対して体表面積が大きく，伝導，対流，輻射といった体熱放散の機能に優れた形態特性を有している．

　激しい長時間の身体トレーニングを経験することにより，または高温環境下で長く生活することにより暑熱馴化が起こる．しかし，トレーニングによって汗腺数は増加せず，また体熱放散に影響するほどの大きな形態変化は望めない．トレーニングによる馴化は発汗機能の発達によるもので，①暑熱負荷が加わったときに，まだ深部温が低い段階から発汗量が増え（発汗閾値の低下），②体温上昇にともなう発汗速度が増え，さらに，③時間当たりの最大発汗量が増えるとといった機能変化として表れる（図表26，27）．発汗機能の向上は，体温調節中枢の機能変化ではなく，アドレナリン分泌など発汗刺激に対する汗腺の感受性の増大としても表れる．

　トレーニングによる発汗機能の改善は，同じ運動強度でも体温上昇を抑え，円滑な体温調節を可能とするため，鍛錬した者はより長時間の運動やより高強度の運動を行うことが可能となる．

図表26　暑熱馴化による発汗特性の変化モデル

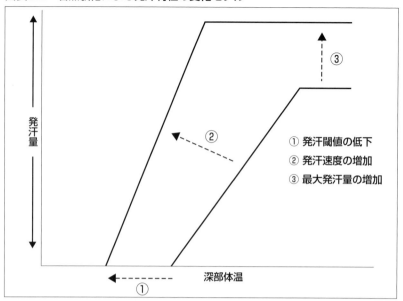

① 発汗閾値の低下
② 発汗速度の増加
③ 最大発汗量の増加

図表27　トレーニングによる体温と胸部発汗量の変化

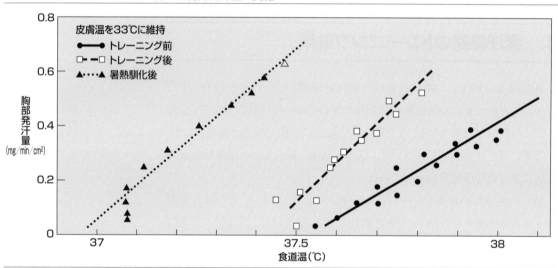

■まとめ

1. 体温はなぜ一定に保たれるかを説明しよう.

2. 特に低温下では四肢の体温が低下する理由を説明しよう.

3. 熱産生機能の高い臓器組織をまとめて説明しよう.

4. 熱放散の4つの要素をまとめよう.

5. 熱いとき, 寒いときの皮膚血管反応をまとめて説明しよう.

6. 高温下での心拍増加の低温下での心拍低下の原因を説明しよう.

7. 高温下での尿量低下と低温下での尿量増加の原因を説明しよう.

8. 運動強度とセットポイントの関係を説明しよう.

9. 運動初期に起こる身体各部の温度変化を説明しよう.

10. 環境温と運動能力との関係について説明しよう.

11. 発汗機能のトレーニング効果について説明しよう.

■今後の研究課題

1. 身体各部で異なる効果器反応と体温の中枢調節メカニズムの解明.

2. 運動時の発汗調節機構を解明.

3. 運動時の体温上昇と運動特性, 環境因子との関係を解明.

4. 体温上昇と放熱反応の調節システムとの関係を解明.

5. 運動時における体温上昇のセットポイントの解明.

6. ウォーミングアップの処方と体温上昇・パフォーマンスとの関係を解明.

7. 運動時の発汗量・飲水量と熱中症発症との関係を解明.

■参考図書

1) 伊藤真次, 適応のしくみ —寒さの生理学—, 北海道大学図書刊行会, 1987年.

2) 池上晴夫 (編), 身体機能の調節系, 朝倉書店, 1997年.

3) 名取礼二 (監修), 健康・体力づくりハンドブック, 大修館書店, 1983年.

4) 中野昭一, 図説・運動の仕組みと応用, 医歯薬出版 第1版, 1987年.

5) 中山昭雄 (編), 温熱生理学第1版, 理工学社, 1981年.

6) 宮村実晴, 矢部京之助, 体力トレーニング, 真興交易医書, 1987年.

7) 三浦豊彦, 暑さ寒さと人間, 中公新書, 1977年.

8) 大築立志, 他, 生活と生理学, 朝倉書店, 1983年.

9) 平田耕造, 井上芳光, 近藤徳彦, 体温, NAP, 2002年.

●──図版出典

図表1 ●杉春夫ら, 人体機能生理学, 南江堂. p.588, 1985.
図表2 ●杉春夫ら, 人体機能生理学, 南江堂. p.590, 1985.
図表3 ●名取礼二（監修）, 健康・体力づくりハンドブック, 大修館書店, p.20, 1983.
図表4 ●阿部正和, 朝比奈一男, 祖父江逸郎, 協同医書出版, 1959.
図表5 ●中野昭一（編）, 図説・運動の仕組みと応用, 医歯薬出版, p.86, 1987.
図表6 ●中山昭雄（編）, 温熱生理学, 理工学社, p.253, 1981.
図表7 ●田中越郎, 好きになる生理学, 講談社サイエンティフィク, p.129, 2003.
図表8 ●藤森聞一, 他, 生理学, 南山堂, p.193-206, 1974.
図表9 ● Johnson,J.M., Park, M.K., Effect of upright exercise on threshold for cutaneous vasodilation and sweating.J.Appl.Physiol, 50, 814-818, 1981.
図表10 ●三浦豊彦, 暑さ寒さと人間, 中公新書, p.47-50, 1977.
図表12 ●伊藤真次, 適応のしくみ—寒さの生理学—, 北海道大学図書刊行会, p.132, 1987.
図表13 ●阿部正和, 小野三嗣, 運動療法, 朝倉書店, p.40, 1978.
図表14 ●日比敬行, 体温の変動と運動時の酸素消費量に及ぼすWarming-upの影響. 体力科学, 13-14, 205-209, 1964.
図表15 ●池上晴夫, 運動処方, 朝倉書店, p.105, 1986.
図表16 ●宮村実晴, 矢部京之助, 体力トレーニング, 真興交易医書, 1987.
図表17 ● Montain,S.J.,Coyle,E.F., Fluid ingestion during exerciseincreases skin blood flow independent of increases in blood volume. J.Appl. Physiol.,73, 903-910,1992.
図表18 ●寄本明ら, 屋外における暑熱下運動時の飲水行動と体温変動の関係, 体力科学, 44, 357-364, 1995(改変).
図表19 ●川原貫, スポーツにおける熱中症, 臨床スポーツ医学, 14, 735-740, 1997.
図表20 ●日本体育協会, スポーツ活動中の熱中症予防ガイドブック, p.11-15, 2013.
図表22 ● Oksa,J.,Rintamaki,H.,Rissanen,S., Muscle performance electromyogram activity of the lower leg muscle with different levels of cold exposure. Eur.J.Appl.Physiol., 75, 484-490, 1997.
図表23 ●中谷直, 水温の差異による身体諸機能「主に筋力と調整機能への影響」, 愛知教育大卒業論文, p.19, 1983.
図表26 ●菅屋潤壹, 汗はすごい—体温, ストレス, 生体のバランス戦略—, ちくま新書, p.103, 2017.
図表27 ●宮村実晴, 矢部京之助, 体力トレーニング, 真興交易医書, 1987.

第8章

運動と栄養・代謝
―栄養の働きと運動時のエネルギー代謝―

　私たちの健康の保持・増進には適切な栄養摂取が重要であることはいうまでもない．一流選手にとっても巧みな動きやパフォーマンスの背景には，適切なトレーニングとともに適切な栄養摂取がある．
　スポーツ栄養の基本は，運動によるエネルギー消費量に見合うエネルギー源の確保，身体づくりのための適切な栄養摂取，発汗による栄養成分の損失や疲労回復のための栄養補給である．
　本章では，単なる栄養学の理論だけでなく，運動時における栄養素の体内利用の様相と働き，よりよい身体づくりのための実際の食事について解説する．

基礎編　栄養・食事とエネルギー

1. 栄養素, 食品と食事

1) 栄養と栄養素

　食物を摂取して, 消化・吸収し, さらに代謝過程によって身体に必要なエネルギーや体構成成分に変換していく過程を「栄養」という.

　栄養素は, 食物中にふくまれる成分のことであり,「栄養」のため, すなわち生命の維持のために, 体外から摂取するものである (図表1). 栄養素のうち, 炭水化物 (糖質), 脂質, たんぱく質を「3大栄養素」といい, これらは生命を維持するエネルギー源となるため,「熱源栄養素 (熱量素)」とも呼ばれる. また, たんぱく質は身体づくりに必要不可欠な栄養素である.

　ミネラル（無機質）類とビタミン類は, 3大栄養素に比較して, 必要量が少量であるために「微量栄養素」と呼ばれる. 水と食物繊維❶は栄養素ではないが, 体内環境の維持に重要な役割を担っており, 体外から摂取しなければならない. 酸素も体外から摂取しなければならないエネルギーづくりの大事な材料ではあるが, 栄養という概念にはふくまれない.

2) 食品と食品群

　栄養素などがふくまれている食物を「食品」といい, 食品は含有成分やその役割によって, おもに6つの基礎食品群に分類することができる (図表2).

　また, 食品成分表❷では18に食品学的な分類を行い, 2236食品 (2017年現在) の栄養

●栄養素・食品・調理・献立・食事の関係

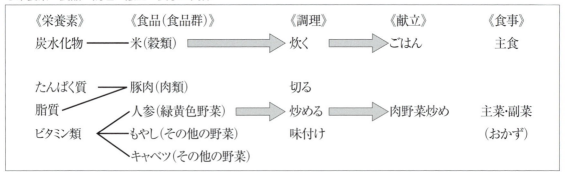

●食品成分表の分類（食品学的な分類）

| 1 穀類, 2 いも及びでんぷん類, 3 砂糖及び甘味類, 4 豆類, 5 種実類, 6 野菜類, 7 果実類, 8 きのこ類, 9 藻類, 10 魚介類, 11 肉類, 12 卵類, 13 乳類, 14 油脂類, 15 菓子類, 16 し好飲料, 17 調味料及び香辛料, 18 調理加工食品類 |

---

❶食物繊維：セルロース（細胞壁成分）や寒天（海藻の成分）などヒトの消化酵素では分解することのできない炭水化物を食物繊維という. 小腸での蠕動運動を促し, 大腸では腸内細菌により発酵・分解され腸内環境を改善し, 排便促進や肥満・糖尿病などの予防効果, 血中コレステロールや血圧の上昇抑制作用が期待される. 食物繊維以外の炭水化物が糖質である.
❷食品成分表（日本食品標準成分表, 2017年現在）：文部科学省から提供されている国民が日常摂取する食品の標準的な成分値を示した表. 食品の分析には規定の方法が用いられ, 可食部100g当たりの含有量で示されている.

図表1　栄養素とその機能

分類	栄養素	体内でのおもな機能
3大栄養素(熱源栄養素)	たんぱく質	筋肉・血液・骨の成分，酵素やホルモンの成分，エネルギー源
	脂質	エネルギー源，細胞膜やホルモンの成分
	炭水化物	エネルギー源，血糖の維持
微量栄養素	ビタミン類	細胞内代謝の促進，抗酸化機能
	ミネラル類	歯・骨の成分，酵素などの成分，体内環境の維持
その他	食物繊維	腸内環境の維持，排泄促進
	水	体内水分環境の維持

ビタミン類：ビタミンA（カロテン❸）・B_1・B_2・C・D・E・Kなど
ミネラル類：鉄・カルシウム・銅・亜鉛・ナトリウム・カリウム・マグネシウムなど

図表2　食品の分類
● 6つの基礎食品

分類	食品	おもな栄養素	役割
1群	魚介・肉類・卵・大豆とその加工品	たんぱく質，脂質	血液や筋肉を作る
2群	牛乳・乳製品，小魚・海藻	カルシウム・たんぱく質	骨・歯を作る，身体の機能を調節する
3群	緑黄色野菜	カロテン・ビタミンC・鉄・カルシウム	身体の機能を調節する
4群	その他の野菜・果物	ビタミンC	身体の機能を調節する
5群	穀類・いも類・砂糖	炭水化物	エネルギー源となる
6群	油脂類	脂質	エネルギー源となる

図表3　食事バランスガイド

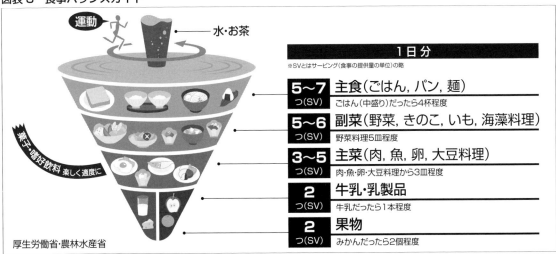

❸カロテン：緑黄色野菜に多くふくまれている．摂取すると体内でビタミンAに変わり，ビタミンAとしての効力を発揮する．そのため，プロビタミンAとも呼ばれる．

図表4 たんぱく質を構成するアミノ酸の種類

アスパラギン	Asn	チロシン	Tyr
アスパラギン酸	Asp	●トリプトファン	Trp
アラニン	Ala	●スレオニン	Thr
アルギニン	Arg	●バリン	Val
●イソロイシン	Ile	●ヒスチジン	His
グリシン	Gly	●フェニルアラニン	phe
グルタミン	Gln	プロリン	Pro
グルタミン酸	Glu	●メチオニン	Met
システイン	Cys	●リジン	Lys
セリン	Ser	●ロイシン	Leu

●は必須アミノ酸

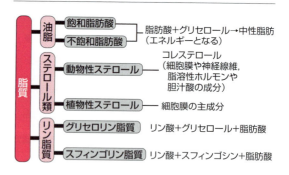

図表5 脂質の分類

素含有量などの情報が示されている．この情報をもとに食事中の栄養素やエネルギーの含有量や栄養素の摂取量を計算することができる．

これらの食品を調理することによって，おいしく，食べやすくして作る料理を「献立」といい，それを組み合わせたものが「食事」である．

3）献立構成

必要な栄養素をまんべんなく摂取するためのよい食事とは，いろいろな食品群の食品を種類多く利用し，献立構成に配慮した食事である．主食，副菜，主菜を基本とした，いわゆる日本型食事は，各栄養素をバランスよく摂取するための健康的な食事である．主食であるごはんから十分な炭水化物を摂取し，副菜として緑黄色野菜，根菜類（大根・人参・ごぼう・はすなど），豆類，海藻類，きのこ類などを，毎食取り入れることによって，微量栄養素や食物繊維も摂取できる（図表3）．

2．栄養素の特徴と食品

1）たんぱく質

たんぱく質は，約20種類のアミノ酸がさまざまな配列で多数連なってできている．このうち，体内で合成できないもの，あるいは合成量が不足するものを必須アミノ酸（9種類）といい，食物から摂取する必要がある（図表4）．

アミノ酸は食物から摂取するか，身体を構成するたんぱく質の分解によって得られるが，細胞や血液中に常に一定量が存在し，細胞内でのたんぱく質の合成時にその材料として利用される．これをアミノ酸プールという．骨格筋では全アミノ酸プールの50％を貯蔵している．

たんぱく質は肉，魚，卵，乳などの動物性食品や豆類，穀類などの植物性食品にふくまれる．アミノ酸は体の構成成分であり，免疫物質や酵素の材料にもなる．動物性食品のたんぱく質は，人体のアミノ酸必要構成比に近い組成を有しているため，良質たんぱく質といわれる．穀類のアミノ酸組成は，動物性たんぱく質に比較すると一部のアミノ酸（リジンやメチオニン）の含有率が少ない．そのため，アミノ酸バランスを考えると，動物性たんぱく質の摂取比率を総たんぱく質摂取量の40～50％とすることが望ましいとされている．

2）脂質

脂質は，水に溶けにくく，アルコールなどの有機溶媒に溶けやすい性質を持っている．食品中の脂質の多くはグリセロールと脂肪酸が結合している．グリセロールに3つの脂肪酸が結合しているものをトリグリセリド（中性脂肪）といい，

図表6 炭水化物の分類

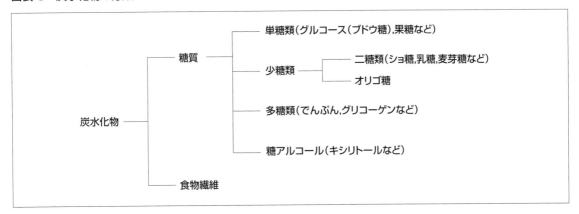

体脂肪もトリグリセリドの集まりである.

常温で液状の脂肪を「油」, 常温で固形の脂肪を「脂」といい, 両方合わせて「油脂」と呼ぶ. 油と脂の違いは脂肪を構成している脂肪酸❹の種類の違いによる. 脂は動物の脂肪に多く, 飽和脂肪酸が多くふくまれている. 油は植物や魚の脂肪に多く, 不飽和脂肪酸が多くふくまれている.

脂質の摂取については, 動物性食品に偏らず, 魚介類や野菜などの植物性食品も毎食摂取することが大切である. 脂肪酸の摂取比率❺を良好にすることによって, 体内組織の脂肪酸組成も良好に保つことができる.

脂質には脂肪のほかにコレステロールやリン脂質などもふくまれる. コレステロールは動物性食品に多く, リン脂質は植物性食品の豆類に多い. (図表5). 以前はコレステロールの摂取過多が, 粥状動脈硬化❻の誘発因子と考えられていたが, 体内で合成されるコレステロール量の方が多く, 現在, 一般には摂取を抑えることは勧奨されていない.

3) 炭水化物

炭水化物は, 単糖類であるグルコースが多数連なった植物中の多糖類（でんぷん）としておもに摂取される. 動物の筋や肝臓中にもでんぷんとほぼ同様の構造を持つ多糖類が少量ふくまれている. これがグリコーゲンである.

単糖類が2〜数個以上結合した小糖類はおもに甘み成分であり, 砂糖にふくまれるショ糖（スクロース）や乳類にふくまれる乳糖（ラクトース）などがある（図表6）.

糖類の多くが一般式 $C_n(H_2O)_m$ で表されるため, あたかも炭素に水が結合しているかのような印象を与えるので炭水化物という名がついた. ヒトにとって, グルコースは血糖として全身の, 特に脳, 中枢神経系, 筋肉におけるエネルギー源として重要な役割を果たす. また, オリゴ糖や多糖が脂質やタンパク質などと共有結合した複合糖質は, 細胞構造の構築に関わるほか,

---

❹脂肪酸の種類：飽和脂肪酸は, その構造に二重結合を持たない安定した構造, 不飽和脂肪酸は構造に二重結合があり, 二重結合が一つのあるものを一価不飽和脂肪酸, 二つ以上あるものを多価不飽和脂肪酸という. また, 二重結合の位置によってn-6, n-3系に分別され, 最近, 魚油に多くふくまれるn-3系多価不飽和脂肪酸（DHAやEPAなど）は, 血液の流動性を高め, 糖尿病や動脈硬化の予防に有効であることが認められ, 青魚の摂取が推奨されている.
❺脂肪酸の勧奨摂取比率：バランスよい脂肪酸の摂取比率は, 飽和脂肪酸, 一価不飽和脂肪酸, 多価不飽和脂肪酸の摂取比率（SMP比）は3：4：3が, 多価不飽和脂肪酸のうち, n-6系, n-3系の脂肪酸の摂取比率は5：1が勧奨されている.
❻粥状動脈硬化：血管内壁に粥状の粥種（こぶ）ができて動脈硬化を促進する. 血管内壁が狭くなり悪化すると梗塞となる.

図表7　おもなビタミンの役割と供給源の食品

	ビタミン	運動との関連	欠乏症	過剰症	耐容上限量* （18〜29歳）	供給源
脂溶性ビタミン	A	抗酸化作用	夜盲症・成長不良	頭痛・吐き気・異常胎児	2700 μg	緑黄色野菜・レバー・うなぎ・卵
	D	カルシウムの吸収促進 正常な筋収縮	骨粗鬆症・骨軟化症・くる病・筋けいれん	吐き気・下痢・カルシウム沈着・高カルシウム血症	100 μg	魚類・干しいたけ
	E	抗酸化作用	頭痛・血行不良・老化促進・更年期症状促進	脂溶性ビタミンであるが，過剰症はほとんど認められない	800mg（男） 650mg（女）	ナッツ・種実類・植物油
	K	血液凝固・骨形成	出血症	血液が凝固しやすい疾病の場合は注意が必要	150 μg	緑黄色野菜
水溶性ビタミン	B$_1$	糖質代謝の補酵素・疲労回復	脚気・疲労感	なし（水溶性ビタミンのため，過剰分は尿中に排泄される）	——	穀類・豚肉・大豆・鶏肉
	B$_2$	脂質・糖質代謝の補酵素・成長促進	成長不良 口内炎	同上	——	大豆・魚・肉類
	C	鉄の吸収促進・コラーゲン代謝に関与・貧血予防・外傷予防・疲労回復・抗酸化作用	疲労感・かぜをひきやすい・壊血病	同上	——	柑橘類・いちご・キウイ・緑黄色野菜

＊耐容上限量とは，ほとんどすべての人に健康上悪影響をおよぼす危険のない栄養摂取量の最大の量である．「日本人の食事摂取基準」に示されている

細胞膜上の特異的マーカーやシグナルとして種々の細胞間相互作用において機能する．

4）ビタミン

ビタミンは，体内での代謝活動の補助，抗酸化[7]，栄養素の吸収促進などに働くが，ほとんど体内では合成されないため必要量を食品として摂取しなければならない（図表7）．

脂溶性ビタミンは大量に摂取すると体内に異常に貯留する可能性があり，過剰症の例として，妊婦のビタミンA大量摂取[8]による異常胎児の発生率の増加が警告されている．

一方，水溶性ビタミンは過剰に摂取しても不必要な分は尿中に排泄される可能性が高い．

現在の日本人の食生活におけるビタミン類の摂取はほぼ必要量を満たしているが，抗酸化機能を持つビタミンCやビタミンEの摂取が不足気味である．ビタミンCは抗酸化作用の他にも，コラーゲン合成，副腎皮質・副腎髄質ホルモン合成時の補酵素として働くことから，摂取不足は創傷治癒の遅延，関節周辺の脆弱化，ストレス抵抗性の低下を起こす．

また，運動によるエネルギー代謝の促進にともなって，ピルビン酸からアセチルCoAへの変換の補酵素であるビタミンB$_1$の不足は，エネルギー産生を抑え疲労の原因となる．

5）ミネラル（無機質）

[7]抗酸化：体内で発生するフリーラジカルなどの活性酸素種は，脂質の過酸化をまねき，細胞のDNA損傷などを引き起こし，動脈硬化，がん，老化促進などの原因となる．活性酸素種を除去する働き（還元作用）を抗酸化機能という．ビタミン類（カロテン・ビタミンC・E）や色素や苦みの成分であるポリフェノール類などが代表的な食物中の抗酸化物質である．
[8]ビタミンAの摂取量についての注意：ビタミンA（レチノール）の耐容上限量は成人1日当たり2,700 μg（レチノール活性当量）となっている．

図表 8　おもなミネラルの役割と供給食品

ミネラル	運動との関連	欠乏症	過剰症	耐容上限量 （18〜29歳）	供給源
カルシウム	骨の成分・疲労骨折の予防・正常な筋収縮・神経伝達	骨粗鬆症・骨軟化症・くる病	泌尿器系結石・他のミネラル吸収阻害	2500mg	牛乳・乳製品・小魚・海藻納豆・豆腐・緑黄色野菜
鉄	ヘモグロビンの成分・酸素運搬能力に影響・運動性貧血の予防	鉄欠乏性貧血	鉄沈着症	50mg（男） 40mg（女）	小魚・海藻・レバー・貝類・魚・肉類・豆腐・納豆・緑黄色野菜
リン	骨の成分・エネルギー代謝	骨軟化症	カルシウム沈着症	3000mg	多くの食品にふくまれている
マグネシウム	骨の成分・正常な筋収縮・神経伝達	骨粗鬆症・筋けいれん・不整脈	通常の食事では過剰症はほとんど認められない	通常の食事以外なら350mg	豆腐・納豆・ナッツ類・枝豆・ほうれん草
銅	酵素の成分・ヘモグロビンの合成	貧血・骨粗鬆症	通常の食事では過剰症はほとんど認められない	10mg	レバー・かき（貝）・納豆・ナッツ類
亜鉛	酵素の成分・傷の回復促進	味覚障害・発育不良	通常の食事では過剰症はほとんど認められない	40mg（男） 30mg（女）	赤身肉・レバー・かき（貝）・青魚・ナッツ類
ナトリウム	運動時の体液平衡・大量発汗時に欠乏しやすい	脱水症状・頭痛・めまい・嘔吐・筋けいれん	——	——	味噌・しょう油・塩・スポーツ飲料・魚・肉類
カリウム	運動時の体液平衡・大量発汗時に欠乏しやすい	高血圧・不整脈・心不全・筋けいれん	——	——	バナナ・緑黄色野菜・魚・いも・豆腐

身体を構成する元素のうち，炭素（C），水素（H），酸素（O），窒素（N）を除く元素をミネラルと総称する．これらのうちカルシウム，鉄，リン，マグネシウムなどは体構成成分となる．ナトリウム，カリウムなどは体内の電解質バランスの維持に働く．銅，亜鉛などは，酵素やホルモンの構成成分や活性化物質となる（図表8）．

カルシウムと鉄は日本人が最も不足しやすい栄養素である．ナトリウムは食塩の成分であり，日本人の食生活ではみそやしょう油の摂取量が多いため過剰摂取傾向にある．食塩の過剰摂取は高血圧と関連性があることから，摂り過ぎないように栄養指導が行われている．

しかし，高温環境下の労働やスポーツなど発汗量が多いときは，汗中へのミネラル排泄量が多くなる．3大栄養素だけでなく，ミネラル摂取についての配慮が必要である．

3. 健康的な栄養・食事

日本型食事の特徴は，主食であるごはんから炭水化物を多くに摂取する高炭水化物食である．高たんぱく質，高脂質，低炭水化物の欧米型食事に比べ，主食，副菜，主菜を組み合わせる日本型食事（図表3）は，肥満や動脈硬化の発症を抑えるなど，健康維持のためにバランス良い食事とされ，世界的に推奨されている．しかし，日本の若い世代では脂質の多い欧米型の食事を好む者が増えている．

一般人の健康の保持・増進に必要なエネルギー量と各栄養素量を，1日当たりの値として示したものを「日本人の食事摂取基準❾」という（図表9）．

食事摂取基準で示される各栄養素の「必要（推奨）量」の策定は，実験的手法と疫学的手

図表 9　日本人の食事摂取基準（2015 年版）1 日あたりの目安量

	男性	女性
	食事摂取基準（身体活動レベルⅡふつう*）	食事摂取基準（身体活動レベルⅡふつう）
	18～29 歳	18～29 歳
参照身長 (cm)	170.3	158.0
参照体重 (kg)	63.2	50.0
エネルギー (kcal)	2650	1950
たんぱく質 (g) (%)	60 (P 比率：13～20%)	50 (P 比率：13～20%)
脂質 (%)	F 比率：20～30%	F 比率：20～30%
炭水化物 (%)	C 比率：50～65%	C 比率：50～65%
カルシウム (mg)	700	600
鉄 (mg)	7.5	10.5
ビタミン A (μ gRE)	850	650
ビタミン B$_1$ (mg)	1.4	1.1
ビタミン B$_2$ (mg)	1.6	1.2
ビタミン C (mg)	100	100
ビタミン D (μ g)	5.5	5.5
ビタミン E (mg)	6.5	6.0
ビタミン K (μ g)	150	150

P 比率：たんぱく質エネルギー比率，F 比率：脂質エネルギー比率，C 比率：炭水化物エネルギー比率，
*身体活動レベル（p.207 参照）

図表 10　PFC 比率の算出方法

> たんぱく質，脂質のそれぞれの摂取量 (g) を，エネルギー換算係数を用いてエネルギー摂取量に換算し，その値から比率を算出する.
> ●エネルギー換算係数（アトウォーターの係数：AW）
> 　たんぱく質　1g 当たりおよそ 4kcal に相当する
> 　脂質　　　　1g 当たりおよそ 9kcal に相当する
> 　炭水化物　　1g 当たりおよそ 4kcal に相当する
>
> ●計算例：〔エネルギー摂取量 2560kcal，たんぱく質摂取量　85g　脂質摂取量　70g〕
> ※この数値は食品成分表をもとにした栄養価計算から求めたものである
> たんぱく質による摂取量
> 　4kcal（AW）× 85g ＝ 340kcal
> 脂肪による摂取量
> 9kcal（AW）× 70g ＝ 630kcal
>
> ● PFC 比率
> 　たんぱく質エネルギー比率
> （340 ÷ 2560 × 100）＝ 13.3%
> 　脂質エネルギー比率
> （630 ÷ 2560 × 100）＝ 24.6%
> 　炭水化物エネルギー比率
> （100 －（13.3+24.6））＝ 62.1%

法により得られた結果をもとに示されている．例えば，たんぱく質では窒素出納実験[10]で得られたたんぱく質の必要維持量に，たんぱく質の消化率を乗じて，さらに，性別・年齢別の体重と疫学的観点から求めた変数を乗じて 1 日当たりの推奨量が示されている．また，国民健康栄養調査等の結果をもとに疫学的に解析され結果は，「目安量」として示されている．

生活習慣病予防のために，過剰摂取や摂取不足の改善が必要な栄養素に関しても疫学的手法による分析から「目標量」として数値が策定されている．さらに，サプリメントの過剰摂取による健康障害の予防などに関しては，症例研究報告をもとにして「耐容上限量」が算出されている．これらの数値の詳細や策定根拠は，「日本人の食事摂取基準（厚労省）」に示されている．

1）PFC 比率（エネルギー比率）

PFC 比率とは，たんぱく質（Protein），脂質（Fat と oil），炭水化物（Carbohydrate）によるエネルギーの摂取比率のことである．これは，それぞれの栄養素 1g 当たりの熱量を用いて，算出したものである（図表10）．適切な PFC 比率は，一般成人の場合，P 比率：13～20%，F 比率：20～30%，C 比率：50～65% とされている（図表9）．

[9] 食事摂取基準：厚生労働省がエネルギー，3大栄養素，ビタミン13項目，ミネラル13項目を示している．数値は1日当たりの量で，性，年齢，身体活動レベル別に示されている．時代に相応するように5年に1度改定される．
[10] 窒素出納実験：摂取した食事中の窒素量と尿中にふくまれる窒素量と測定し，たんぱく質の摂取，排出量を推定する．食事窒素量より尿窒素量が多い場合は，たんぱく質摂取過多，少ない場合は摂取不足を示す．

図表11　スポーツ選手の食事の注意点（1食1000kcal以上）

①主食は大盛り　　　　　　　　　　　　　→ 炭水化物の確保

②汁物（具たくさん）　　　　　　　　　　→ 水分の確保・副菜の確保

③主菜のおかずは2品程度　　　　　　　　→ たんぱく質の確保（ただし脂質はとりすぎない
　　　　　　　　　　　　　　　　　　　　　ように）

④鉄とカルシウムを多く含む副菜を毎日　　→ 貧血予防とカルシウムの確保

⑤乳製品と果物（果汁）を毎日　　　　　　→ カルシウムとビタミンCの確保

⑤トレーニング前後の補食の利用　　　　　→ エネルギー源の確保と運動後の回復促進

⑥トレーニング中の適切な水分（塩分を含む）摂取　→ 熱中症の予防

図表12　スポーツ選手の栄養摂取目標量

		思春期スポーツ選手の摂取目標量	成人スポーツ選手の摂取目標量	健康のための熱源栄養素エネルギー比率
エネルギー	体重1kg当たり（kcal）	60～70kcal/kg体重	50kcal/kg　一般トレーニング 60kcal/kg　長距離・長時間	100%
	除脂肪体重1kg当たり（kcal）	——	57kcal/kgLBM　体脂肪の多い選手	
たんぱく質	体重1kg当たり（g）	1.5～2.0/kg体重 思春期，成長期，減量期，増量期，貧血傾向， 月経過多傾向，骨折リスクの高い者 では十分な摂取が必要．		P13～20%
脂質	エネルギー比率（%）	25～30%	20～25%　持久性トレーニング 20～30%　筋力トレーニング	F20～30%
炭水化物	エネルギー比率（%）	55～65%	55～65%　持久性トレーニング 50～60%　筋力トレーニング	C50～65%
カルシウム	（mg）	1200～1500	1000～1200	
鉄	（mg）	20	15	
ビタミンA	（μgRE）	900	900	
ビタミンB$_1$	（mg）	0.6mg/1000kcal	0.6mg/1000kcal	
ビタミンB$_2$	（mg）	0.6mg/1000kcal	0.6mg/1000kcal	
ビタミンC	（mg）	200	200	

1日3時間，ほぼ毎日トレーニングを実施しているスポーツ選手の1日当たりの栄養摂取の目安量である．
ただし，トレーニング内容，身体状況によって必要量は異なる．

2）スポーツ選手の栄養・食事

　多くのエネルギーを消費するスポーツ選手は，競技特性に見合う栄養の摂取量や内容について特別な配慮が必要となる（図表11, 12）．食事量を増やし消費エネルギーを充足させ，P比率（たんぱく質）：13～20%，F比率：20～30%，C比率：50～65%になるように運動強度・時間，トレーニング目的に合わせ，また体重に対する摂取量（g／体重kg）で設定する場合が多い．

図表 13　減量時の栄養摂取目標量と食事への配慮

減量時の栄養摂取目標量			
		目標量	熱源栄養素エネルギー比率
エネルギー	体重 1kg 当たり (kcal/kg)	25 ～ 35kcal/kg	100%
たんぱく質	体重 1kg 当たり (g /kg)	1.5 ～ 2.0g/kg	P 比率 15 ～ 25%
脂質	エネルギー比率 (%)		F 比率 15 ～ 25%
炭水化物	エネルギー比率 (%)		C 比率 50 ～ 60%
カルシウム	(mg)	1000	
鉄	(mg)	15	
ビタミン A	(μ gRE)	600	
ビタミン B$_1$	(mg)	2.0	
ビタミン B$_2$	(mg)	2.0	
ビタミン C	(mg)	150	

減量時の食事への配慮		
積極的に食べたいもの	なるべく控えたいもの	食べてはいけないもの
高たんぱく質で低脂肪のもの： 　鶏ささみ肉・鶏皮なし胸肉・豚赤身（もも）脂身なし肉・白身魚・いか・たこ・えび・ほたて・かまぼこ・ちくわ・豆腐・納豆・低脂肪牛乳・カッテージチーズ・低脂肪ヨーグルト	高脂肪のもの： 　脂肪の多い肉類　ロース肉・ハム・ソーセージ・マヨネーズ・ドレッシング・チョコレート・洋菓子	特に高脂肪のもの： 　スナック菓子・ポテトチップス・生クリーム豊富なケーキ類・揚げせんべい 脂肪の特に多い肉類： バラ・カルビ・ベーコン
ビタミン・ミネラル・食物繊維が豊富なもの： 緑黄色野菜・根菜・きのこ・ひじき・わかめ・こんぶ・豆類・貝類	高炭水化物のもの： 炭酸飲料・甘いジュース類・菓子パン類（脂肪も多い）・和菓子（少量なら OK）	
低脂肪の献立 　和食・煮物・鍋物・素焼き・ゆでもの・和え物	高脂肪の献立 ・中華食・洋食・カレーやシチューのルウ・ピザ・ハンバーガー	特に高脂肪の献立 　揚げ物・生クリーム豊富なメニュー

微量栄養素も亢進している代謝やストレスに対応するように増やす必要がある．ただし，通常の日本型食事には，1 食で 20 ～ 30g 程度のたんぱく質がふくまれ，脂質，炭水化物においても上記条件は満たされており，スポーツ選手にとって理想的食事内容となっている．食事の摂取量を増やせるような献立や食事のタイミングなどの配慮が必要である．

3) スポーツ選手の減量と栄養・食事

効果的に減量するには，脂肪の摂取量を減らして摂取エネルギーを抑え，P 比率：20%，F 比率：20%，C 比率：60% 程度にする必要がある．そして，除脂肪体重や体内の貯蔵エネルギー源の減少を防ぎながら体脂肪を減少させていかなければならない．そのためには，減量時でも，たんぱく質は体重 1kg 当たり 1.5 ～ 2g 程度を確保する必要がある．また，貧血や骨粗鬆症の防止のために，鉄やカルシウム，ビタミン類にも不足のないようにしなければならない（図表 13）．

短期間での大幅な減量は貧血，免疫力低下などの体調不良やパフォーマンスの低下を招く．特に，体重階級制スポーツにみられる，低エネルギー食（1 日 1000kcal 以下）でトレーニングを負荷し，さらに発汗によって減量するような方法は，体液調節や内分泌機能に不調を生じさせる危険がある．

	発展編	運動とエネルギー代謝

1. 栄養素がエネルギーに変換されるしくみ

1) 運動のエネルギー源

　運動は筋の収縮によって発揮される力が関節を動かすことによって行われる. この筋収縮を起こす直接的なエネルギー源は, アデノシン3リン酸（ATP）である. 骨格筋にはこの ATP がふくまれているが, その量は, 数秒間の運動しか続けることのできないほどわずかなものである. さらに, 運動を続けるには筋線維内で ATP を合成しなければならない (p.64 参照).

　この ATP を産生する原材料となるのが, 炭水化物, 脂質, たんぱく質の熱源栄養素である. 実際の運動時に, 筋で ATP 産生のために利用される材料は, 熱源栄養素をもとに体内で形を変えた筋グリコーゲン, 筋中トリグリセリド（脂肪）, 血中グルコース（血中ブドウ糖＝血糖）, 血中遊離脂肪酸, 血中アミノ酸などである. このような ATP 産生のための材料を,「エネルギー基質」という (図表 14).

　エネルギー基質から ATP を産生すること「エネルギー代謝」という. 運動時には多くの ATP が必要なため, エネルギー代謝が活発に行われる. 運動を長時間続けるには, さらに多くの ATP が必要となり, 筋や血中にあるエネルギー基質を利用するだけでは不足する. そのため, 肝臓や脂肪組織などに貯蔵されているエネルギー基質にたよることになる.

2) 熱源栄養素の代謝

①炭水化物によるエネルギー代謝
●解糖系（無酸素性エネルギー供給機構）

　炭水化物による ATP の産生は, 筋中のグリコーゲンや血中から取り入れたグルコースがピルビン酸へ分解される過程（解糖系）で行われる. この過程の進行には酸素の必要がないので, 解糖系は無酸素性エネルギー供給（ATP 合成）機構ともいわれる.

　ピルビン酸以降の反応過程には酸素の有無が大きく関係している. 酸素が不足している場合にはピルビン酸から乳酸が産生される. 産生された乳酸は3つの過程で処理される. 一部はピルビン酸に戻り有酸素性エネルギー供給機構に進む. 一部は血液を介して肝臓へ運ばれ, 糖新生の材料となる. さらに, 一部は心臓や遅筋へ運ばれ心筋細胞や遅筋線維において

▶ ATP
▶ 熱源栄養素
▶ エネルギー基質
▶ 解糖系
▶ 無酸素性エネルギー
▶ TCA 回路
▶ 有酸素性エネルギー
▶ 筋グリコーゲン
▶ 糖新生
▶ 脂肪と脂肪酸
▶ ケトン体
▶ アシドーシス
▶ たんぱく質とアミノ酸

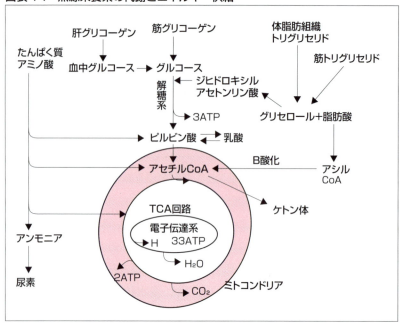

図表14 熱源栄養素の代謝とエネルギー供給

ピルビン酸を経由してATP合成に利用される（p.83参照）．

● TCA回路系―電子伝達系（有酸素性エネルギー供給機構）

ピルビン酸から産生されたアセチルCoAは，ミトコンドリア内でTCA回路に入る．TCA回路では，合成速度は遅いが，アセチルCoA1mol当たり2molのATPが合成される．

解糖系やTCA回路で発生した水素イオン（H^+）は電子伝達系（呼吸鎖）に渡され，多量のATPを合成する．解糖系，TCA回路系，電子伝達系において，炭水化物が完全に代謝されると，最終的には，グルコース1molと酸素6molから38molのATPと6molの二酸化炭素（CO_2）と6molの水（H_2O）が生成される．

$$C_6H_{12}O_6 + 6O_2 \rightarrow 6CO_2 + 6H_2O + 38ATP$$

炭水化物はおもに筋および肝臓にグリコーゲンとして貯蔵される．筋グリコーゲンからは短時間のATP産生が可能であり，高強度運動時の重要なエネルギー源となる．しかし，筋グリコーゲンは多量に貯蔵できないため，高強度運動では短時間で枯渇し，同時に乳酸を産生するために疲労困憊になりやすい．

運動強度が低い場合は，有酸素性エネルギー供給によってもATPが産生される．筋グリコーゲン消費速度がゆるやかなので，疲労困憊までの時間が延長する（図表15）．肝グリコーゲンも運動時や空腹時に分解されてグ

図表15 運動強度と筋グリコーゲンの減少度

運動強度が高い運動では,筋グリコーゲンが短時間で枯渇する.
運動強度が低い運動では,筋グリコーゲンの減少はゆるやかである.

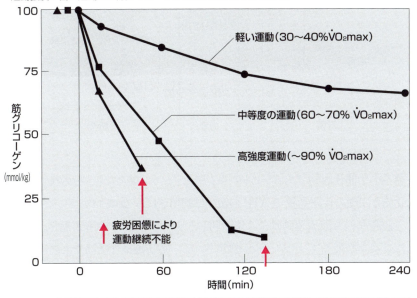

ルコースとなり,筋に運ばれてATP産生のための材料となる (p.49参照).

血中グルコース（血糖）は,全身の細胞でエネルギー代謝に利用される.細胞内にATPが十分ある状態では,グルコースからインスリンの働きでグリコーゲンが合成され筋や肝臓に貯蔵される.一方,グリコーゲンの分解はグルカゴン,カテコールアミンなどにより促進される.特に,脳,神経組織でのエネルギー基質はほとんどがグルコースである.そのため,血糖値は,常に70～110mg／100mlの範囲内に維持されている.例えば,飢餓時や長時間の運動時に肝グリコーゲンが著しく減少した場合でも,血糖値を維持できるように,糖新生という機構が備わっている.

糖新生の材料には,乳酸,ピルビン酸,グリセロール,アミノ酸などが利用され,肝臓で糖新生によって合成されたグルコースも血中に放出されて全身のエネルギー代謝に利用される (図表16).

②脂肪によるエネルギー代謝
●脂肪の分解

筋中の脂肪は,有酸素性エネルギー供給によって分解が進む.筋トリグリセリドが分解して得られた脂肪酸は,アシルCoAとなり,ミトコンドリア内に入る.ミトコンドリアの中でβ酸化が進みアセチルCoAを産生する.アセチルCoA以降は炭水化物の代謝と同様にTCA回路系－電子伝達系でATPを産生する.また,脂肪が分解して産生されたグリセロールも解

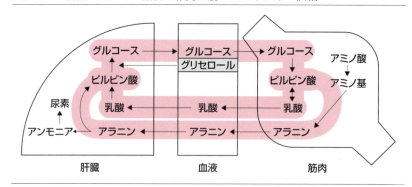

図表16 糖新生による血糖値の維持と筋へのエネルギー供給

糖系の中間代謝物であるジヒドロキシアセトンリン酸となり，その後，炭水化物と同様の代謝過程でATPの産生に利用される（図表14）．

長時間の有酸素運動時には体脂肪のトリグリセリドも分解が進み，血中に遊離脂肪酸やグリセロールが放出される．脂肪酸は骨格筋や心筋に運ばれて筋収縮のエネルギー源となり，グリセロールの一部は肝臓へ運ばれて糖新生の材料として利用される．長時間の運動時には，脂肪組織からのエネルギー供給が大きな割合を占める．

● 脂肪分解と酸素量

食事にふくまれる脂肪酸の中で多いのがパルミチン酸[11]である．パルミチン酸1molからATPが129mol合成される．グルコース1molからのATP合成が38molであるに比べると非常に多い．ただし，計算上ではパルミチン酸から129molのATPを合成するには23molの酸素が必要であり，グルコースは38molのATPに6molの酸素が使われる．つまり，酸素1mol当たりグルコースは6.33（6.00）molのATPを合成するのに対し，パルミチン酸はそれより少ない5.61molのATPしか合成できない．

$$C_{16}H_{32}O_2 + 23O_2 \rightarrow 16CO_2 + 16H_2O + 129ATP$$
（パルミチン酸）

このように，脂肪酸がエネルギー源として利用されるには，より多くの酸素の供給が必要不可欠である．運動時に必要なエネルギーは，脂肪だけからエネルギー供給されることはないが，運動強度が低く，運動時間が長い運動ほど，脂肪からの供給割合が増加する（図表17）．

運動不足の状態では，脂肪酸のβ酸化が不活性となり脂肪は分解されにくい．一方，有酸素運動を習慣的に行うと，運動中に脂肪分解を促進するホルモン[12]分泌や脂肪分解酵素活性が上昇する（p.50参照）．そのため，脂肪代謝が亢進する身体となり，体脂肪が蓄積しにくく，肥満になりにくくなる（図表18）．

[11] パルミチン酸
オレイン酸と同様に体脂肪の主要な飽和脂肪酸．

[12] 脂肪動員ホルモン
カテコールアミン・成長ホルモン・コルチゾル・グルカゴンなどの脂肪動員ホルモンが脂肪細胞膜の受容体に結合することにより，ホルモン感受性リパーゼが活性化され，脂肪の分解が起こる．運動の実施により，これらの代謝経路が活性化される．

図表 17 運動強度・時間とエネルギー（炭水化物）供給源の利用率

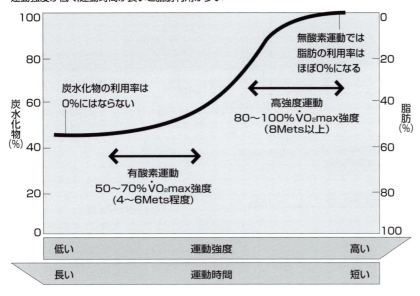

運動強度が高く,運動時間が短い運動では炭水化物利用が多い
運動強度が低く,運動時間が長いと脂肪利用が多い

図表 18 有酸素運動習慣にともなう血中遊離脂肪酸亢進

有酸素トレーニングによって脂肪酸からのエネルギー供給が増大したことを意味している

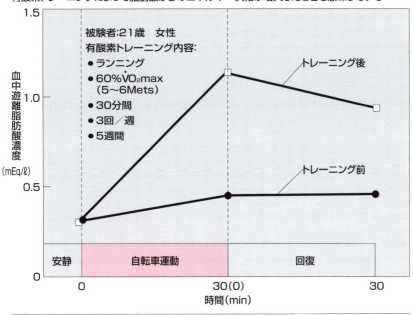

● ケトン体の生成

　β酸化により産生されたアセチルCoAの一部はケトン体に変化する．ケトン体はエネルギー源にもなるが，酸性物質でありアシドーシス[13]を招くこ

[13] アシドーシス
　血液中の酸塩基平衡がかたより，血液が酸性側に傾いた状態．血液の通常のpHは酸塩基の緩衝系によって約7.4に維持されている．高脂肪食ではケトン体の多量の発生によって緩衝系の能力が低下する．運動によって発生するCO_2や乳酸はいずれも酸性物質であるため，スポーツ活動には緩衝系能力が高いことが有利である．従って，高脂肪食はスポーツパフォーマンスにとって有利な食事とはいえない．

図表19　アミノ酸代謝とTCA回路

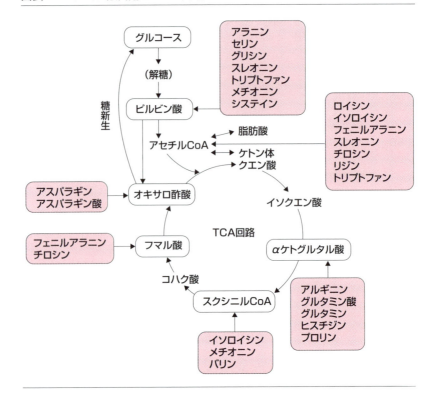

とがある．ケトン体は，脂肪の摂取量が多すぎるときや飢餓時など肝グリコーゲンが少ないときに過剰産生される．

③アミノ酸によるエネルギー代謝

たんぱく質は体構成成分としての役割が大きく，エネルギー代謝に利用される量は少ない．しかし，エネルギー消費量が非常に高くなる運動時や炭水化物，脂質の摂取量が少ない状態（絶食や食事制限時）には，たんぱく質の分解も起こり，アミノ酸もエネルギー源として利用される．

運動時には筋でのたんぱく質分解が亢進して，筋中や血中のアミノ酸が増加する．分岐鎖アミノ酸❶とアラニンやアスパラギン酸，グルタミン酸は，筋内で分解され直接エネルギー代謝に利用できる．また，アラニンなどのアミノ酸は肝臓に運ばれてピルビン酸となり，糖新生を経てエネルギー源となる（図表16, 19）．アミノ酸がエネルギー源として代謝されるには，まず，アミノ基を離脱する．その後，炭素骨格はエネルギー代謝に入り，離脱したアミノ基はアンモニアとなる．アンモニアは尿素として無毒化され，最終的には尿中に排泄される．

筋力トレーニングなどで筋肥大が求められる運動時には，運動後なるべく早い時間内のたんぱく質（アミノ酸）と炭水化物の同時摂取が，たんぱ

❶分岐鎖アミノ酸
　必須アミノ酸のうちバリン・ロイシン・イソロイシンは構造上，炭素の配列に枝分かれ構造を持っているので分岐鎖アミノ酸（BCAA）と呼ばれる．食物中や身体を構成するたんぱく質中に多く見られ，エネルギー源としても有効である．飲料などからの摂取は，運動中の体たんぱく質の分解の抑制，筋たんぱく質合成の促進，運動後の筋肉痛の軽減などに有効であると考えられている．

く質合成を増やし筋量増加に有効である．これは，運動により筋血流量の増加と血中アナボリックホルモン（p.46 参照）の増加が起きている時に，食事により血中アミノ酸濃度を高めることで，筋たんぱく質の分解が抑えられ，さらに血糖値の上昇によりインスリン分泌が刺激される．インスリンは血糖の調節ホルモンであると同時に，筋たんぱく質の合成に働くことが知られている．

2. 運動時のエネルギー代謝量

▶エネルギー消費量と必要量
▶基礎代謝量
▶安静時代謝量
▶ Mets
▶エネルギー必要量

1）運動時のエネルギー消費（代謝）量

　私たちは，熱源栄養素を取り入れ，エネルギーを合成し，利用（消費）することによって生命を営んでいる．このエネルギーは，ATP によってもたらされ，エネルギー代謝によって必要な細胞で必要な量が産生されている．このことから，エネルギー消費量をエネルギー代謝量とも呼ぶ．

> エネルギー消費量＝エネルギー必要量＝エネルギー産生量
> 　　　　　　　＝エネルギー代謝量

　エネルギー消費量を直接測定することは技術的にむずかしいため，呼気による間接的測定が一般的である．栄養素を材料にして ATP を産生するには酸素が必要不可欠である．そのため，エネルギー産生量と酸素摂取量（酸素消費量）との間には完全な相関関係が成立する．この関係を利用して，酸素摂取量を測定（p.93 参照）することによってエネルギー代謝量を推定する．このことから「酸素摂取量」と「エネルギー消費量」は同義語にあつかわれ，「酸素摂取量を測定する」ことを「エネルギー消費量を測定する」，あるいは「エネルギー代謝量を測定する」という．なお，酸素摂取量（ℓ）からエネルギー消費量（kcal）への換算には，理論上 1ℓの酸素の消費で産生できるエネルギー量（kcal）の換算係数を用いる．この係数はエネルギー源となる栄養素によってやや異なるが，酸素 1ℓ当たり糖質：5.47kcal，脂質 4.58kcal，たんぱく質 4.31kcal のエネルギーを発生し，一般的な混合食では 4.8 〜 5.0kcal の発生となる．

2）日常生活中のエネルギー消費（代謝）量

　1 日のエネルギー消費のようすを模式図（図表 20）に表すと，1 日当たりの総エネルギー消費量はグラフの総面積に相当する．図表の縦軸の値がゼロになることはなく，生命を維持するために最低限のエネルギー量を消費

図表20　1日のエネルギー消費量の模式図（学生の例）

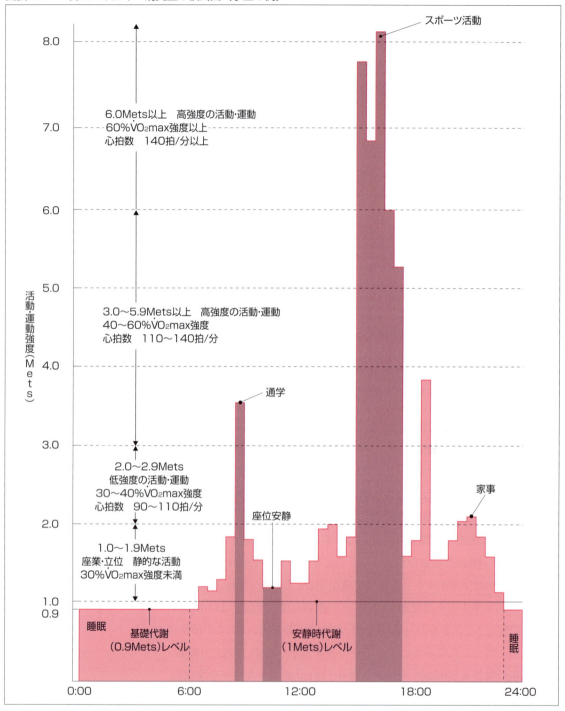

している．これを「基礎代謝量（BMR；basal metabolic rate)」という．基礎代謝量は食後15時間経過後に臥位姿勢を保った時の酸素摂取量（エネルギー消費量）から求められる．「日本人の食事摂取基準」では，推定エネルギー必要量を，男女別・年代別・身体活動レベル（PAL;physical

図表21　エネルギーの食事摂取基準：推定エネルギー必要量（kcal/kg 体重 /day）

単位は　kcal/kg 体重 /day	性別	男性			女性		
	身体活動レベル	Ⅰ 低い	Ⅱ 普通	Ⅲ 高い	Ⅰ 低い	Ⅱ 普通	Ⅲ 高い
年齢区分	12 〜 14 歳中学生	47	53	59	45	51	57
	15 〜 17 歳高校生	42	48	53	39	44	49
	18 〜 29 歳	36	42	48	33	39	44
	30 〜 49 歳	34	39	45	33	38	43
	50 〜 69 歳	32	38	43	31	36	42
	70 歳以上	31	37	42	30	35	40

22 歳，体重 70kg，普通の身体活動レベルの男性の 1day 当たりの推定エネルギー必要量は 42kcal/kg/day × 70kg=2940kcal/day となる.

---

activity level）別に示している（図表21）．PAL は，1 日の総エネルギー消費量が基礎代謝量の何倍の生活になっているかを示す．身体活動レベルⅠ「低い」は運動不足，レベルⅡ「普通」は適正な活動状態の生活習慣，レベルⅢ「高い」は日常的に身体活動をともなう職業の者やスポーツ活動実践者を示す.

　一方，活動・運動強度を，単位時間当たりのエネルギー消費量（酸素消費量）として表す考え方がある．安静時代謝量❶を 1 としたときに，ある運動がその何倍になっているか，という簡易な数値で表すもので，その単位を Mets（metabolic equivalent(s)）という．つまり，5Mets は安静時の 5 倍の運動強度であることを示している，図表20 の縦軸の活動・運動強度の単位は Mets で表し，安静時代謝が 1Met であり，基礎代謝は 0.9Mets に相当する.

　また，安静時の代謝量を含まない運動にのみ使用される代謝量が基礎代謝量の何倍にあたるかを運動強度の指標としたエネルギー代謝率（RMR；relative matabolie rate）が用いられることがあるが，現在ではほとんど使用されていない.

❶安静時代謝量
　座位にて静止した状態を保っているときの代謝量．基礎代謝量の約 1.1 倍に相当する.

活動・運動強度（Mets）　　=　運動時代謝量／安静時代謝量
エネルギー代謝率（RMR）
　　　　=　（運動時代謝量−安静時代謝量）／基礎代謝量

3. スポーツ活動と栄養

　特定の食物や栄養素によって，スポーツのパフォーマンスを向上させることは基本的に不可能である．パフォーマンスの向上には，適切なトレーニングが最も重要であり，栄養や食事は，この適切なトレーニングを実現させるための基礎となるものである．スポーツ活動のための栄養や食事の重要なポイントは4点である．

●スポーツ活動のための栄養・食事のポイント
1. 運動量に見合ったエネルギー源の確保
2. 身体づくりのための栄養素の確保
3. 発汗による栄養素の損失分の補給
4. 疲労回復を早めるための栄養とその摂取

▶エネルギー必要量
▶エネルギー源

1）運動時のエネルギー源と炭水化物・脂質

①運動時のエネルギー必要量

　エネルギーの必要量は，基礎代謝量，体格（特に筋量），運動量によって異なる．基礎代謝量に影響する因子は性，年齢，体格である．体格に大きな個人差のあるスポーツ選手の場合，体重（1kg）当たりのエネルギー必要量は運動量に合わせて設定する方法が用いられている．

　食事摂取基準における体重当たりのエネルギー必要量を男性18〜29歳でみると，36〜48kcal／kg体重／day程度である（図表21）.

　多くの調査研究の結果から，1日3時間以上，ほぼ毎日トレーニングを行うスポーツ選手では，50〜60kcal／kg体重／day程度のエネルギーが必要となる．また，体脂肪の多いスポーツ種目の選手では，除脂肪体重（LBM）を基準に，57kcal／kgLBM／day程度必要である（図表12）.

②運動時のエネルギー源
●炭水化物

　炭水化物は，スポーツ選手のエネルギー源として最も重要な栄養素である．持久的スポーツでは，適切な食事摂取とトレーニングによって，筋グリコーゲン貯蔵量をできる限り増加させる必要がある．また，短時間（数十秒〜数分）で勝負の決まる種目でも，筋グリコーゲン貯蔵量を高めておくことが重要である．毎日のトレーニングによって減少した筋グリコーゲンは，その日の食事による炭水化物の摂取により補給しなくてはならない．

　筋グリコーゲンの貯蔵量は炭水化物の摂取量にある程度依存する．毎日

図表22 3日間連続して16km走を実施したあとの、筋グリコーゲン量の回復と炭水化物摂取状況

高炭水化物食（C比率60％以上程度）では、低炭水化物食（C比率50％未満程度）に比較して筋グリコーゲン量の回復がよい。

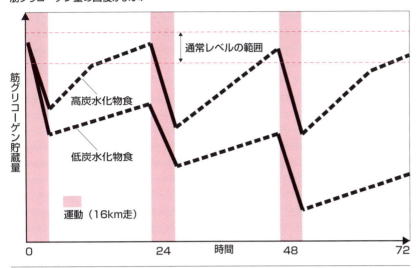

図表23 エネルギー補給の内容と筋グリコーゲン貯蔵量

運動終了後4時間の筋グリコーゲン貯蔵量は、運動後のエネルギー補給の内容が炭水化物とたんぱく質の混合食では、炭水化物のみ、あるいはたんぱく質のみに比較して高い。

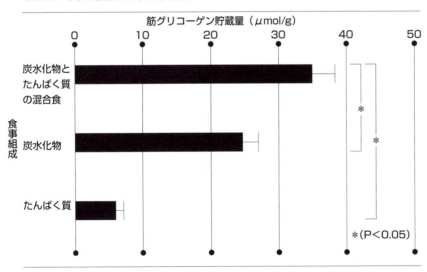

のトレーニングにともなう筋グリコーゲンの減少を翌日までに回復させるには、炭水化物エネルギー比率にすると、約60％（C比率）程度は摂取しなければならない（図表22）。体重60kgの選手で、1日のエネルギー必要量を60kcal／kgとした場合、3600kcal／日が必要であり、C比率の計算から540gの炭水化物を毎日摂取する必要があることがわかる。

これだけの炭水化物を摂取するには、1日3回の毎食時に主食としての

●炭水化物の必要量の計算

$$3600kcal \times 0.6 \div 4kcal / g = 540g$$
（1日エネルギー必要量）（C比率）　　↑
　　　　　　　　　　　　　　　　（アトウォーターの換算係数）
　　　　　　　　　炭水化物は1g当たり4kcalに相当する

穀類やいも類を十分に摂ると同時に，夕方のトレーニング前やトレーニング直後には間食（補食）として炭水化物とたんぱく質をふくんだ食品を摂取することが望まれる（図表23）．トレーニング直後のたんぱく質の摂取は筋たんぱく質の合成を促すため，運動時に発生した筋損傷の早期回復にも役立つ．このため，炭水化物とたんぱく質の混合食がよりより筋グリコーゲン貯蔵を増やすと考えられる．また，長時間運動ではグリコーゲン節約のために，運動中の炭水化物補給⓰も必要である．さらに，長時間種目ではエネルギー源確保のために，試合2日程度前から当日の朝食までは，高炭水化物食の摂取を心がける必要がある．

⓰運動中の炭水化物補給の注意
　運動中や運動直前に砂糖を多量に摂ると，急激に上昇した血糖値がインスリンの作用で一時的に下がりすぎて低血糖傾向になることもあるので注意する．低濃度の糖分をふくむ溶液（3〜5%程度＝1.5〜2倍に薄めたスポーツドリンク）を利用して，20〜30分毎に100〜300mℓ補給するとよい．

●脂肪

　脂肪は長時間運動の重要なエネルギー源である．しかし，脂肪の多量摂取がスポーツ活動にとって有利ということではない．特に持久的種目のスポーツ選手にとって，体重増加は関節や筋肉に負担をかけ，エネルギー消費量を増大させる．また，脂肪の多量摂取はエネルギー代謝においてケトン体を生成し，アシドーシスを助長する（p.203参照）．一方，極端に脂肪の摂取を制限することも望ましくない．脂肪不足により脂溶性のビタミン類などの吸収阻害や細胞膜の機能不良などが起きる可能性がある．

2）スポーツ選手の身体づくりと栄養

▶筋肉づくり
▶骨の形成

①たんぱく質と筋肉づくり

　筋肉づくりのために最も重要な栄養素はたんぱく質である．たんぱく質は筋肉の材料となるだけでなく，骨や血液の重要な構成成分でもあり，また，酵素，ホルモンの成分ともなる．たんぱく質の不足は成長不良，体重低下，筋・骨の発育不良，免疫機能の低下，貧血，体調不良などを招く．スポーツ選手では，筋力，持久力の低下，疲労回復の遅延，スポーツ障害の誘因となり，パフォーマンスの低下の原因となる．

　身体の多くの組織では常に破壊（分解）と修復（合成）が進行している．高強度の運動により筋線維の損傷などの分解が起こるが，同時に同化作用の亢進などの合成も促進する．筋力トレーニングによって筋肥大が実現するのは，損傷を上回る修復とたんぱく質合成が進行するためである．しかし，そのためには，十分なたんぱく質を摂取しなければならない．たんぱく質の必要量は，一般成人で体重1kg当たり0.9〜1gであるのに対して，

図表24　骨の形成のための条件

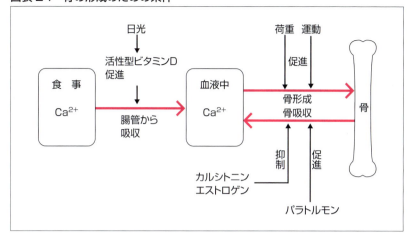

スポーツ選手は1.5〜2g程度が必要とされる．

　一方，たんぱく質の過剰摂取による体調不良も認められる．過剰な摂取は，たんぱく代謝や窒素化合物の排泄のために肝臓や腎臓への負担を増加させる．たんぱく質が多くふくまれる食品には，プリン体❶や脂質も多くふくまれることから，高尿酸血症（痛風）や高脂血症を招くことがある．また，必要以上のたんぱく質やアミノ酸は脂肪に転換され，体脂肪として蓄積される．最近ではサプリメントによって多量のたんぱく質やアミノ酸を気軽に摂取することが可能であり，弊害も心配されている．

②カルシウムと骨の形成

　骨の強度に影響を与える因子は，①骨へのメカニカルストレス（重力，体重，運動），②栄養摂取状況（たんぱく質，カルシウム，ビタミンD），③ホルモン分泌（女性ホルモン，甲状腺ホルモン）などである（図表24，p.48，227，258参照）．

　骨にかかる適切なメカニカルストレスによって骨密度が増加する．適切な運動刺激は骨の健康に重要である．その一方，スポーツ選手でも骨密度の低下による疲労骨折を起こすことがある．これは体重制限を目的とした栄養不良やオーバートレーニングが原因である．

　骨や歯の主成分であるカルシウムの1日に必要な量は600〜800mgであるが，スポーツ選手では骨への物理的刺激量が多く骨代謝が亢進している．そのため，カルシウム必要量は一般人の1.5〜2倍，1000〜1500mg程度必要である．最もよいカルシウム供給源は乳製品であり，牛乳やヨーグルト，チーズは毎日，必ず摂取する必要がある（図表8）．

❶プリン体
　核酸の構成成分．肉類，特に内臓，魚介類に多くふくまれる．プリン体の最終代謝産物が尿酸であり，多量摂取により高尿酸血症から痛風を発症する．

図表 25　サプリメントの目的と評価

目的	サプリメント内容	評価*	利用方法や注意点
熱中症予防	水分 ナトリウム カリウム	明らかに有効	1回のトレーニングによる体重減少がトレーニング前の体重の2%以内になるように，トレーニング前・中に水分補給する．2時間以上のトレーニングでは，必ず塩分等のミネラル類も摂る．
エネルギー源補給	総合栄養補助食品 炭水化物 分岐鎖アミノ酸	補給方法が良好の場合に有効	3回の食事では，摂取エネルギー量や炭水化物摂取量が不足している場合には，トレーニング前後に補給する．体内グリコーゲン量の補充に有効．
筋肉増強 筋損傷回復促進	たんぱく質 分岐鎖アミノ酸	食事で不足している場合におそらく有用	摂取たんぱく質量が，食事だけでは不足している場合に利用する．夕〜夜のレジスタンストレーニング前後の補給が効果的．食事で充足している場合には無駄．過剰症**にも注意．
貧血・疲労骨折予防	鉄・カルシウム たんぱく質	食事で不足している場合におそらく有用	鉄欠乏性貧血の場合には，医師の指示に従って利用する．鉄・カルシウムは摂りにくい栄養素なので，サプリメントの利用価値は高い．ただし，過剰症**には注意．
抗酸化能強化	βカロテン ビタミンC ビタミンE	おそらく有用	緑黄色野菜や果物の積極的摂取を心がけても不足しやすい．これらの食品が不足している場合に利用する．
疲労遅延 疲労回復促進	ビタミンB群，C クエン酸 一部のアミノ酸	ビタミン類はおそらく有用	豆類や豚肉の積極的摂取を心がけても，ビタミンB群は不足しやすい．これらの食品が不足している場合にビタミンB群を利用する．
無酸素パワー向上	クレアチン	おそらく有用	用量を守って短期的に利用する．ただし，筋負担や疲労感も増大する．同時に，食事，水分摂取，トレーニングなどへの十分な配慮が必要．安易に利用しない．

*サプリメントの評価は，1999年，アメリカスポーツ医学会・臨床医学会合同シンポジウムで紹介されたサプリメントの格付けをもとに著者加筆修正
** 過剰症に注意しなければならない栄養素は，耐容上限量を超えないように1日当たりの量に注意する（p.194,195 図7, 8 参照）.

▶運動性貧血

③鉄と運動性貧血

　スポーツ選手によくみられる運動性貧血は，鉄欠乏性の貧血である．これは，赤血球中のヘモグロビンの合成不足が，その構成成分である鉄やたんぱく質の供給不足によって起こる貧血である（p.144 参照）.

　鉄は不足しやすい栄養素であり，スポーツ選手では一般人の1.5〜2倍程度，1日当たり15〜20mgの摂取量が必要である（図表12）. 特に，女性スポーツ選手では月経にともなう鉄の消失は無視できない量であるため，十分な摂取を心がけるべきである．摂取不足は体内貯蔵鉄の減少をもたらし，貧血を引き起こす可能性がある．鉄は吸収が悪いため，吸収のよい動物性の食品と吸収を促進するビタミンCを多くふくむ食品を同時に摂取することが大切である．また，貧血予防にはたんぱく質の摂取も重要である（図表1,7,8）.

212　　　　　　　　　　　　第8章・運動と栄養・代謝─栄養の働きと運動時のエネルギー代謝─

図表 26　栄養アセスメントの項目

■食事や栄養摂取に関する評価	
食事記録や食事内容の聞き取り調査	食べた食品とその重量→栄養価計算
食習慣調査	欠食・間食・外食・嗜好などの調査
食物（食品）摂取頻度調査	食品や献立の摂食頻度調査
献立調査	主食・主菜・副菜やメニュー調査

■身体に関する評価		
アンケート	競技成績	記録，順位など
	自覚症状	体調，不定愁訴など
	疲労調査	POMS（感情プロフィール検査），疲労度調査など
	月経周期調査	月経の記録
測定・検査	形態計測	体重，体組成など
	体力測定	筋力，最大酸素摂取量など
	エネルギー代謝測定	基礎代謝量など
	血液・尿生化学検査	貧血検査，たんぱく代謝など

④サプリメントの利用

▶サプリメント

　摂取しにくい栄養素については，サプリメントを利用する方法も考えられるが，これは最小限の利用にとどめたい．1種類の栄養素のみを多量に摂取すると体内の消化・吸収・代謝などの機能を乱す．また，脂溶性ビタミンや鉄・カルシウムなどのミネラルでは過剰摂取の悪影響が知られている（図表8）．

　実験結果からもパフォーマンス向上を目的とした多量のサプリメント摂取による明らかな効果は得られていない．栄養素は通常の食事による摂取が理想であり，サプリメントは減量時や体調不良時など，食物摂取量が確保できないときの補助として適切に利用することが望ましい（図表25）．

3）スポーツ選手の栄養アセスメント

▶栄養アセスメント

　栄養状態の判定を実施することを栄養アセスメントという．栄養アセスメントは，食事や栄養に関する状態と身体状況の二つの観点から評価される（図表26）．

　食事や栄養摂取に関する評価のうち，栄養価計算は食事記録などから摂取した食品とその重量を把握し，食品成分表をもとにしてエネルギーや栄養素の摂取量を数値化するものである（食物栄養摂取状況調査）．この結果を食事摂取基準や摂取目標量と比較して評価する．また，栄養価計算が困難な場合は，アンケート方式で食習慣や食物摂取頻度調査⑱を実施して評価することも可能である．

　身体に関する評価では，特にスポーツ選手では，体組成の測定，有酸素

⑱食物栄養摂取状況調査と食物摂取頻度調査
　食物栄養摂取状況調査における食品とその重量の把握には，食物に関する経験と知識が必要であるが，食物秤量用はかりと食品成分表を用意して経験を積めばむずかしいことではない．食物摂取頻度調査は，食品リストにより設定された重量とその摂取頻度をアンケートに回答する方式で食物や栄養素の摂取量を推定できる調査で前者よりは簡易である．両調査による栄養価計算用のパソコンソフトも市販されている．また，ネット上でも栄養価計算ができるホームページも公開されている．

213

運動能力の測定，貧血・たんぱく代謝・腎・肝機能などに関する血液検査は欠かせない．また，エネルギー必要量の把握のためにも基礎代謝量の測定も必要である．

このように，スポーツ選手ではトレーニングや身体状況など，栄養状況を判定するうえで考慮すべき点が多く，個人別の評価が欠かせない．また，客観的なデータとともに選手自身の自覚症状も大切にして，栄養指導や栄養改善のための資料としなければならない．食事づくりのための費用や調理環境などの条件なども栄養状況に大きく影響するので，栄養指導には配慮が必要である．

健康の保持・増進やスポーツ選手の体調管理，さらにはパフォーマンス向上のために，適切な栄養摂取は欠かせない．正しい食生活についての知識や習慣を子どもの頃から実生活の中で身につけることが大切である．家庭や学校，スポーツ活動などのあらゆる場面で食教育が行われることが望まれる．

■まとめ

1. 栄養素，食品，食品群，献立について説明しよう．
2. 健康のためによい食事とはどのような食事か説明しよう．
3. 熱源栄養素と運動のエネルギー源について説明しよう．
4. 運動とビタミンやミネラルの働きについて説明しよう．
5. エネルギー代謝量について説明しよう．
6. スポーツ選手の栄養摂取の要点を説明しよう．
7. 身体づくりのための栄養について説明しよう．
8. 減量時の栄養摂取や食事の注意点を説明しよう．
9. サプリメントの利用時の注意点を説明しよう．
10. 栄養アセスメントについて説明しよう．また，その手段を説明しよう．

■今後の課題

1. 栄養と運動時代謝の詳細の解明．
2. 栄養と身体づくりの機構の解明．
3. スポーツ選手のエネルギー消費量の正しい測定とエネルギー必要量の解明．
4. スポーツ選手の栄養必要量についての解明．
5. サプリメントの有効性と正しい使用方法の解明．
6. スポーツ選手の効果的な食事法の解明．

■参考図書

1) 厚生労働省,「日本人の食事摂取基準（2015 年版)」策定検討会報告書, 日本人の食事摂取基準 2015 年版, 第一出版, 2015 年.
2) 厚生労働省, 厚生労働省ホームページ, 平成 28 年度, 2016 年.
3) 医歯薬出版（編), 日本食品成分表 2018（七訂), 医歯薬出版, 2018 年.
4) 小林修平（監訳), スポーツ指導者のためのスポーツ栄養学, 南江堂, 1992 年.
5) 小林修平, 平成 9-11 年度日本体育協会スポーツ医・科学研究報告, スポーツ選手に対する最新の栄養・食事ガイドライン策定に関する研究, 1997-1999 年.
6) 杉浦克己, 田中茂穂, 特集：スポーツにおける食事・栄養の役割と意義, トレーニング科学, 17, 2005 年.

7）日本体育協会スポーツ医・科学専門委員会，アスリートのための栄養・食事ガイド，第一出版，2001年.

8）樋口満（編著），コンディショニングのスポーツ栄養学，市村出版，2007年.

●————— 図版出典

図表9 ●厚生労働省,「日本人の食事摂取基準（2015年版）」策定検討会報告書，2014.

図表10 ●佐々木敏，食事摂取基準入門—そのこころを読む—，同文書院，p.46，2010.

図表12 ●㈶日本体育協会スポーツ医・科学専門委員会，アスリートのための栄養・食事ガイド 第3版，第一出版，p.19，2014.

図表13 ●文部科学省，厚生労働省，農林水産省，食生活指針の解説要領，2015.

図表15 ●㈶日本体育協会スポーツ医・科学専門委員会，アスリートのための栄養・食事ガイド 第3版，第一出版，p.7，2014.

図表17 ●エドワード・フォックス（著），朝比奈一男，渡辺和彦（訳），選手とコーチのためのスポーツ生理学，大修館書店，p.43，1993.

図表19 ●加藤昌彦（編），人体そのしくみと働き，東京教学社，p.51，2009.

図表21 ●厚生労働省，日本人の食事摂取基準　2015年版，2015（著者作表）.

図表22 ●小林修平（監訳），スポーツ指導者のためのスポーツ栄養学，南江堂，p.74，1992.

図表23 ●コーチングクリニック，15-2，44，2001.

図表25 ●小熊祐子，スポーツ栄養の最近の話題，臨床スポーツ医学，16，1352，1999.

運動と発育・発達
―発育・発達のメカニズムと運動の効果―

　子どもの骨の発育は身長に表れ，筋や内臓器の発育は体重として表れる．これら形態の発育は，体力や運動能力の発達につながる．二次性徴が発現する思春期に大きな個人差が見られることは知られている．しかしその一方で，学校では暦年齢で区切られた学年というグループ分けによって一斉の運動指導が行われている．このことは，多くの子にとって問題とならない運動であっても，ある子どもには大きな負担を強いる運動となることも考えられる．

　子どもにとって，運動は発育という変化（成長）しつつある身体に，刺激を負荷することである．その刺激は健康な発育・発達を助長するための刺激であるべきで，傷害を引き起こすものであってはならない．

　本章では，発育・発達のメカニズムを通して子どもの個人差を理解し，発育期の子どもの運動機能がどのように発達するかを解説する．

| 基礎編 | 発育・発達の性差と個人差 |

1. 身体の発育・発達

1) 発育する身体

　子どもは年齢とともに身体が大きくなり，複雑な動作や強い運動ができるようになる．このような成長の過程で起こる身体各組織の細胞数の増加や肥大，複雑化など，形態の量的・質的変化を「発育」という．また，機能の多様化と増強などの質的量的成熟過程を「発達」という．

　身長や体重など発育過程の身体変化は暦年齢や学年別に平均値としてまとめられている（図表1）．発育は誰でも同様な経過をたどって成熟へと進む．しかし，発育・発達速度や最大の発育加速期を迎える時期については個人差（図表2）があり，体育やスポーツ指導などの際には，子ども達の発育・発達の状況を個別に知ることが大切である．

2) 身長発育とPHV年齢

　外見からも判断しやすい身長は発育の指標となりやすい．身長は乳児期に急速に増大し，幼児期から少年期にかけてはゆるやかでほぼ一定の発育を示す．そして，思春期に再び急速に伸びる．身長の年間増加量が最も大きい時期は「PHV（peak of height velocity）」といわれ，発育過程の基準にすることができる（図表3）．

　発育には性差がみられ，PHV年齢の平均は女子では10.6歳と，男子の12.8歳より約2年早くピークを迎える．しかし，PHV年齢の時期は，個人によって5～6年の大きなばらつきがある．

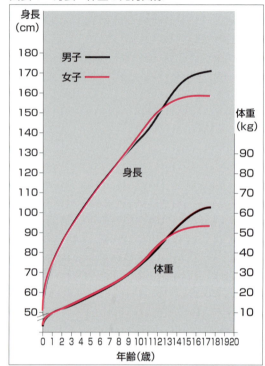

図表1　身長・体重の発育曲線

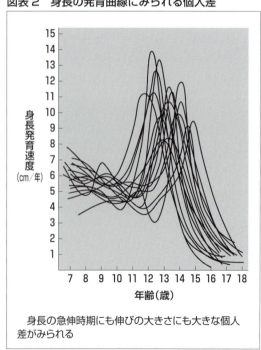

図表2　身長の発育曲線にみられる個人差

身長の急伸時期にも伸びの大きさにも大きな個人差がみられる

図表3 身長発育曲線とPHV年齢

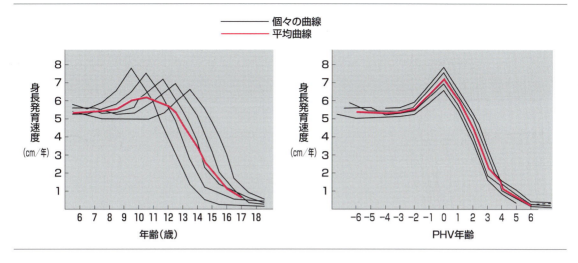

図表4 新生児と成人の頭蓋骨

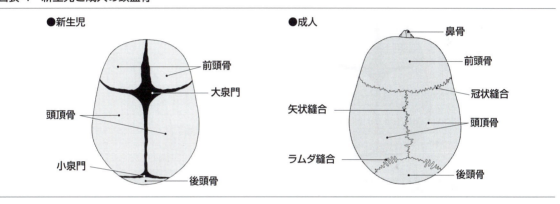

2. 骨の発育

1) 乳幼児期の骨

骨格（大腿骨や上腕骨など）は胎生6週目くらいから形成されるが，はじめは軟骨のみで構成されている．

骨の主成分であるカルシウムをはじめとするミネラルは，水酸化リン酸カルシウム化合物（$Ca_{10}(PO_4)_6(OH)_2$）として，骨基質であるコラーゲン線維に沈着して骨を硬く（石灰化❶）する．乳児期の骨ミネラル含有量は，体重の約2％程度で成人の値（約4〜5％）より低い．骨密度（腰椎）をみても，およそ0.2〜0.5g／cm^2であり，成人の値（1.0〜1.2g／cm^2）よりはるかに低い．この時期の骨は成人と比べていわゆる「やわらかい」骨であるといわれる．

骨格形態の発育にはいくつかの特徴がみられる．例えば，乳児の頭蓋骨は前頭骨，頭頂骨，後頭骨が別れた状態で，それらの境界は縫合が

---

❶石灰化：Ⅰ型コラーゲンを主体とする骨有機基質に特徴的にリン酸カルシウム結晶が沈着することをいう．

図表5　下肢の形状の発育

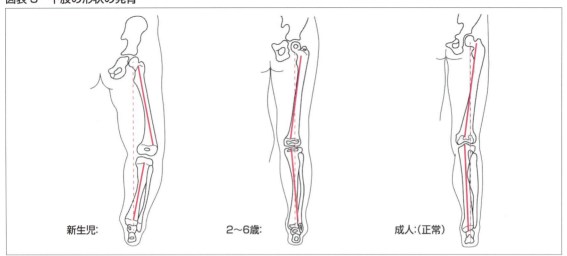

新生児：　　　2〜6歳：　　　成人：（正常）

図表6　手根骨による骨年齢

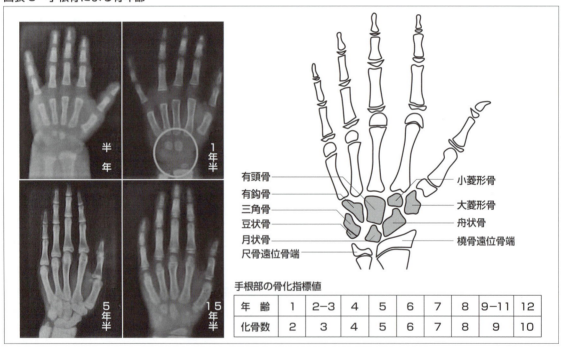

年　齢	1	2-3	4	5	6	7	8	9-11	12
化骨数	2	3	4	5	6	7	8	9	10

形成されずに膜状の結合組織が存在する．頭蓋冠の上面には特に隙間が広くなっている小泉門，大泉門があり，それぞれ6か月，1年半程度で骨が発育して閉じる（図表4）．

下肢においては，新生児では生理的にO脚（内反膝）であるが，次第に真っ直ぐになり，幼児期にはX脚（外反膝）がしばしばみられる（図表5）．

長骨の場合，胎生期から生後の発育期にかけて軟骨が骨に置き換えられ（化骨化），10代前半までに徐々に成人の骨へと成熟していく．

骨の成熟度はX線写真で観察することができ，特に，手根骨の発育は生物学的年齢（骨年齢）評価に用いられる（図表6）．

図表8　成長板内の軟骨細胞柱状構造

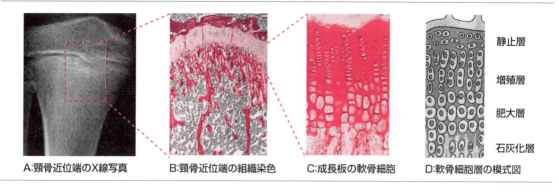

A:脛骨近位端のX線写真　　B:脛骨近位端の組織染色　　C:成長板の軟骨細胞　　D:軟骨細胞層の模式図

　手根骨は8つの骨からなっており，巧みな手の動きを可能にしている．手根部には尺骨，橈骨の骨端部化骨核を加え10個の骨が存在する．発育期には，年齢とほぼ一致した数の化骨核が出現するため，骨発育状態の指標になる．

2) 骨の長育

①どの部分が伸びるのか？

　四肢にみられる長骨の長さ，特に，下肢の長軸方向への成長（長育）は身長に大きく関係する．長骨では外層が厚い緻密骨（皮質骨）でできている．骨の内部は骨梁からなる海綿骨でできている．

　1本の長骨が伸長するとき，その骨のどの部位が伸びるのだろうか．骨の各部位毎にマークをつけて，そのマーク間の距離の変化を一定期間ごとに調べてみると，骨幹では変化がなく，骨端と骨幹との境界部である骨幹端で伸長が著しいことが確認される（図表7）．

　長骨の両端では成長の度合いが異なり，より多く伸長する端を成長端という．大腿骨では遠位，脛骨では近位（いずれも膝関節側）が成長端となる．上腕骨では肩側の近位，前腕骨では手首側の遠位が成長端となる．また，それぞれの骨の伸長速度には差があり，大腿骨は脛骨の約2倍の速度で長育が起こる．

図表7　長骨（長管状骨）の構造

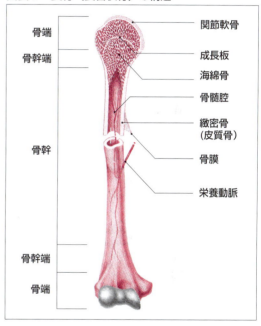

②骨幹端での成長

　長骨の長育に重要な働きをする骨幹端の中を観察すると，そこには軟骨の層（骨端板もしくは成長板）が存在する（図表8）．成長板では軟骨細胞が柱状に配列されており，骨端側から骨幹方向へ順に，静止層，増殖層，肥大層，石灰化層と層状に分かれている．静止層にある軟骨細胞が分裂して大きくなり，やがて小腔を残し石灰化へと移行する．その小腔に骨芽細胞が骨を形成し（骨への置換），ひとつの細胞スペース分だけ骨が伸長することになる．骨端側での軟

骨細胞の産生と骨幹側での石灰化が同じ速度で行われている場合、成長板の幅は一定に保たれる。しかしながら、成長後期では軟骨細胞の産生が低下し、逆に骨幹端での骨置換が促進するため成長板はどんどん薄くなり、やがて消失して骨端と骨幹が合体する（骨端閉鎖）。これを「成長板が閉じる」と表現することがあり、一般に女性で16〜18歳、男性で18〜21歳で起こる。いったん骨端が閉鎖すると、その後の長軸成長は起こらず長育が完了する。

③長育伸長の停止

骨の成長である骨端軟骨形成は、成長ホルモンがおもな働きをするが、甲状腺ホルモンや女性ホルモンとして知られるエストロゲンの影響も受ける（p.47参照）。

エストロゲンは思春期に分泌が多くなり、骨の形成・成熟にも促進的に働く重要なホルモンであるが、成長板軟骨の分化・増殖を抑制して骨の長育を止める働きにも大きく関与しており、男性も例外ではない。

④骨密度

骨強度は骨の構造や量、構成成分によって規定されており、特に量的因子は重要である。この量的因子となるカルシウムなどのミネラル成分は骨塩濃度として測定することができる。骨塩量と骨強度には高い相関があり、骨塩量が多いことは海綿骨（骨梁）を作る水酸化リン酸カルシウムの量が多いことを示し、骨は折れにくい。

骨密度の計測にはX線（DXA, Dual energy X-ray absorptiometry（二重エネルギーX線吸収測定法））や超音波（伝導速度、減衰率）を使用した方法がある。腰椎、大腿骨、橈骨、踵骨などで計測されている。骨密度は性別や年齢、運動量、食事内容などの影響を受ける（p211, 227, 259参照）。

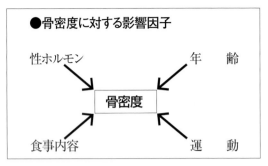

⑤骨密度の発育変化

出生から老年期に至るまで、骨密度は大きく推移する。骨梁構造からなる海綿骨や海綿骨を主体とする腰椎では、6歳前後から骨密度が増え始め、男性は15歳前後に急激に増加して20歳前後にピークに至る。一方、女性では13歳前後に激増し、17歳前後にピークに至る。このように思春期は骨密度の増加が顕著に起こる時期であり、この時期の骨量獲得が最大骨量（ピークボーンマス）の高低を決め、生涯の骨量にも影響を与える（p.258参照）。

また皮質骨（緻密骨）の部分では、最大骨密度に至る時期は30歳前後であるといわれている。

3. 体重の発育

1) 発育期の体重の意義

体重は、骨格、筋肉、内臓、血液、脂肪、水分など身体のすべての臓器の総和量を示すものであり、特に、乳幼児では発育・発達をとらえる重要な指標となる。

体重の発育は身長と同様の傾向を示し、誕生直後と思春期に一過性の大きな増加時期を迎える（図表1, 9）。ただし、思春期の体重の増加は身長に比べ、半年から1年遅れて出現し、骨格の伸長発育がほぼ完了した後に筋や内臓器の発達が起こることを示している。

図表9　身長・体重の年間発育量の変化

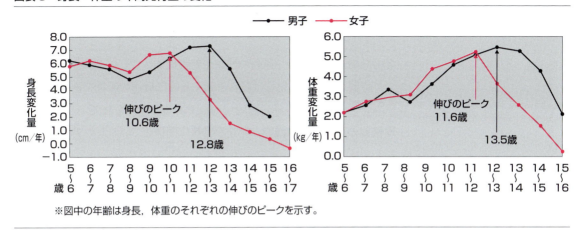

※図中の年齢は身長，体重のそれぞれの伸びのピークを示す。

図表10　皮下脂肪断面積の年齢変化

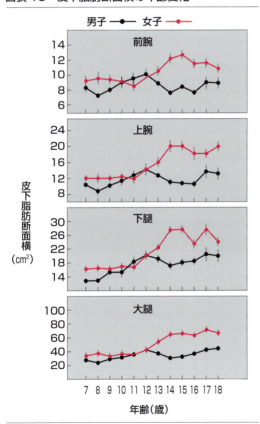

2) 体重の発育

体重は体脂肪重量と除脂肪体重（LBM）に分けることができる．体脂肪には皮下脂肪と内臓脂肪がふくまれる．

発育期における四肢の皮下脂肪の変化をみた場合，男子では大きな変動がないのに対して，女子では上腕部や大腿部などの四肢の皮下脂肪が身長ピーク年以降に増加する（図表10）．また，思春期には体脂肪以上にLBMが増加するため，体重増加が顕著に起こる．思春期のLBMの増加は筋量や骨の発育だけでなく，心臓などの内臓器の著しい発育によるものでもある．

| 発展編 | 運動と発育・発達 |

発育・発達過程には，運動の種類や特性によってそれぞれの至適トレーニング時期がある．幼児期は動作を覚えるのに最適の時期であり，筋力トレーニングは思春期以降に開始すべきであると考えられている．これは，生理機能の発達と運動機能の発達が密接に関係しているためである．

1．身体機能の発達と運動

1）幼児期・児童期の運動

①神経系の発達と運動

▶神経系の発達
▶反応時間
▶筋力
▶運動制御系
▶循環機能
▶心拍数
▶１回拍出量
▶ミルキングアクション
▶呼吸機能
▶酸素摂取量
▶酸素借

幼児期には筋力はゆるやかに増加する．一方，神経系は，脳重量が10歳までに成人と同じ値（1,300g程度）に達するなど，幼児期から思春期前にかけて急速に発達する．

神経系機能の発達の指標として反応時間が用いられる．単純反応時間をみると児童期から思春期にかけて著しい発達がみられる（図表11A）．反応時間は，①刺激の知覚・判断→②反応選択→③運動実行の３段階からなり，中枢神経系での情報処理時間の総和として捉えられる．全身反応時間は反応開始時間と筋収縮時間の２要素からなる（p.25参照）が，発育期は反応開始時間の短縮が顕著に起こる．このことは神経伝達と情報処理能力の発達が関与していると考えられる（図表11B）．また，筋収縮時間の短縮は筋力の増大と動作の主働筋や協働筋，また拮抗筋の収縮と弛緩に対する調節能力の発達が関与している．反応時間が表す神経系の発達は運動制御系の発達であり，この時期にバランス感覚やリズム，タイミングなどのスキルに関わる運動を多く経験することが，思春期以降の動作の獲得にも影響をおよぼすと考えられる．

②呼吸・循環系の発達と運動

3歳から12歳にかけて循環機能は著しく発達し，16〜17歳になると成人とほぼ等しくなる．乳幼児から18歳までの安静時の心拍数は成長とともに徐々に減少する（図表12）．幼児期は，体容積当たりの心臓が小さいため1回拍出量が少なく，心拍数を増やすことで血液をすみやかに循環させる必要性に迫られている．呼吸・循環機能の働きが完成するまでは，末梢心臓としての骨格筋の働きである筋ポンプ作用（ミルキングアクション）（p.115参照）に頼って静脈還流量を増加させている．

図表11 発育にともなう反応時間の変化

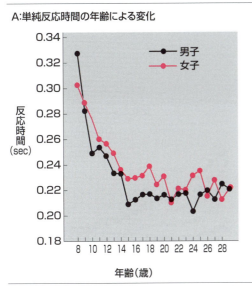
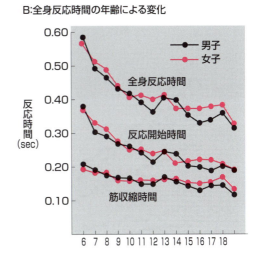

- 単純反応:ランプが点灯する合図に対してすばやくスイッチを押す動作
- 全身反応:ランプの点灯する合図に対してすばやくジャンプする(p.25参照)
- 全身反応時間=動作開始時間+筋収縮時間

図表12 発育・加齢にともなう心拍数の変化

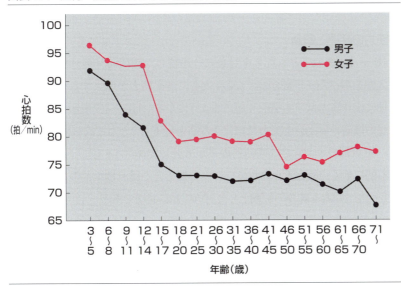

　呼吸機能は，小学校の低学年までは，酸素摂取量の割合に対して酸素借が小さいという特徴がある．これは筋量が少ないために無酸素性代謝の主要因となる筋中 ATP 含有量や ATP-PCr 系と解糖系の能力が低いことによる．このため，子どもは低強度の連続的運動には向いているが，高強度の運動は不向きといえる．

図表13　性・年齢別にみた脚伸展筋持久力テストにおける作業回数とピーク・トルクの関係

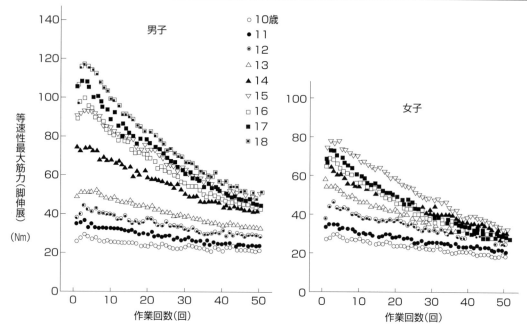

等速性筋力測定装置を用いて椅座位姿勢から2秒に1回の割で最大努力ですばやく膝関節伸展運動を50回くり返した．

③筋力の発達と運動

　10〜18歳の子どもたちを対象に，連続した膝関節伸展運動による筋持久性を調べた．年齢が高くなるとともに最大筋力が増大するが，連続力発揮により筋力低下も著しく起こるようになる．10〜13歳頃までは，最大筋力は高くないが連続力発揮による筋力低下もほとんどみられない（図表13）．児童期の子どもでは運動制御系が未発達であるとともに，遅筋線維が主導的に働くためと考えられる．この時期の走，跳，投などの運動は，競技レベルではなく遊びの範疇として行うことが適切である．

2）思春期の運動

▶二次性徴
▶長育（と運動）
▶骨密度（と運動）
▶運動刺激
▶骨芽細胞
▶破骨細胞
▶骨量増加

　思春期は二次性徴が起こり，男女それぞれの身体的特徴がみられるようになり，形態や運動機能に男女差が大きく現れる時期である．また，同性間であっても個人差が大きくなる．

①身長の発育と運動

　思春期は身長が著しく伸びる時期であるが，これは骨の成長によるものである．骨の長育に対して運動は影響するであろうか．
　中学校・高校を通して重量挙げトレーニングを行っている選手の身長は

図表14 女子テニス選手の利き腕骨と反対腕骨の比較

	思春期前（n＝17）	思春期（n＝11）	思春期後（n＝19）
●年齢（歳）	10.4±0.3	12.2±0.3	14.5±0.4
初経年齢（歳）	───	───	12.5±0.3
身長（cm）	141.6±2.0	151.4±2.2	162.5±1.4
体重（kg）	34.8±1.4	41.9±1.8	54.9±1.4
運動歴（年）	4.9±0.3	5.6±0.8	7.0±0.4
●上腕骨塩量（g）			
利き腕	11.1±0.6	14.7±0.8	21.4±0.7
反対腕	9.9±0.6	12.9±0.8	18.9±0.7

同年齢の全国平均値に比べ若干高値を示すがほとんど差がない．栄養や休養が満たされている場合は，発育期において重い負荷が加わるようなトレーニングを行っても，身長の伸びを抑制することはないと考えられる．

②骨密度と運動

若年期に高い最大骨量を獲得しておくことは，骨量が減少する高齢期においても比較的高いレベルを維持することができ，骨粗鬆症や骨折のリスクを軽減する．思春期のスポーツ活動の有無は骨密度に影響し，スポーツ活動をしている者はしていない者に比べ骨密度が高い．また，日常生活においても，身体活動レベルの高いほうが，男女とも骨密度が高いという報告がある．

また，発育期において，テニスや野球を行っている者は，利き腕の骨密度が非利き腕よりも高く，他の種目のスポーツを行っている者よりも顕著に利き腕の骨密度は高い．運動によって負荷が加わる身体部位には，特異的に骨密度が高まると考えられる（図表14）．

骨密度の増加は運動刺激により骨へのメカニカルストレス❸が高まり，骨

❸メカニカルストレス（歪み）
　骨に加わる圧迫や引張り力などの外的力学的刺激．骨への力学的刺激を感知している細胞として骨細胞が注目されている．骨細胞はメカニカルストレスによる応力や圧力，骨小管内の液流を感知し，骨芽細胞や破骨細胞の機能調節に関与している．

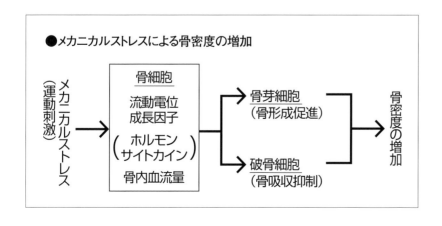

図表 15　骨量の変化と運動刺激

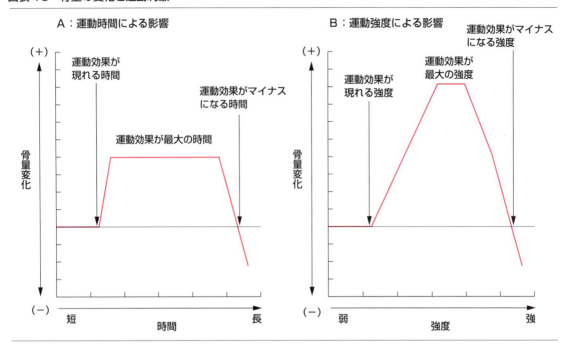

❹ 1,000 マイクロストレイン
　0.1％の骨変形をもたらす程度を表す．25,000 マイクロストレインになると外傷性骨折に至るといわれる．

❺ ストリーミングポテンシャル
　骨内の体液成分とコラーゲン分子のカルボキシル基との間での電荷の受け渡しの結果として電位変化が生じる．

❻ 骨形成機能
　アルカリフォスファターゼ活性，コラーゲン分泌，増殖因子の産生により骨基質の形成と石灰化を行う．

❼ 骨吸収機能
　破骨細胞接着面の骨吸収窩においてプロトン（H^+）を分泌して pH を低下させ，ミネラルの脱灰を行い，リソゾーム酵素によって有機基質の消化を行う．

内血流量やホルモン分泌量などに変化が生じることによる．骨に加えられるメカニカルストレスが 1,000 マイクロストレイン❹を上回ると，骨形成が亢進し骨密度が増加する．メカニカルストレスが加わると骨内で流動電位（ストリーミングポテンシャル❺）が生じ，また，機械的刺激を感受した骨細胞は，骨形成や石灰化に作用する．さらに，ウエイトトレーニングなどの高強度な運動で性ホルモンやサイトカインの分泌が高まる．これらが骨芽細胞の骨形成機能❻を促進し，破骨細胞の骨吸収機能❼を抑制する．

　運動強度が高いほど，また運動時間が長いほど骨量増加に効果があるというものではない．一定の強度や時間を満たせばそれ以上は大きな差異はなくなる．むしろ，強度や時間を増すと効果が減弱し，その上限を超えると骨量は逆に減少することがある（図表 15）．

　ラットの走運動（30m／分）では 1 日当たり 15 分以上で骨量増加がみられ，3 時間以上実施すると効果が減弱もしくは逆効果になる．女性の長距離ランナーなど長時間にわたる過酷なトレーニングを行う選手ではエストロゲンレベルが低く，骨密度が低い傾向にあると報告されている．また男性長距離ランナーでも正常範囲ながらテストステロンレベルが低い傾向を示す報告がある．競技選手が行うトレーニングと一般のフィットネスとしてのトレーニングとを分けて骨密度への影響を考える必要がある．運動強度から骨量への影響を見た場合では，およそ 40～80％ $\dot{V}O_2max$ 強度の範囲で骨密度の増加が認められ，それ以上の強度では逆効果となる．

図表16　脚筋パワーの年齢推移

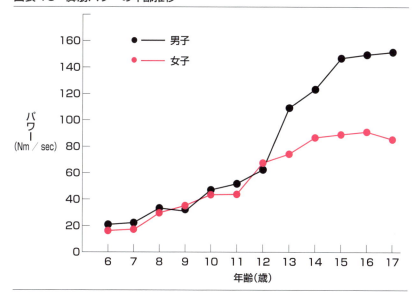

図表17　1年間の身長の発達と垂直跳の変化

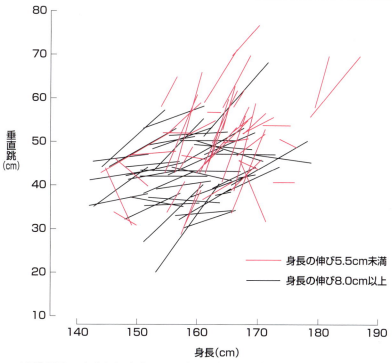

中学生男子の2年生から3年生までの1年間の身長の伸びと垂直跳の変化を示す．赤線は1年間の身長の伸びが5.5cm未満の者，黒線は8.0cm以上の者の変化を表す．身長が急速に大きくなる黒線の者に，垂直跳の能力が停滞しているケースが多くみられる．

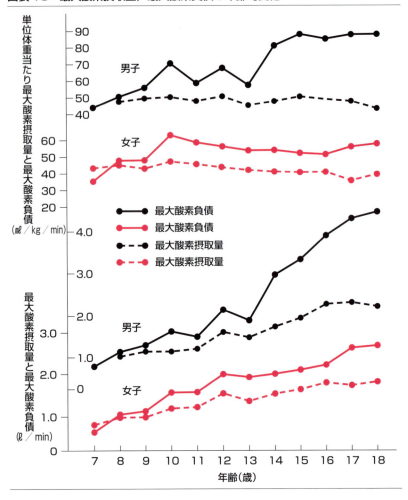

図表18 最大酸素摂取量，最大酸素負債の年齢的変化

▶筋肥大
▶年間増加量

③思春期の筋力トレーニング

　中学生時期になると筋力の増大が起こる．特に，男子で顕著であり，この時期の筋力増加は，男性ホルモンであるテストステロン分泌量の増加にともなう筋肥大による．

　筋力の増加にともない，脚筋力パワーなども急速に発達する（図表16）．しかしながら，少なくとも身長が急速に伸びている時期は，骨も筋も構造変化を起こしている時期であり，骨端部は弱く一時的に筋力の発達が停滞することもある．

　中学男子の2年生から3年生の1年間の身長と垂直跳の変化を調べたところ，身長発育が急速な時期にある生徒の垂直跳増加量は，身長発育が安定期にある生徒の年間増加量に比べ低い（図表17）．背筋力，走り幅跳などの体力・運動能力測定項目でも同様の傾向がみられ，身長発育に見合うだけの体力発達が得られない者が多く見られる．筋力の発達は急速な形態発育が終了した後に表れてくるため，専門的筋力トレーニングは思春期以

図表19　正常月経周期における性種ホルモンの変動

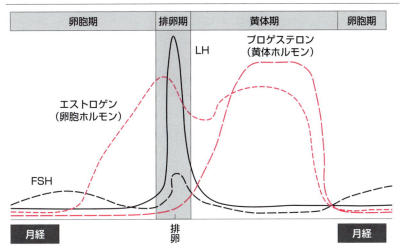

FSH：卵胞刺激ホルモン，LH：黄体形成ホルモン

❽月経周期

　月経周期は，視床下部から性腺刺激ホルモン放出ホルモンが分泌され下垂体前葉に作用することが基点となる．下垂体からは，卵胞刺激ホルモン（FSH）と黄体形成ホルモン（LH）という2種類のホルモンが分泌され，卵巣での卵胞が発育する．卵巣は，エストロゲンを分泌し，卵胞液を貯め卵を成熟させる（卵胞発育）．エストロゲンの上昇は中枢にはたらき，LHサージという下垂体から一時的に大量のLHの分泌を促す．この現象によって，卵巣の卵胞は破裂し排卵が起きる．排卵された卵胞の袋の部分の細胞はLHの刺激によって黄体となり（黄体形成），エストロゲンとプロゲステロンを分泌する．この影響で，子宮内膜は受精した卵に栄養を供給するためのグリコーゲンに富んだ状態となり，また卵子の着床を助けように変化する．受精・着床が無い場合には，黄体は形成から約2週間で萎縮・退化し，急激にエストロゲンとプロゲステロンの分泌が低下するため，子宮内膜はその構造を保つことができなくなり内膜がはがれて出血をおこす（月経）．

降に行うべきである．

④思春期の持久力トレーニング

　全身持久力の要因である最大酸素摂取量は，思春期の形態発育とともに急速に増加する．しかし，体重当たりの最大酸素摂取量には大きな変化はない（図表18）．これは最大酸素摂取量が呼吸・循環器の容量および骨格筋量などによって決まるためである．一方，体重当たりの最大酸素負債は男子に顕著な増加がみられる．これは，筋量の増加によるものである．

　呼吸・循環器が発達する思春期以降からより高い強度の持久力トレーニングが可能となる．

▶全身持久力
▶最大酸素摂取量
▶最大酸素負債

2. 月経と運動

1) 月経の運動への影響

　月経周期❽におけるダイナミックなホルモンの動態（図表19）は，運動機能にも影響を与える可能性が考えられる．一流スポーツ選手の月経周期と主観による体調との関係を調べると，月経前1週間と月経期に不調を訴えるものが多い．月経期には，出血のための精神的ストレスや子宮内膜剥離にともなう月経痛などの直接的ストレスが体調不良の原因とみられる．また，月経1週間前の黄体期は，プロゲステロンの作用が体調に影響する可能性が考えられる．プロゲステロンには，①呼吸中枢の化学受容器の閾値を下げる，②体温調節中枢を刺激しセットポイントを上昇させる，③筋を弛

▶月経周期
▶体調不良
▶愁訴
▶呼吸・循環器の機能

図表20　月経周期と運動時の呼吸・循環機能の変化

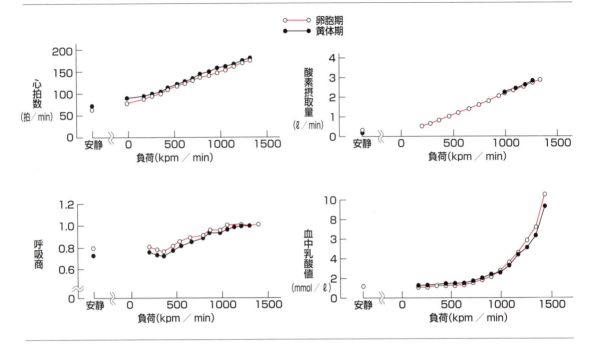

緩させる，④水や電解質の排泄の促進作用とその代償としてアルドステロンの分泌による強い水分貯留作用を起こすなど，スポーツ活動にはマイナスに働く可能性がある．

　月経周期にともなう愁訴には，神経過敏，乳房緊満症状，腹部膨満感などがあるが個人差が大きい．卵胞期と黄体期の呼吸・循環器系の機能を比較した最大強度までの漸増負荷試験では，心拍数，酸素摂取量，呼吸商，血中乳酸値のいずれにおいても両期間では差が見られない（図表20）．また，最大筋力や筋持久力，反応時間などの運動機能についても，月経周期による一定の変動傾向は示されていない．

2）月経異常と運動

　月経痛は骨盤内のうっ血現象が原因であり，スポーツ活動による血流の亢進は月経痛軽減をもたらすと考えられている．そのため，一般にスポーツ選手にはひどい月経痛を訴えるものが少ないといわれいる．

　しかし，激しいスポーツ活動による①初経発来遅延，②運動性無月経（p.47参照）などの問題がみられる．初経発来の平均年齢は11.8歳であり，身長が145cmに達すると発現するといわれている．競技スポーツの低年齢化や，思春期の過度な運動，食事制限は初経発来年齢を遅延させる（図表21）．初経発来については16歳を規準として，それまでに未発来の場合には骨粗鬆症など骨代謝にも影響をおよぼす可能性があり，内分泌機能検

▶月経痛
▶初経
▶運動性無月経
▶性腺刺激ホルモン
▶エストロゲン
▶骨粗鬆症
▶稀発性月経
▶無排卵周期症

図表21　競技種目別の初経発来年齢

競技名	初経年齢	初経未発来	競技名	初経年齢	初経未発来
ボート	12.6±1.5(50)	0／0／0	アーチェリー	13.0±1.1(20)	0／0／0
ホッケー	13.5±1.3(133)	0／0／0	アイスホッケー	12.0±1.1(20)	0／0／0
ヨット	12.0±1.0(21)	0／0／0	ウエイトリフティング	12.3±0.4(17)	0／0／0
ライフル射撃	12.4±1.7(28)	0／0／0	カヌー	12.8±1.5(21)	0／0／0
自転車	13.3±1.1(31)	0／0／0	サッカー	13.3±1.4(41)	0／0／0
柔道	12.4±1.4(95)	0／0／0	スキー	13.4±1.6(65)	0／0／0
新体操	14.6±0.7(23)	0／0／0	スケート	13.4±1.2(134)	0／0／0
競泳	13.0±1.0(120)	0／0／0	ソフトボール	13.0±1.3(64)	0／0／0
飛び込み	13.7±1.3(21)	0／0／0	テニス	13.6±1.7(35)	0／0／0
シンクロ	13.5±1.0(23)	0／0／0	バイアスロン	13.1±0.8(13)	0／0／0
体操競技	15.9±1.9(41)	9／22／10	バスケットボール	13.3±1.4(122)	0／0／0
卓球	12.8±1.5(42)	0／0／0	バドミントン	13.6±1.4(47)	0／0／0
中・長距離	13.6±1.6(76)	0／0／0	バレーボール	13.3±1.0(157)	0／0／0
短距離	13.9±1.1(35)	0／0／0	ハンドボール	13.4±1.4(98)	0／0／0
フィールド競技	13.1±1.4(50)	0／0／0	フェンシング	13.0±1.4(38)	0／0／0

mean±SD,（人数）,初経未発来人数(15歳未満／15〜18歳／18歳以上)

図表22　スポーツ選手の月経の程度（履歴）と骨密度

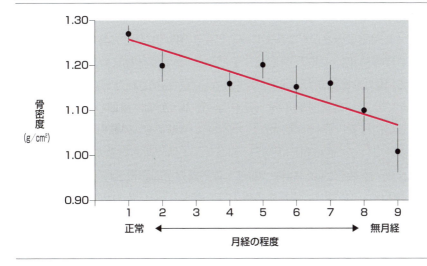

月経の程度は，月経を正常，過少月経，無月経に分け，現在と過去の履歴により9段階に分けて表したもの.

査が必要であるとされる.

　過度な運動は月経を停止させることがある．体脂肪の減少や内分泌機能低下により脂溶性の女性ホルモン合成量の低下や代謝障害がその原因とされている．またストレスにともなう副腎機能亢進によるβエンドロフィン[9]の持続的上昇が下垂体からの性腺刺激ホルモンの律動分泌障害を引き起こすと考えられている.

　運動性無月経症には稀発性月経と無排卵周期症がふくまれる．これらの月経障害は運動中止により解決すると考えられているが，無月経による卵巣の長期的機能低下は無排卵症を誘発することが指摘されている．また，

❾βエンドロフィン
　痛覚に関するシナプスを抑制する鎮痛作用がある．運動などによる痛みや，ストレスに反応して脳内で作られる.

卵巣の長期的機能低下によるエストロゲンの分泌低下は，若年性の骨粗鬆症や骨折を誘発する可能性があり軽視すべきではない（**図表22**）．

3. 子どもの体力低下とスポーツ障害

▶体力低下
▶運動能力テスト
▶新体力テスト
▶骨折
▶スポーツ障害

1）子どもの体力低下

子どもの体力を，昭和60（1985）年頃と比較してみると，依然と低い水準に留まっている．

戦後の復興と東京オリンピック招致の決定によるスポーツへの関心の高まりを受けて，昭和36（1961）年に「スポーツ振興法」が公布された．また，運動能力テストと体力診断テストからなる「スポーツテスト」が作成され，東京オリンピック開催年である昭和39（1964）年から全国で実施された．平成10（1998）年より体力要素が重複する項目を整理し，対象年齢を拡大することを目的として，「新体力テスト」が開始された．その間，全国で測定された体力・運動能力テスト結果を踏まえ子どもの体力低下問題がマスコミにも取り上げられてきた．

新聞記事などからこれまでの子ども達の体力に関する変化を見ると，すでに昭和42（1967）年には，子どもの「体格（体位）の大型化」に対して，体力や運動能力の向上がみられない点が指摘された．昭和45（1970）年には，「一億総運動不足―日本人の体力は着実に後退している」，「ひ弱な現代っ子」，「ノッポの力なし」などといった子どもの体力に対する表現も表れている．昭和60（1985）年には，「子供の運動能力大幅にダウン」とした，体力ではなくスポーツ技能・運動能力が問題視され始めた．平成20（2008）年以降は「中高生の体力持ち直す」，「子どもの体力回復傾向が明らかに」，「穏やかな回復続く」とされつつも一方では，「鬼ごっこの最中に壁に激突する」，「15cm程度の台から飛び降りて骨折する」と言った事例が報告されている．また，女子生徒の運動習慣不足が問題視され，「基礎的運動能力の低い状況」，「運動実施の二極化」などといった問題も現在まで続いている．

「スポーツテスト」から「新体力テスト」にテスト項目の変更があったが，継続している項目では，昭和60（1985）年から現在までの体力・運動能力の経年変化を見ることができる．

体力の指標としての筋力（握力）と持久力（男子1500m走，女子1000m走）の年齢別推移を図表23に示す．また，運動能力を表す走，跳，投能力に関連する50m走，立ち幅跳び，ボール投げを体力水準が比較的高かったとされる昭和60（1985）年頃と比較すると，多くの項目で

図表23 体力・運動能力の年代推移

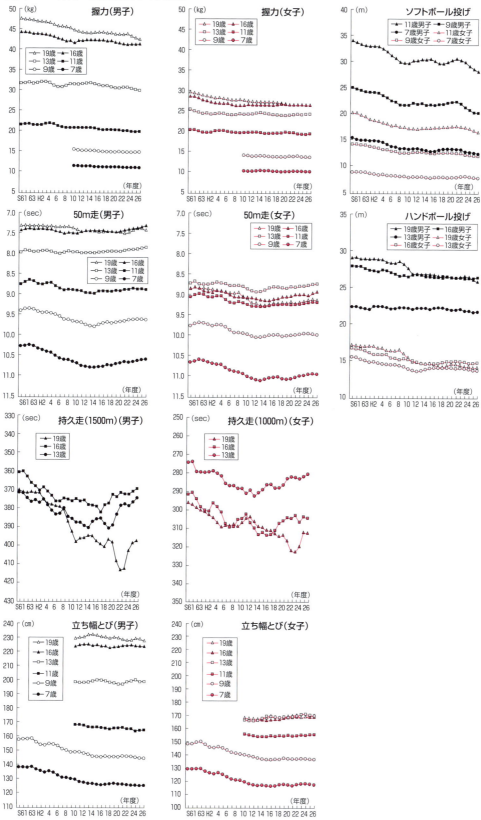

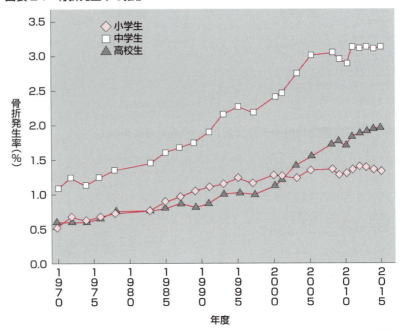

図表24 骨折発生率の推移

全国の児童生徒の骨折率は，1970年から2008年のピーク年にかけて約2.4倍増加している（日本体育・学校健康センター）．

小・中・高生の男女とも低下傾向や停滞が続いている．

現代の我々の日常生活においては，必ずしも高い体力を必要とする生活様式だけではない．しかし，中・高齢期以降の生理的体力低下（p.247参照）や腰痛・骨粗鬆症などの疾患の発生，さらには骨のピークボーンマス（p.222参照）などを考えあわせた場合，発育期の子供の体力低下は本来はあるべき体力発達割合の低下であり，生涯にわたる体力に影響することからも軽視できない問題である．

2) 子どもの骨折の増加

日本学校健康センター「学校の管理下の災害−基本統計−」がまとめた"学校における負傷の年次推移"の表の中から骨折に注目すると，調査が始まった1970年以降から骨折発生率は増加を続けている．小学校・中学校・高等学校をふくむ全学校生徒数に対する骨折発生人数比は，2008年がこれまでの最高値である1.57％であった．この2008年の総発生率は1970年の2.4倍であり，小学校で約2倍，中学校・高等学校では約3倍に増加している（図表24）．

骨折事故は課外活動時などに起こるケースが増加しており，中でも，下肢の受傷割合が増加している．痛みをこらえて練習した結果発生する疲労骨折などの他に，体力・運動能力の低下や運動習慣の不足による骨強度の

低下，さらには危険回避能力の低下も事故を増加させていると考えられる．また，子ども達のダイエット志向によるたんぱく質やカルシウム摂取の減少，逆に菓子類の多食によるカルシウム吸収の阻害が，骨量を低下させ骨折発生率を増やす一因となっていると考えられる．

3）発育期のスポーツ障害

　発育期には運動負荷が大きなストレスとなることがある．特に，発育期の骨は軟骨部分が多く，メカニカルストレスに弱い骨端の成長板など軟骨部において損傷や骨折を起こすことがある．骨折を起こすほどの外力ではない場合にも，くり返される衝撃により，オスグッド病や野球肘などの障害や疼痛を誘発することがある．骨の急速な長育に対して筋や靱帯の発育が遅れるため，腱の付着部には常に負荷が加わる．そこへさらに運動負荷が加わることが障害を引き起こす要因となると考えられる．

　子どものスポーツ障害には肉離れや腱断裂などは少なく，骨と関節の傷害が多いのが特徴である．

　基礎体力が十分できていない段階において，高度なテクニックや瞬発的に高強度の動きを要求することは過度な負担を強いることになり，スポーツ障害の原因となる．勝利至上主義的指導を避け，個人の発育・発達状況をふまえた指導が望まれる．

■まとめ

1. PHV年齢を求める意義を説明しよう.
2. 発育期の体重増加の意味を説明しよう.
3. 幼児期の神経系の発達の意義を説明しよう.
4. 思春期のホルモンバランスの変化と, 二次性徴について説明しよう.
5. 思春期の筋力発達について説明しよう.
6. 思春期の骨密度の変化について説明しよう.
7. 思春期の呼吸循環器の発達について説明しよう.
8. 思春期のトレーニングの至適性について説明しよう.
9. 月経と運動との関係を説明しよう.
10. 現代の子どもの体力問題について説明しよう.

■今後の課題

1. 身体各臓器の発達時期の差異出現のメカニズムの解明.
2. 運動種目別の至適開始時期の解明.
3. 幼児期の至適運動の解明.
4. 思春期の至適運動強度の解明.
5. 運動障害の予防策の解明.
6. 月経障害・異常の予防策の解明.
7. 子どもの体力低下の予防策の解明.

■参考図書

1) 井上貴央（監修）, カラー人体解剖学, 西村書店, 2003年.
2) 松本俊夫（編）, 骨・カルシウム代謝の調節系と骨粗鬆症, 羊土社, 1994年.
3) 野田政樹, 骨のバイオロジー, 羊土社, 1998年.
4) 米田俊之, 骨のバイオサイエンス, 羊土社, 2002年.
5) 中村利孝（編）, 骨粗鬆症ナビゲーター, メディカルレビュー社, 2001年.
6) 松本俊夫（編）, 骨シグナルと骨粗鬆症, 羊土社, 1997年.
7) 松本俊夫, 中村利孝（編）, 骨粗鬆症　分子メカニズムから病態・診断・治療まで, 羊土社, 1995年.
8) 鈴木不二男, 骨はどのようにしてできるのか軟骨分化の謎を探る, 大阪大学出版会, 2000年.

9）高石昌弘，小林寛道（監訳），事典発育・成熟・運動，大修館書店，1995年.

10）高石昌弘，樋口満，小島武次，からだの発達—身体発達学へのアプローチ，大修館書店，1998年.

11）山口規容子，早川浩（訳），ヒトの成長と発達，メディカル・サイエンス・インターナショナル，2001年.

12）鈴木隆雄，林泰史（編），骨の事典，朝倉書店，2003年.

13）猪飼道夫，須藤春一，教育学叢書第17巻・教育生理学，第一法規，1972年.

14）猪飼道夫，高石昌弘，教育学叢書第19巻・身体発達と教育，第一法規，1972年.

15）宮下充正，石井喜八（編），運動生理学概論，大修館書店，2000年.

●── 図表出典

図表1 ●厚生労働省，「乳児幼児身体発育報告書」，2000年度，および，文部科学省，「学校保健統計報告書」，2003年度（著者作図）.

図表2 ●猪飼道夫，高石昌弘，教育学叢書 第19巻，身体発達と教育，第一法規，1974.

図表4 ●伊藤隆，ナースのための解剖学，南山堂，1997.

図表5 ●中島雅美，中島喜代彦（編），基礎から学ぶ運動学ノート，医歯薬出版，2002.

図表6 ● NHK，教育番組ジュニアスペシャル「驚異の小宇宙人体」第2集〜骨と筋肉〜，2004（各場面の映像を静止画に変換して著者作成）.

図表7 ●井上貴央（監修），カラー人体解剖学，西村書店，2003.

図表8 ● A: 山口規容子，早川 浩（訳），ヒトの成長（図3.6の一部），メディカル，2001.．D: 内山安男，相磯貞和（監訳），人体組織学，南江堂，p247，1999（一部改変）．B, C: 著者撮影.

図表9 ●三重県・学校保健統計，2004.

図表10 ●阿部孝，福永哲夫，日本人の体脂肪と筋肉の分布，杏林書店，1995.

図表11 ●宮下充正，石井喜八（編），運動生理学概論，大修館書店，2000.

図表12 ●宮下充正，石井喜八（編），運動生理学概論，大修館書店，2000.

図表13 ●金久博昭，根本勇，宮下充正，年齢および性との関連からみたアイソキネティック・ピークトルクと持久力，J. J.Sports Sci.，3，91-98，1984.

図表14 ● Bass, S.L., Sexon, L., Daly, R.M., Turner, C.H., Robling, A.G., Seeman, E., Stuckey, S., The effect of mechanical loading on the size and shape of bone in pre-, peri-, and postpubertal girls: a study in tennis players. J. Bone. Miner. Res., 17, 2274-2280, 2002.

図表15 ●勝田茂，七五三木聡，筋肉と組織との関係，THE BONE，7，1993（一部改変）.

図表16 ●宮下充正，石井喜八編，運動生理学概論，大修館書店，2000.

図表18 ●猪飼道夫，高石昌弘，教育学叢書第19巻—身体発達と教育，第一法規，1972.

図表20 ●目崎登，女性の生理とスポーツ活動：女性アスリートの月経異常，コーチングクリニック，11，6-11，1997（一部改変）.

図表21 ●落合和彦，女性の生理とスポーツ活動：月経周期とコンディション，コーチングクリニック，11-12:12-17，1997.

図表22 ● Drinkwater, B.L., Bruemner, B., Chesnut, C.H., 3rd: Menstrual history as a determinant of current bone density in young athletes. JAMA, 263, 545-548, 1990.

図表23 ●文部科学省，「体力・運動能力調査」報告，2004.

図表24 ●日本体育・学校健康センター，「学校管理下の災害　―基本統計―」，2016.

第10章

運動と加齢
─QOLの向上と運動の効用─

　加齢（老化）とともに臓器・組織が萎縮し，身体機能や体力は低下する．この加齢現象は普遍性であり，その原因は内因性であり，退行性に進行する．高齢期には身体機能は低下するが，その低下の程度は個人差が大きい．このことは退行する速度を不断の努力によって抑えることができることを意味する．

　巧みな動きやすばらしいパフォーマンスを発揮していた一流選手も，引退し運動習慣を失うと体力は低下する．一方，中年期以降から運動を始め，マスターズ競技会やマラソン大会で活躍するスポーツ愛好家も多い．

　体力や運動能力は積極的な身体活動や運動習慣によって維持され，高齢になってもトレーニングの効果は期待できる．また，生活習慣病の予防や高齢者のQOLの向上に果たす運動の役割が期待されている．

　本章では，加齢にともなう機能低下のメカニズムや身体機能の変化を通して，加齢現象に抑制的に働く運動の効果について解説する．

基礎編　加齢による身体の変化

1. 加齢と老化

加齢はエイジング（Ageing）という言葉として用いられている．広義には誕生から死に至る過程を意味するが，狭義的には成熟期以降の身体機能の低下現象（脆弱化）である老化をさす．

加齢現象は誰にでも共通に起こる（普遍性）もので，外部環境により誘発するのではなく個人に内在する原因によって起こる（内因性）．また，加齢現象は時間の経過にともない一方向に進行（不可逆性）する．老化はその方向が形態の萎縮や機能の低下となって現れる（退行性）．

このような老化現象は身近に見たり感じたりすることができるが，そのメカニズムは未だ明らかになっていない．

1）老化にともなう身体の変化

①形態・構造の変化

老化にともない皮膚や頭髪，体型などに変化が現れることは誰もが気づくことである．これは，細胞での代謝機能の低下や細胞内液の減少，細胞数の減少に起因している．

身長は，成人に達した段階から90歳までの間に，平均で2.4％減少する．これは，脊椎の彎曲や椎体骨の扁平，椎間板軟骨の萎縮など脊柱の変形によるものである．

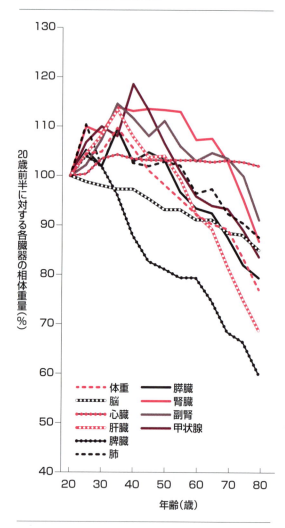

図表1　臓器重量の加齢変化

体内の細胞数の減少や臓器の萎縮は，臓器重量の変化によって知ることができる（図表1）．各臓器の萎縮は一様ではなく，肝臓や膵臓の重量は中年期以降から急速に減少する．脳においても，小脳皮質の中心的神経細胞であるプルキンエ細胞は70歳までに半分以下にまで減少する．また，臓器としての減少率の少ない腎臓においても，血液濾過機能の単位であるネフロンは半減する（p.153 参照）．

図表2 生理機能の加齢による退行

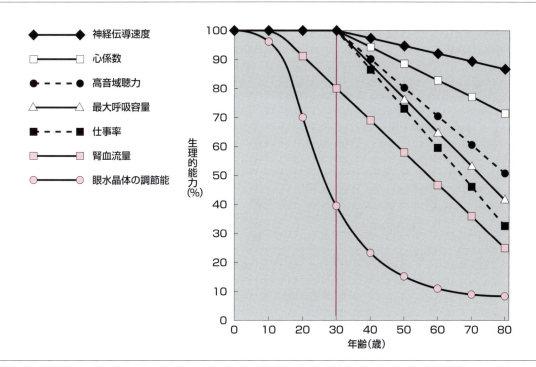

しかし，細胞数の減少や臓器萎縮率は個人差が大きい．

②身体機能の変化

老化にともない視力や聴力などの低下を誰もが自覚するようになる．これらの感覚機能だけではなく，さまざまな身体機能の低下が起こるが一様ではない．

30歳を基準とした臓器別の機能残存率を臓器重量と比較しながら見ると，脳重量は比較的保たれると同様に神経伝導速度の低下も少ない（図表2）．心重量は高齢期まで維持し続けるが体格に応じた血流量を表す心係数（心拍出量／体表面積）は10年で6%ずつ低下する．一方，呼吸筋の機能が反映する最大呼吸容量（1分間当たり）や腎機能の低下は大きく，臓器重量の変化とは必ずしも一致しない．肺機能の低下は持久性能力に影響する．腎臓機能は，糸球体濾過率，腎血流量，尿細管機能の低下が反映し，加齢とともに低下するが，安静時の生活や日常活動に対し腎臓機能低下が問題になることは少ない．しかし，腎臓におけるナトリウム保持能の低下は脱水の原因となるなど運動時の体液，血圧調節能力に影響する．

老化にともなう機能低下は，運動ニューロンや感覚ニューロンの減少による平衡機能の低下，筋線維の萎縮による筋力低下，骨塩量の低下，動脈壁の肥厚によるコンプライアンスの低下，食道の蠕動運動力の減少など消化器系の機能低下，体温調節反応や発汗機能の低下などにも現れる．また，感覚機能の低下が早くから現れる一方で，消化器系や循環器系の機能は比較的長く保たれる．

2) 老化を引き起こす因子

中年期以降の加齢現象を老化と呼ぶが，その原因には多くの因子が関与しているため，いろいろな説が示されている．

図表3　最長寿命と代謝速度の関係

活性酸素と消去系酵素（SOD：スーパーオキシドジスムターゼ）を中心に展開されている寿命のメカニズム．この進行は加齢と関係していると考えられている．

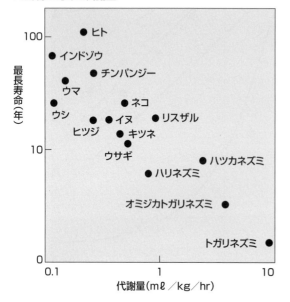
A：動物の寿命と代謝量

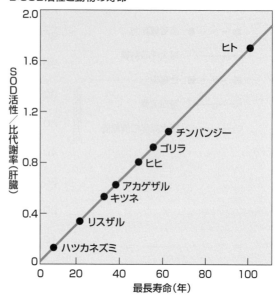
B：SOD活性と動物の寿命

個体，細胞，分子など，それぞれのレベルで老化を考える見方があるが，ここではいくつかの老化仮説を紹介する．

●プログラム説

老化仮説としてもっとも知られているプログラム説は，寿命や発育期間が動物種で決まっているように，老化も遺伝子によって支配され，加齢の進行にともなう遺伝情報の発現が起こるという考え方である．

人の老化は細胞の萎縮と細胞の死による減数が一因となる．細胞死は，遺伝的に発生→分裂→死という過程で制御されている再生細胞の死（アポトーシス）と非再生細胞の死（アポビオーシス[1]）とに分けられる．また強い衝撃などによる事故的な死（ネクローシス[2]）がある．血球や肝臓など再生能を持つ細胞の分裂により生体の基本的構造機能は保たれているが，細胞分裂回数には限度（50～60回）があるため細胞死に至る．これはテロメアと呼ばれるDNA末端の遺伝子配列（TTAGGGの連続繰り返し配列）が分裂の度に減数することで決定されている．

また身体（臓器）の大きさも遺伝子制御されていることから，代謝量もプログラムされていると考えられる．最長寿命と代謝量（酸素消費量）との間には反比例の関係が認められる．体重当たりの代謝量が大きいほど，生活物質の消費が大きく短命となる（図表3A）．

ミトコンドリアでの代謝産物として生成される毒性の高いフリーラジカル[3]は，細胞，たんぱく質，DNAに傷害を与え老化や寿命に影響すると考えられる．フリーラジカルを発生する運動などは寿命にとっては負の因子となるが，実際には，フリーラジカルの発生と同時に，フリーラジカルを消去するスーパーオキシドジスムターゼ（SOD）やカタラーゼ（CAT）などの酵素が存在しており，長寿の動物はこれらの酵素活性が高い（図表3B）．運動などによってフリーラジカルは発生するが，同時にSODやCATも活性化

されるため，運動が寿命の負の因子になること
はない．

　生体内の恒常性維持機構はおもに神経系・内
分泌系によって維持されている．老化プログラ
ムにより制御された神経・内分泌器官の萎縮や
細胞死は，その支配・標的器官の機能低下を引
き起こす．逆に，細胞の分裂が老化プログラム
の制御により停止した場合には，支配・標的器
官を失った神経・内分泌系細胞が数を減らすこ
とになる．これが全体の調節能力を次第に衰え
させることになる．プログラム説ではその結果と
して加齢現象が起こると考えられている．

●確率事象説

　確率事象説は，たんぱく質やコレステロール
などの生体高分子レベルでの損傷あるいは損傷
に対する修復が失敗して，異常な生体高分子の
蓄積が老化の一因となるとする説である．

　この中には，歯の磨耗や軟骨の変型などもふ
くまれる．身体の細胞組織は酷使や乱用により
損傷し修復不全を起こした結果，老化に至ると
する考えである．また，赤血球や眼球の水晶体
のたんぱく質に見られるように，加齢によって脆
弱化や硬化（架橋反応）などの変化を受けたた
んぱく質の蓄積が機能低下を起こし，老化に至
るという考えがある．

　さらに，DNA からの情報を元に複製する際
に生じるエラーが蓄積して機能低下を招くエ
ラー説も有力な仮説と考えられる．

　プログラム説や確率事象説の多くは，生物の
生存率を中心に研究されているもので，そのメ
カニズムは私たち人間に当てはまらないケースも

ふくまれている．

●環境因子説

　私たちを取り巻く環境は，寿命を左右する条
件となっている．特に，文明の発達による衣，
食，住の変化や医療・保険制度の整備は，寿命
の延長にきわめて大きな貢献を果たしている．
このような経済的，社会的環境だけでなく，日
常生活における環境要因（温度，酸素，放射線，
栄養，運動など）も加齢現象（寿命）に大きく
関係している．

---

❶アポビオーシス：分裂（増殖）能を持たない細胞（脳神経，心筋細胞）の死であり，老化にともなう筋力低下や感覚機能の低下など個体
　死に直結する．
❷ネクローシス：衝撃などでまず細胞膜が傷つき，膜の浸透圧の調節ができなくなることで細胞外液が細胞内に流入し，細胞膨潤や細胞内
　分解酵素が活性化することで細胞が破壊される現象であり，アポビオーシス同様に個体死に直結する．
❸フリーラジカル：生体ではエネルギー代謝の副産物としておもにミトコンドリア内で作られる活性酸素をいう．DNAの転写不全，細胞の
　機能低下，細胞膜の透過性変化を引き起こす．自由に動き回る不安定な分子構造を持つことが言葉の由来で，電子的均衡を得るため安定
　した分子から電子をうばい損傷（酸化）を与えることになる．

発展編　加齢と運動の効果

▶体力
▶行動体力
▶筋力
▶持久力
▶QOL
▶調整力

1. 加齢と体力・運動能力

1）体力とは

　体力は，広義的に身体的要素と精神的要素とに大別される．運動生理学から体力を考える場合は，身体的要素に焦点がおかれる．身体的要素は行動体力（活動力）と防衛体力（抵抗力）に分けられる．さらに行動体力は形態と機能に分けられ，この機能はさらに筋力（瞬発力），持久力，平衡性，柔軟性などの要素に分けられる（図表4）．特に，スポーツ活動を支える体力として行動体力が重要であり，「より強く」，「より速く」，「より高く」，「より遠く」，「より巧みに」を可能とする要素となる．また，中・高齢者にとっても，これらの身体的能力は生活の質（QOL[4]）をより快適で豊かにする上でも重要な要素となる．

　20歳以上を対象とした新体力テスト[5]では，筋力（最大筋力，瞬発力，筋持久力）の目安として握力，立ち幅跳び，上体起こしが測定され，また，持久力の目安として20mシャトルラン，急歩，が測定されている．さらに，反復横跳び，長座位前屈，閉眼片足立ちなどにより，敏捷性・柔軟性・平衡性などの調整力が測定されている．特に65歳以上の高齢者を対象とし

[4] QOL
　Quality of life の略であり，日本語では「生活の質」と訳される．1970年頃から一般に使われはじめた言葉であり，広義では社会全体の，狭義では個人の，特に高齢期や疾病発症の段階において，よりよい満足感・充足感を持った生活を目指す中で用いられる．

[5] 新体力テスト
　1964年より文部科学省（当時文部省）の体力・運動能力の調査が行われてきた．2000年より，日本国民の体位変化，スポーツ医・科学の進歩，高齢化などを踏まえた「新体力テスト」が導入された．
　新体力テストでは，小学校（6〜11歳），中学・高校および大学相当（12〜19歳）の生徒・青年，成年（20〜64歳），高齢者（65〜79歳）の各年齢段階を対象とした実施要領・評価基準が設けられている．

図表4　体力の構成

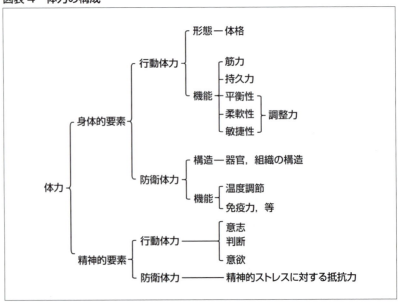

図表5　体力・運動能力の加齢変化

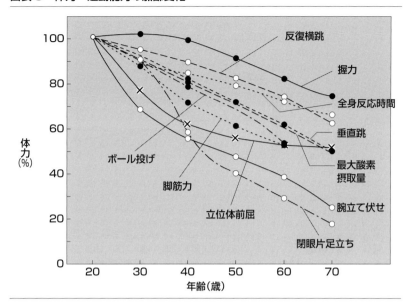

たテストでは，持久力として6分間歩行，調整力として開眼片足立ち，10m障害物歩行が測定される．

一方，体温調節や免疫力などの能力をふくむ防衛体力は，身体が受けるストレスに対して恒常性の維持や抵抗力として働き，健康を支える体力としての重要な役割を果たしている．

2) 加齢と体力・運動能力の変化

▶運動能力
▶低下率
▶筋の萎縮

体力・運動能力は，10歳代後半から20歳代でピークを迎え，30歳代頃から低下を始める．その低下率は10年で前年代比の10％程度といわれているが，体力要素によって異なる．

20歳時の体力を100％として体力要素の低下率をみると，最も顕著な低下が起こるものに平衡性（閉眼片足立ち）と腕筋持久力（腕立て伏せ）がある．40歳では50％に，70歳では30％を下回るまでに低下する．逆に，握力は低下率が最も少なく，70歳でも70％以上を保っている．しかし，脚筋力はこれらの中間の低下率を示すなど，筋力でも一様に低下するわけではない．持久力（最大酸素摂取量），瞬発性パワー（垂直跳）は，10年間にほぼ10％ずつ直線的に低下する（図表5）．これらの各体力要素の低下率は加齢にともない個人差も大きくなり，また性差も見られる．

①筋・神経系の変化

▶サルコペニア
▶ロコモティブシンドローム

加齢にともなう筋力低下は，筋線維数の減少（筋細胞の死滅）と筋線維の萎縮による筋断面積の減少が大きく関与している（図表6）．また，遅筋線

247

図表6　筋線維数と筋断面積の加齢変化

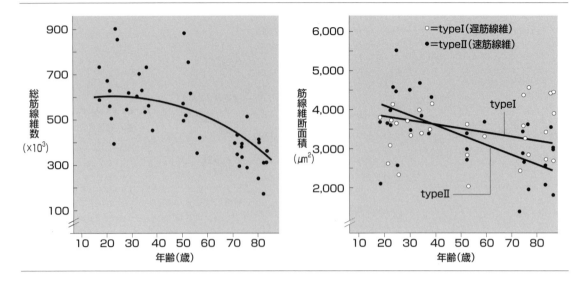

図表7　ヒトの有髄神経線維数（C8前根）の加齢変化

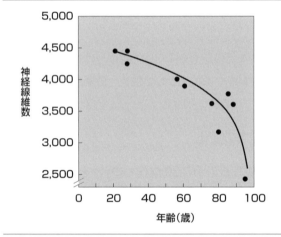

生前および検屍で神経学的疾患のなかった21～94歳の10例について，第8頸椎（C8）の右側前根の有髄神経線維数を数えた．
　加齢にともないニューロン数が減少している．

維に比べて速筋線維の萎縮が大きい．このような筋線維の変化は支配神経細胞の変化に影響を受けている．

　脳神経細胞は生後間もない時期から1日10万個ずつ死滅している．また，脊髄内の運動ニューロンも成人期以降は減少する（図表7）．特に，速筋線維を支配する神経細胞の減少率が高いことも報告されている．

　最近，加齢にともなう極端な骨格筋萎縮については「サルコペニア」といわれ，予防・改善の重要性が叫ばれるようになってきた．加齢にともなう筋萎縮は，ホルモン（グルココルチコイド，成長ホルモン・甲状腺ホルモン・性ホルモンなど）分泌低下や神経筋接合部の変性解離，内臓器疾患・炎症を起因とする．これらに代謝異常，栄養の吸収不良，日常活動量の低下，栄養不足などが加わることでサルコペニアという現象が進行することになる．

図表8　安静時の心拍と正常血圧の加齢変化

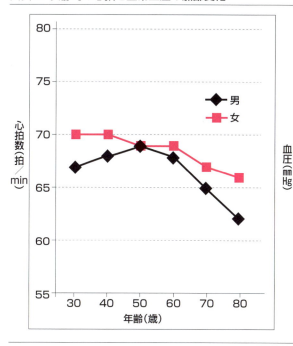
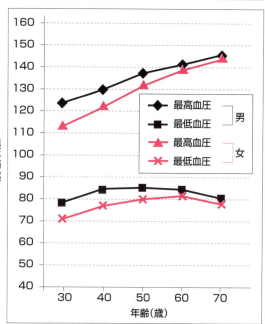

サルコペニアと同様に「ロコモティブシンドローム」という言葉が普及してきた．筋のほかに骨（骨粗鬆症），関節（変形性関節症）などの運動器系の障害によって移動能力が著しく低下し，介護を必要とするリスクが高まる状態がロコモティブシンドロームであり，サルコペニアをふくむ概念である．通常歩行速度が毎秒0.8m以下，握力が男性26kg未満，女性18kg未満などの判断基準が用いられる．さらに，筋量の診断基準が設けられている．

また，日本老年学会は，運動器系の能力低下，認知機能・精神活動の低下，栄養状態の日常活動性などの，より広い要素から介護を必要とする状態を「フレイル」とよび，予防・改善の必要性を提唱している．

②循環器系の変化
●心拍数，心拍出量

▶心拍数
▶1回拍出量
▶心拍出量
▶血圧

　安静時心拍数は，少年期から青年期にかけて徐々に低下するが，20歳からはほぼ変わらない（図表8，p.225 図表12参照）．これは体容積と心容積の比率が年齢で大きく変わらないことから説明できる．一方，最大心拍数は加齢にともない減少し，およそ「220－年齢」と推測できる．心機能を調節する交感神経系やカテコールアミンに対する感受性は加齢とともに低下するために，運動時の心拍数の上昇が少なくなることが最大心拍数の減少理由と考えられている．

　運動時の最大心拍出量も，加齢とともに低下する．この最大心拍出量の

図表9　歩行速度の加齢変化

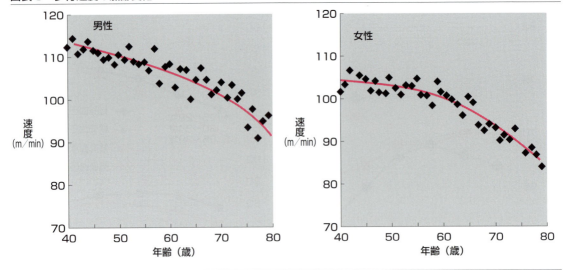

低下は最大心拍数の低下に依存するものであり，1回拍出量は加齢の影響をほとんど受けない．

●血圧

加齢とともに最高血圧，最低血圧ともに上昇するが，特に，最高血圧の上昇が顕著である（図表8）．これは，動脈硬化に起因するところが大きい．動脈硬化の進行は動脈のコンプライアンス（p.128参照）を低下させるため，心臓の拍動により生じる血圧の変動を緩衝し，血液を末梢へ送り込む動脈のポンプ作用（p.115図表4参照）を著しく機能低下させる．

▶コンプライアンス
▶最大酸素摂取量

③呼吸器系の変化

加齢にともない肺胞容積が減少し肺活量は低下する．また気管や胸部組織のコンプライアンスが低下するとともに，呼吸筋の筋力低下も起こるため，呼吸機能の指標である最大換気量も加齢とともに低下する．

最大酸素摂取量は有酸素性能力の指標であり，持久性能力や疲労耐性を表す値となる．酸素摂取量は酸素の取り込み・運搬を行う循環器系の機能低下と，酸素を利用しエネルギー再合成を行う筋組織の萎縮の直接的影響を受ける．そのため，最大酸素摂取量は加齢とともに低下する．

▶姿勢
▶歩行能力

④立位姿勢，歩行能力の変化

高齢者では姿勢の保持能力にも低下が見られる．60歳代以降では立位姿勢時における重心動揺が大きくなる．これは，中枢神経や運動・感覚ニューロンの減少と機能低下，筋力低下などが複合して起きるためと考えられている（図表6, 7）．このような複合性の影響は歩行動作にも現れる．歩

図表10　運動・スポーツの実施状況別新体力テストの合計点（男性）

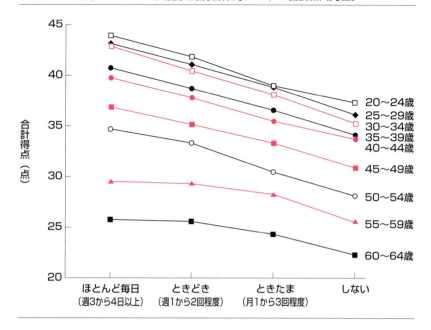

行速度は歩幅と歩調❻により決まる．歩行速度は加齢にともない低下するが，その低下割合は必ずしも一定ではなく，低下に加速する年齢のあることが指摘されている（図表9）．歩幅，歩調とも加齢にともない減少するが，歩行速度の低下は歩幅の減少の影響を強く受ける．歩幅の低下には，大腿四頭筋などの下肢筋群の筋力低下が起因していると考えられている．また，下肢筋群の低下は高齢者に見られる歩行時の転倒を引き起こす要因となる．

歩行動作は左右の脚を交互に前に出す連続運動である．このサイクルの中には片脚支持期と両脚支持期がある．加齢にともない両脚支持期の時間が延長することが歩調を低下させる．

このような歩行能力の低下には，筋・神経系だけではなく柔軟性や敏捷性，平衡性などの調整力全般の機能低下も関与している．

❻歩調（ピッチ）
　単位時間当たりの歩数をいう．

2. 中・高齢者の運動

1）体力維持・改善のための至適運動

中・高齢者の運動はおもに適正体重の維持と有酸素的な運動能力の維持・改善を目的として行われている．具体的には最大酸素摂取量の40〜90％程度の運動強度で1日1時間，週3日以上の運動の実施が有効であるとされている．また，多少の距離は乗り物を使わずに歩く，歩くときには

▶適正体重
▶運動能力の維持・改善

図表11 余暇身体活動および青年期の運動経験と筋力

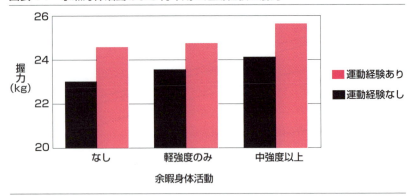

速歩とするなど，日常生活の中で身体活動量を増やすことが有効である．特定のスポーツなどにとらわれず，日常生活での積極的な活動が体力維持には大切な要素となる．

2）運動習慣と体力

▶運動習慣
▶余暇身体活動
▶運動経験

体力テストの結果では，いずれの年代層においても，運動習慣がない者より運動習慣があり，さらにより高頻度に運動を実施している者ほど，総得点が高い結果を示している（図表10）．

また，40〜79歳までの中高年女性を対象に，過去1年間にまったく余暇身体活動を行わなかった群，軽強度（2.5Mets程度）の活動のみを行った群，中強度（4.5Mets程度）以上の活動を行った群に分け，筋力測定結果を比較したところ，余暇身体活動レベルが高い群ほど，筋力は有意に高い値を示した（図表11）．さらに，同じ調査対象者を青年期（12〜20歳）に，週1回以上，1年以上運動を行った経験の有無に分けたところ，運動経験がないものより「あり」と答えた群が明らかに筋力が優れていた．若いときの運動経験や運動習慣が体力の維持・向上に関連する可能性が示された．

しかしながら，厚生労働省の国民栄養調査（平成28年・2016）によると，週2回以上，1回30分以上の運動を1年以上継続している運動習慣ありと答えた者は，全国平均で30.6％にすぎない．

▶マスターズ
▶生理的退縮

3）高齢者の運動能力 ―マスターズ陸上競技―

陸上競技は，走る，跳ぶ，投げるといった基本的な運動機能の最大限の能力を競うものである．マスターズ陸上競技大会の成績をみると，高齢者においても驚くほど高い運動能力が維持されており，中・高齢者の運動能力の限界を知る手がかりが得られる．

日本男性の35歳の記録を100％として，各競技種目の各年齢層の相対

図表12 陸上競技記録（マスターズ）の加齢変化

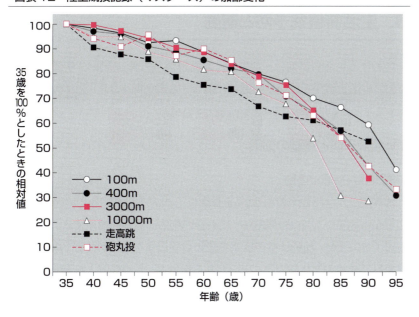

値をみた場合，短・中・長距離走の走能力，投能力のいずれも65歳代までは80%以上の能力を維持し，最も低い跳能力（走高跳）も75%を維持している（図表12）．同競技における一般の中・高齢者の記録がないため，マスターズ選手の優れた能力を運動習慣を持たない者と比較することはできない．そこで，文部科学省などの体力テストの年代別評価表から，平均得点となる値を抜粋し30歳代に対する65歳代を算出すると，65歳代の割合は，脚筋力60%，シャトルラン51%，垂直跳56%，ボール投げ46%となる（図表5）．マスターズ選手の運動能力は，平均的な中・高齢者の加齢にともなう体力低下率に比べ，きわめて高い能力が維持されている．このことから加齢にともなう体力低下の原因は細胞の萎縮・減数などの生理的退縮だけではなく，運動量の低下など生活習慣の変化も関係していると考えられる．しかし，マスターズの選手においても70歳以降は走高跳の成績を除いて，走と投の能力の低下割合に加速傾向がみられる．この原因が生理的なものであるか，選手のトレーニング量の減少によるものかは不明である．

3. 生活習慣病予防と運動

▶生活習慣病
▶疾病予防
▶循環器疾患
▶危険因子
▶がん

いわゆる生活習慣病は，食生活，運動習慣，休養（睡眠），喫煙，飲酒などの生活習慣がその発症や進行に関与する疾患群をさし，生活習慣を改善することにより予防することが可能とされる.

1）疾病予防と運動の効果

①循環器系疾患と運動

日本では，全死亡率の約 25％を虚血性心疾患や脳卒中などの循環器系疾患が占めている（p.260 図表 18）. これらの疾病の発症に関連する因子を危険因子というが，加齢は循環器系疾患の危険因子を増大させる. 脳卒中や虚血性心疾患など生活習慣病といわれる疾患が，かつて成人病と呼ばれていたのはこのことが背景にある.

循環器系疾患の危険因子として，高血圧，高血糖，高脂血症，動脈コンプライアンスの低下，左心室肥大，肥満があげられる. これらは，喫煙，運動不足，過食・偏食といった生活習慣やストレスなどの生活環境，遺伝の影響を受けている.

習慣的な身体活動のうち，ウォーキングやジョギングのような有酸素性運動すなわち持久的運動は，血圧，血糖値，総コレステロール，LDL（悪玉）コレステロール，体脂肪率を低下させるなど，循環器系疾患の危険因子の改善や予防に働くことが多くの研究で確認されている.

②がんと運動

日本では，悪性新生物（がん）による死亡率が 30％を占め，最も高い死因となっている（p.260 図表 18）. 1996 年の米国の推計では，がん死亡者の発症原因の約 7 割が生活習慣によるものであり，それらの原因のうち運動不足は 5％を占めると報告されている（食事とたばこが共に 30％，飲酒は 3％を占める）.

❼がんを防ぐための新12ヵ条
国立がん研究センターがん予防・検診研究センターがまとめた「がんを防ぐための新12か条」が，がん研究振興財団から2011年に公開された.

がん予防の指針としてまとめられた「がんを防ぐための新 12 か条❼」の一つとして「運動の実施」がふくまれている.

適度の運動例として，歩行またはそれと同等以上の強度の身体活動を 1 日 60 分，また，息がはずみ汗をかく程度の運動を 1 週間に 60 分程度行うことが示されている. この新 12 か条は日本人を対象とした疫学調査や，研究結果で明らかとされている証拠を元にまとめられたものである.

●がんを防ぐための新 12 か条

 1. たばこは吸わない
 2. 他人のたばこの煙をできるだけ避ける
 3. お酒はほどほどに
 4. バランスのとれた食生活を
 5. 塩辛い食品は控えめに
 6. 野菜や果物は不足にならないように
 7. 適度に運動
 8. 適切な体重維持
 9. ウイルスや細菌の感染予防と治療
10. 定期的ながん検診を
11. 身体の異常に気がついたら，すぐに受診を
12. 正しいがん情報でがんを知ることから

2) 生活習慣病予防と運動の実際

▶持久的運動
▶レジスタンス運動
▶糖尿病
▶運動療法
▶運動処方

①持久的運動

　週平均 5 日，ジョギングを行っている中・高齢者は，同年代の運動習慣のない人に比べ，最大酸素摂取量が 30％も高い（図表 13）. 中・高年齢から持久的運動を開始し，継続することによって最大酸素摂取量を向上させることは可能といえる.

　循環器系疾患予防のための運動としてウォーキング，ジョギング，水泳・水中運動，エアロビックダンスなどの持久的運動が推奨されている. 中・高齢者が行う運動は，年齢，肥満度，骨密度，整形外科的な問題の有無を考慮に入れて選ぶことが大切である. 例えば，肥満や膝痛，腰痛のような整形外科的障害を有している場合は，ジョギングのような下肢・体幹への衝撃の大きい運動は避け，ゆっくりとしたウォーキングや水泳・水中運動が望ましい.

　運動の時間は，連続もしくは間欠的であってもよいが，少なくとも 1 日 30 ～ 60 分間，運動頻度は週 3 ～ 4 日，10 週間以上の継続が必要といわれている.

　運動の強度は，"ややきつい"と感じる程度であり．心拍数を目安にする場合は，自分の最大心拍数を「220 － 年齢（拍／分）」から予測し，その 50 ～ 75％を目標に設定することが推奨されている. 60 歳の場合，予想される最高心拍数は 160（拍／分）であり，運動強度は 80 ～ 120（拍／

図表13 体重当たり最大酸素摂取量の加齢変化

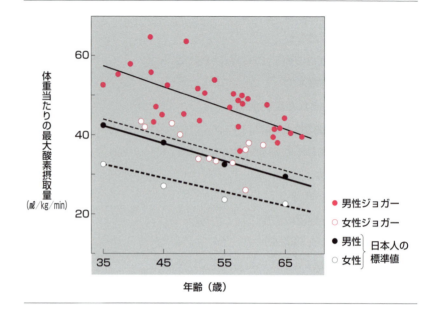

図表14 若者と高齢者に対するレジスタンス運動の効果

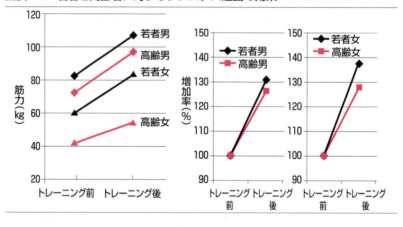

分）が目安となる．これは確実な効果が見込まれる目安であり，運動習慣のない者では，徐々に運動に慣れさせる配慮が必要となる．

②レジスタンス運動

　レジスタンス運動は中・高齢者の筋力低下の予防に不可欠な運動であり，高齢者の自立やQOLの向上，要介護の予防効果が期待されている．

　一般に高齢者は筋力トレーニングの効果が得られにくいと考えられているが，18名の20～30歳の男女と，65～75歳の高齢者男女に5RM❾の高強度脚伸展トレーニングを週3回9週間行った結果では，すべての群に同様の高い筋力増大が見られた（図表14）．多くの研究から高齢者においても十分な筋力トレーニング効果があることが認められている．

❽RM（RM法）
　筋力トレーニングの際の負荷重量と回数を決める方法（Repetition Maximumの略）．1回が限界の100％負荷強度（重量）を1RM，最高5回くり返すことのできる負荷を5RMと表す．

アメリカスポーツ医学会では，健康増進を目的として，持久的運動を実施することを基礎にして，レジスタンス運動も週に1～2回行うことを推奨している．全身の筋を使う数種目の運動で，強度は60～80% Max，1セットあたり8～10回，1日あたり1～2セットとしている．

レジスタンス運動に用いられるウエイトリフティングなどの運動中には，最高血圧は安静時の2倍以上まで上昇する．高血圧や動脈硬化といった循環器系疾患の危険因子を有している者がレジスタンス運動を行う際には，きわめて慎重に実施しなくてはならない．最近ではレジスタンス運動実施中に，致死的もしくは重篤な後遺症を残すような大動脈剥離を起こすケースが報告されている．また，習慣的なレジスタンス運動実施者では，最高血圧が高く動脈コンプライアンスが低いとの報告もある．これらの報告から，レジスタンス運動は循環器系疾患予防の目的ではなく，高齢者のQOLの向上の目的で実施することが望ましい．

③糖尿病予防の運動

糖尿病とは，エネルギー過剰摂取や運動不足，ストレス，加齢などによってインスリン作用が低下する病気である．特に，インスリン分泌量不足あるいは標的臓器でのインスリン感受性の低下によって血中のブドウ糖の濃度が高くなる場合を「高血糖症」という．尿に糖が出ることから名付けられた病名であるが，血中のブドウ糖が増えすぎて腎臓で処理できず，尿の中に糖が溢れ出ることに由来する．また，高血糖状態そのものが細動脈や毛細血管など細小血管に障害を起こし，糖尿病をさらに悪化させ，網膜症，腎症，心筋症などの合併症を引き起こす原因となる．

運動療法により，血糖値を下げるとともにインスリンの感受性を高める効果が期待できる．さらに，運動は脂質代謝の改善による動脈硬化の抑制，肥満の原因となる内臓脂肪の減少など，糖尿病との合併症発症の予防も期待できる．

しかし，合併症が発症している場合，特に，糖尿病性網膜症や腎症などの合併症がある場合には，運動は逆効果となりそれらの合併症を悪化させることになる．

糖尿病予防のための運動にはウォーキングやジョギング，水泳などの持久的運動が適切であり，運動時間は30～60分，40～60%の強度で週3～7日，食後1時間～1時間半の血糖値が上がる時間帯に行うのが望ましい．しかし，糖尿病は，心筋梗塞，脳梗塞などの血管疾患を発症しやすいため，運動の実施に際しては，体重・脈拍・血圧の測定，採血・心電図・眼底の検査など，専門医の運動処方のもとで行うことが必要である．

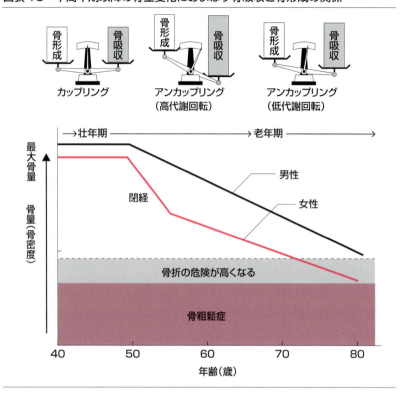

図表 15　中高年期以降の骨量変化におよぼす骨吸収と骨形成の関係

4. 骨粗鬆症予防と運動

1）閉経と骨密度

　20〜30歳前後で最大に達した骨密度は，壮年期から男性では徐々に低下していくが，女性では閉経後に急激に低下する（図表15）．

　閉経とは卵巣機能の衰退ないし消失によって永久的に月経が停止した状態であり，日本人女性の平均閉経年齢はおよそ50歳である．

　月経周期に関与しているエストロゲンは骨への作用が大きいステロイドホルモンである．閉経直後にはこのエストロゲンの低下により骨吸収が亢進し，その後に骨形成の亢進が始まる．骨吸収亢進と形成亢進には時間差があり，相対的に形成量よりも吸収量が上回るアンカップリング❾な状態となって急激な骨量減少をもたらす（図表15, 16）．その後は，低代謝回転型となり緩やかに骨量が減少する．

　加齢による骨粗鬆症は，性ホルモンや運動量の低下の他に，腸管からのカルシウム吸収の減少のために副甲状腺ホルモンの分泌が亢進して，血中のパラトルモンのレベルが高くなり，その結果，破骨細胞を活性化して骨

❾アンカップリング
　骨は形成と吸収を局所的にくり返しており，全体的な骨量は骨吸収量と骨形成量のバランスにより決まる．両者の相対的量が等しければ骨量の増減はなくバランスがとれた状態になる（カップリング）．骨粗鬆症や不活動による骨量低下はアンカップリングな状態といえる．

図表16　骨粗鬆症の骨組織像―海綿骨（骨梁）の構造

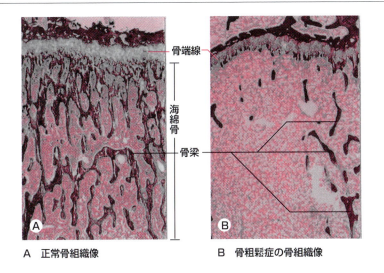

A　正常骨組織像　　　　　B　骨粗鬆症の骨組織像

図表17　ウエイトリフティングにおける年間挙上重量と骨塩量

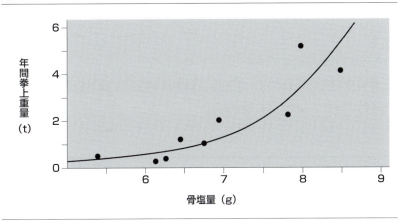

の吸収（分解）が亢進することがその要因の一つである（p.49参照）．

2）骨粗鬆症予防の運動

　若い時に最大骨量をできるだけ高く維持しておくことは，中・高年期における骨粗鬆症や骨折のリスクを軽減させる．中・高齢者においても運動の実施は骨密度を増加させる．水泳やウォーキングなど力学的な衝撃が比較的小さな低強度運動よりも，ウエイトトレーニングやジャンプ動作などのような骨への衝撃が大きい高強度運動が骨密度増大に効果的であるといわれている（図表17）．しかし，負荷が強すぎると，逆に骨吸収が亢進し骨密度を低下させることがある（p.228参照）．

　一方，低強度運動でも抗重力筋❿を用いた運動を，一定以上の時間を行

❿抗重力筋
　重力に抗して働く下肢の伸筋部を総称した呼び方

図表 18　原因別の死亡率の推移

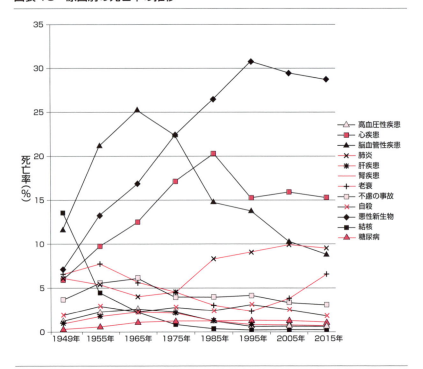

うことにより骨粗鬆症の予防の効果が得られる.

　骨密度増大のためには，低強度長時間運動と高強度運動を組み合わせた運動プログラムがより有効である.

5. 寿命と運動

▶寿命
▶死亡率

1）日本人の平均寿命

　平均寿命[11]は，その集団の健康状態を示す指標の一つである．日本人の平均寿命は過去 25 年間に男女とも 5 歳延びており，男性 81.09 歳，女性 87.26 歳（2017 年現在）となり，世界でも有数の長寿国となっている．女性が男性よりも寿命が長いという傾向は，世界的に見られる．その理由の一つとして性ホルモンなど内分泌系の性差が考えられている．

　平均寿命を延ばしている要因として，脳血管性の疾患，悪性新生物や心疾患による死亡数の減少がある（図表 18）．平均寿命について考察するときには，疾病をふくめた身体的・生物学的な加齢変化だけでなく，社会的な要因も大きく関わることを考慮する必要がある．

[11] 平均寿命
　0 歳児が，今後生きられるであろうと予測された年月のことをいう．ある年齢の者が，今後何年生きられるかという期待値のことを平均余命という．

図表19 中高齢者の身体活動量と死亡率との関係

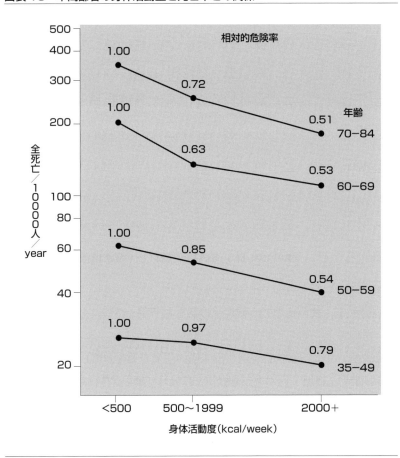

2) 寿命への運動の効果

　運動と寿命について，従来，運動習慣を有する者と一般人を比較した研究から，運動は長寿への効果があるとされてきた．例えば，ハーバード大学卒業生17000人の16年間にわたる調査により，週当たりの総運動量2000kcal（約300kcal／day）以上の日常活動量を有している中・高齢者の死亡率／yearは，500kcal／week以下の活動量の約半分に抑えられるという報告がある（図表19）．しかし，これらの研究対象者は有名大学の卒業生であったことから，運動の影響以上に，社会的，経済的に恵まれていることが長寿に結びついた可能性を否定できない．また，長寿の原因が運動そのものにあるのか，中・高齢者のライフスタイルに原因があるのかを判定することも困難である．

　運動は生活習慣病の予防などに効果があることから，運動が寿命を延長させる可能性は高いと考えられるが，「運動が寿命の延長に影響する」という単純な結論を導き出すことはできない．

▶運動効果
▶中・高齢者
▶健康寿命

図表20　中高齢者と心疾患患者の身体活動量と死亡率

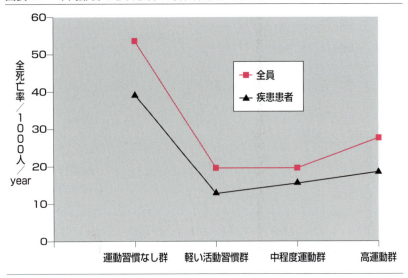

　心筋梗塞・狭心症など心臓疾患のある者772名をふくむ約6000名の中・高齢者を，運動習慣なし群と軽運動群（軽度レクリエーション程度の活動習慣），中程度運動群（週1回未満の活発な運動習慣），高運動群（活発な日常生活と週1回以上運動習慣）に分け，日常身体活動量と死亡率との関係が調べられた．その結果では，全調査対象者による比較でも心臓疾患者群だけを比較しても，中・高齢者の場合は，たとえ軽度であっても日常の身体活動が死亡率を低減させる結果が得られている（図表20）．また，1万人以上の追跡調査から運動機能と死亡率との関連をみた報告では，有酸素能力の高い中・高齢者は，8年後に死亡または重大な疾患にかかるリスクが低いとする結果が得られている．有酸素性能力が高いことを運動の効果と考えるならば，運動が延命に影響する可能性を示すものである．

　さらに，近年「健康寿命」という考え方が普及しつつあり，健康寿命の延長には，運動習慣による身体機能の維持増進が鍵となることが知られてきた．

　運動と寿命の関係を考えるうえで重要なことは，運動が健康で活動的な健康寿命，いわゆる長寿を達成する可能性を持つことである．体力を維持し，予備力や適応力を高め，QOLを維持していくために，運動が担う役割は大きい．

■まとめ

1. 老化にともなう身体の形態・構造の変化を説明しよう.
2. 老化現象の誘発因子を説明しよう.
3. 高齢者にとっての体力の意義を説明しよう.
4. 加齢にともなう運動能力低下の顕著な項目を説明しよう.
5. 高齢者のトレーニングの意義を説明しよう.
6. 中・高齢者に多くみられる循環器系の障害と運動による予防効果を説明しよう.
7. 閉経後の運動の意義を説明しよう.
8. 運動の生活習慣病予防に果たす役割を説明しよう.
9. 運動と寿命の関係を説明しよう.

■今後の課題

1. 加齢現象の制御機構の解明.
2. 老化遺伝子とがん遺伝子のかかわりの解明.
3. 持久性運動がもたらす高齢者への効果の解明.
4. レジスタンストレーニングがもたらす高齢者への効果の解明.
5. 高齢者の至適運動強度の解明.

■参考図書

1) 鈴木擎之, 老化の原点をさぐる, 裳華房, 1988 年.
2) 日本人口学会（編）, 一億人の化学・12, 健やかに老いる, 大日本図書, 1992 年.
3) 大地陸男, 生理学テキスト, 文光堂, 2002 年.
4) 東京都立大学体育学研究室, 日本人の体力標準値, 不味堂, 1989 年.
5) 祖父江逸郎（監修）, 長寿科学事典, 医学書院, 2003 年.
6) 大澤清二, スポーツと寿命, 朝倉書店, 1998 年.
7) 宮下充正（編）, 体力を考える―その定義・測定と応用―, 杏林書院, 1997 年.

●――図表出典

図表1 ●日本法医学会企画調査委員会, 日本法医学会課題調査報告, 法医剖検例の臓器計測値（2009 〜 2013）, 2016.

図表 2　●Shock, N.W., Physical activity and the "rate of ageing". In:Proceedings of international symposium on physical activity and cardiovascular health. Can. Med. Assoc.J., 96, 836-842, 1967.

図表 3　●Behnke, J.A., Finch, C.E., Moment, G.B., Evolutionary biology of senescence, In:The Biology of Ageing. Plenum Press, NewYork & London, 1978.

図表 4　●猪飼道夫, 運動生理学入門, 杏林書院, 1963 (一部改変).

図表 5　●池上晴夫, 運動処方の実際, 大修館書店, 1987.

図表 6　●Lexell, J., Taylor, C.C., Sjostrom, M.J., What is the cause of the ageing atrophy?. J.Neurol.Sci., 84, 275-294, 1988.

図表 7　●Mittal, K.R., Logmani, F.H., Age related reduction in 8th cervical ventral nerve root myelinated fibre diameters and numbers in man. J.Gerontol., 42, 8-10, 1987 (一部改変).

図表 9　●小坂井留美, 下方浩史, 矢部京之助, 加齢に伴う歩行動作の変化, バイオメカニクス研究, 5-3, 162-167, 2001.

図表 10　●文部科学省, 体力・運動能力調査報告書, 2003 年度.

図表 11　●Kozakai, R., Doyo, W., Tsuzuku, S., Yabe, K., Miyamura, M., Ikegami, Y., Ando, F., Niino, N., Shimokata, H., Relationships of muscle strength and power with leisure-time physical activity and adolescent exercise in middle-aged and elderly Japanese women. Geriatrics and Gerontology International, 5, 182-188, 2005.

図表 12　●日本マスターズ陸上競技連合, マスターズ陸上競技選手権, 2004 記録情報.

図表 14　●Lemmer, J.T., Hurlbut, D.E., Martel, G.F., Tracy, B.L., Ivey, F.M., Metter, E.J., Fleg, J.L., Hurley, B.F., Age and gender responses to strength training and detraining. Med.Sci.Sports Exerc., 32, 1501-1512, 2000.

図表 15　●松本俊夫 (編), 骨シグナルと骨粗鬆症, 羊土社, p.16 , 1997 (改変).

図表 17　●Granhed, H., Jonson, R., Hansson, T., The loads on the lumber spine during extreme weightlifting. Spine, 12, 146-149, 1986.

図表 18　●厚生労働省政策統括官 (統計・情報政策担当), 『人口動態統計』, 2017.

図表 19　●Paffenbarger, R, S.Jr., Hyde, R.T., Wing, A.L., Heiseh, C.C., Physical activity, all-cause mortality, and longevity of college alumni. N.Engl.J.Med., 314, 605-613, 1986.

図表 20　●Wannamethee, S.G., Shaper, A.G, Walker, M., Physical activity and mortality in old men with diagnosed coronary heart disease. Circulation, 102, 1358-1363, 2000.

おもな単位・記号

■長さ

m	メートル	
cm	センチメートル	100 分の 1 (10^{-2}) m
mm	ミリメートル	1,000 分の 1 (10^{-3}) m
μ m	マイクロメートル	100 万分の 1 (10^{-6}) m
nm	ナノメートル	10 億分の 1 (10^{-9}) m
Å	オングストローム	100 億分の 1 (10^{-10}) m
pm	ピコメートル	1 兆分の 1 (10^{-12}) m

■重さ

t	トン	1,000 (10^3) kg
kg	キログラム	1,000 (10^3) g
g	グラム	
mg	ミリグラム	1,000 分の 1 (10^{-3}) g
μg	マイクログラム	100 万分の 1 (10^{-6}) g
ng	ナノグラム	(10^{-9}) g
pg	ピコグラム	(10^{-12}) g

■時間

section（sec）秒		
μ sec	マイクロ秒	100 万分の 1 (10^{-6}) 秒
msec	ミリ秒	1,000 分の 1 (10^{-3}) 秒
minute（min）		分　60 秒
hour（hr）	時間	3,600 秒 = 60^2
day	1 日	24 時間
week	1 週	7 日
year	1 年	

■体積（容積）・重量濃度

ℓ	リットル	1,000cm^3
dℓ	デシリットル	100cm^3
mℓ	ミリリットル	1cm^3
μℓ	マイクロリットル	1mm^3
kg／ℓ	キログラム／リットル	1m^3

■質量・質量濃度

mol	モル
mol／ℓ	モル／リットル
Eq／ℓ	当量／リットル

■その他の単位

電圧	V	ボルト	
力	N	ニュートン	0.10197kgf
圧	mmHg	ミリメートルエイチジー	133,322Pa（パスカル）
周波数	Hz	ヘルツ	サイクル／秒

索引

単位の接頭辞

■記号	■読み方		■意味
P	ペタ	peta	10^{15}
T	テラ	tera	10^{12}
G	ギガ	giga	10^9
M	メガ	mega	10^6
k	キロ	kilo	10^3
h	ヘクト	hecto	10^2
da	デカ	deca	10
d	デシ	deci	10^{-1}
c	センチ	centi	10^{-2}
m	ミリ	milli	10^{-3}
μ	マイクロ	micro	10^{-6}
n	ナノ	nano	10^{-9}
p	ピコ	pico	10^{-12}
f	フェムト	femto	10^{-15}

1atm = 760torr = 760mmHg = 1013mbar（海面における1気圧）

1bar = 10^5Pa（1mbar = 1hPa）

1Torr = 1mmHg = 101300/760Pa ≒ 133Pa

$1cmH_2O$ = 10/13.6 ≒ 0.735mmHg（13.6は25℃における水銀の比重）

英語表記索引

A

ACTH（adrenocorticotropic hormone）　副腎皮質刺激ホルモン　41, 53, 54

ADP（adenosine diphosphate）　アデノシン2リン酸　64, 65, 66

Aging　加齢　242

ALT（alanine aminotransferase）　アラニンアミノ基転換酵素　147, 148

AST（aspartate aminotransferase）　アスパラギン酸アミノ基転換酵素　147

AT（anaerobic threshold）　無酸素性作業閾値　98, 107, 145

ATP（adenosine triphosphate）　アデノシン3リン酸　64, 65, 66, 69, 75, 79, 80, 98, 137, 183, 199, 200, 201, 202, 205, 225

ATP-PCr系　65, 66, 67, 101, 225

ATP再合成系　66, 80

ATP分解酵素　69, 137

A帯（Anisotropic band）　不等方帯　60

α運動ニューロン　6, 10, 11, 12, 14, 15, 19, 20, 26, 62, 81

α受容体　124

B

BMR（basal metabolic rate）　基礎代謝量　56, 205, 206, 207, 208, 213

Bリンパ球　136, 138

βエンドロフィン　233

β酸化　201, 202, 203

β受容体　124

C

Ca^{2+}（calcium ion）　カルシウムイオン　48, 49, 62, 64, 85, 159

Ca^{2+}チャネル（calcium channel）　カルシウムチャネル　62

CAT（catalase）　カタラーゼ　244

CK（creatine phosphokinase）　クレアチンリン酸酵素　147, 148

Cl^-（chloride）　塩素イオン　8, 154, 159, 160

CO_2（carbon dioxide）　二酸化炭素　83, 90, 92, 93, 95, 108, 112, 114, 116, 118, 125, 130, 137, 149, 155, 200

CRH（corticotropin release hormone）　副腎皮質刺激ホルモン放出ホルモン　53, 54

C比率（carbohydrate ratio）炭水化物エネルギー比率　196, 197, 198, 210

D

2,3-DPG（2,3-diphosphoglycerate）　2,3-ジホスホグリセリン酸　144

DNA（deoxyribonucleic acid）　デオキシリボ核酸（遺伝子）　40, 74, 75, 244, 245

DXA（dual energy X-ray absorptiometry）　二重エネルギーX線吸収測定法　222

E

EPO（erythropoetin）　エリスロポエチン　101, 137, 144, 153, 162

EPOC（excess post exercise oxygen consumption）　運動後過剰酸素消費量　101

EPSP（excitatory post synaptic potential）　興奮性シナプス後電位　7, 8, 11

F

FF（fast twitch, fatigable）線維　20

FG（fast-twitch glycolytic）線維　69, 77, 78

FOG（fast-twith oxidative glycolytic）線維　69, 77, 78, 80

FR（fast resistant）　20

G

GC（glucocorticoid）　グルココルチコイド　40, 45, 46, 47, 53, 54, 248

γ運動ニューロン　15, 16

H

H^+（hydrogen ion）　水素イオン　66, 83, 93, 96, 98, 125, 137, 149, 155, 200

H_3PO_4　リン酸　48, 66, 68, 83, 149, 159, 202

Hb（hemoglobin）　ヘモグロビン　92, 93, 97, 104, 137, 140, 141, 143, 144, 145, 149, 160, 177, 183, 212

HbO_2（oxyhemoglobin）　酸化ヘモグロビン　92, 137

HCO_3^-　重炭酸イオン　83, 93, 137, 149, 155

H_2CO_3　炭酸　137, 149

HPA軸（hypothalamic-pituitary-adrenal axis）　視床下部-下垂体-副腎軸　53, 54

HPO_4^{2-}　リン酸水素イオン　149

HRmax（maximum heart rate）　最大心拍数　121, 122, 249, 250, 255

Ht%（percent of hematocrit）　ヘマトクリット値　136, 142, 143, 146, 162

I

Ia　グループIa線維　10, 11

Ia抑制　11

索　引　267

Ib　グループIb線維　12

Ib抑制（自己抑制）反射　11, 12, 27

IgA(Immunoglobrin A)　免疫グロブリン
　　A　138, 146, 147

IL-6(interleukin 6)　インターロイキン6　146

IPSP(Inhibitory post synaptic potential)　抑制性
　　シナプス後電位　8, 11

I帯(Isotropic band)　等方帯　60

K

K⁺(potassium ion)　カリウムイオン　5, 118, 125

L

LBM(lean body mass)　除脂肪体重　102, 198,
　　208, 223

LD(lactate dehydrogenase)　乳酸脱水素酵
　　素　147, 148

LT(lactate threshold)乳酸性作業閾値　98

M

MAPキナーゼ(mitogen-activated protein
　　kinase)　分裂促進因子活性化たんぱくキナー
　　ゼ系　74

MCH(mean corpuscular hemoglobin)　平均ヘモ
　　グロビン量　140, 141, 144

MCHC(mean corpuscular hemoglobin
　　concentration)　平均ヘモグロビン濃度　140

MCT(monocarboxylate transporter)　モノカル
　　ボン酸輸送担体　83

MCV(mean corpuscular volume)　平均赤血球容
　　積　140, 141

Mets(metabolic equivalent(s))　活動運動単
　　位　207

N

Na⁺(sodium ion)　ナトリウムイオン　5, 7, 10,
　　148, 154, 157, 158, 160

NK(natural killer cell)細胞　ナチュラルキラー細
　　胞　138, 146, 147

NO(nitric oxide)　一酸化窒素　44, 49, 118, 124,
　　125, 129, 147

O

OBLA(onset of blood lactate accumulation)　血
　　中乳酸蓄積開始点　98

P

P比率(protein ratio)　たんぱく質エネルギー比率
　　比　196, 197, 198

PAL(physical activity level)　身体活動レベ
　　ル　206, 207, 227, 252

PCr(creatine phosphate)　クレアチンリン
　　酸　65, 147

PFC(protein fat carbohydrate)比率　たんぱく
　　質, 脂質, 炭水化物の摂取比率　196

pH(potential hydrogen)　水素イオン濃度指
　　数　12, 45, 66, 81, 83, 90, 92, 104, 125, 136, 149,
　　150, 152, 155, 160

PHV(peak of height velocity)　最高身長増加
　　年　218

pN(pico newton)　ピコニュートン　64

PNF(proprioceptive neuromuscular facilitation
　　technique)　固有受容器神経筋促通法　27

Q

QOL(quality of life)　生活の質　246, 256, 257,
　　262

R

rate coding　頻度変調　20, 22

recruitment　活動参加　20, 22, 78

RM(repetition maximum)　最大反復法　256

RMR(relative metabolic rate)　エネルギー代謝
　　率　207

RR間隔　119

S

S(slow twitch)線維　20

shout効果　かけ声効果　22, 83

size principle　サイズの原理　20

SO(slow-twitch oxidative)線維　69, 77

SOD(superoxide dismutase)　スーパーオキシド
　　ジスムターゼ　244

synchronization　同期　20, 22, 23, 26, 32

T

TCA回路(tricarboxylic acid cycle)　クエン酸回
　　路　66, 200, 201

Type IIA線維　69, 75, 76, 77, 80

Type IIB線維　69, 75, 76, 77

Type IID線維　69

Type IIX線維　69

Type II線維　69, 75, 77

Type I線維　67, 74

Tリンパ球　136, 138

T管(transverse tubule)　横行小菅　62

V

VT(ventilatory threshold)　換気性閾値　98, 108

X

X線　220, 222

Z

Z線　60

カタカナ表記索引

ア
アイソカイネテック・コントラクション　71
アイソトニック・コントラクション　71
アイソメトリック・コントラクション　70
アキレス腱反射　11
アクチンフィラメント　60, 62, 64, 73
アシドーシス　67, 83, 93, 149, 150, 203, 210
アセチルコエンザイムA（アセチルCoA）　66, 194, 200, 201, 203
アセチルコリン　43, 62, 116, 125
アデノシン3リン酸（ATP）　64, 65, 66, 69, 75, 79, 80, 98, 137, 138, 199, 200, 201, 202, 205, 225
アデノシン2リン酸（ADP）　64, 65, 66
アドレナリン　39, 40, 43, 45, 46, 50, 56, 116, 118, 125, 174, 185
アドレナリン受容体　50, 51, 127
アポトーシス　244
アポビオーシス　244
アナボリック　53
アナボリックホルモン　46, 205
アミノ基　40, 138, 204
アミノ酸　40, 53, 74, 147, 154, 159, 192, 199, 201, 204, 205, 211,
アミノ酸バランス　192
アミノ酸プール　192
アミノ酸組成　192
アミノ酸誘導体ホルモン　40
アルカローシス　66
アルドステロン　40, 45, 49, 56, 118, 154, 156, 157, 232
アロマターゼ　48
アンギオテンシン　49, 56, 118, 153, 157
アンドロゲン　47, 48
アンモニア　204

イ
イメージトレーニング　81
インスリン　39, 40, 46, 49, 51, 201, 205, 257
インターバルトレーニング　105, 106
インターロイキン6（IL-6）　146
インパルス　5

ウ
ウエイトトレーニング　77, 228, 259
ウォーミングアップ　176, 182

エ
エイジング　242
エキセントリック・コントラクション　70, 71, 84
エストロゲン　41, 47, 48, 49, 222, 228, 234, 258
エネルギー基質　83, 199, 201
エネルギー産生量　205
エネルギー消費量　204, 205, 206, 207, 210
エネルギー代謝　12, 40, 149, 194, 199, 201, 204, 210
エネルギー代謝率（RMR）　207
エネルギー代謝量　205
エネルギー必要量　205, 206, 208, 210, 214
エネルギー比率（PFC比率）　196
エラー説　245
エリスロポエチン（EPO）　101, 137, 144, 153, 162
エンドセリン　44, 49, 118, 125

オ
オートクリン　44
オープンウィンドウ　147
オキシトシン　41
オスグッド病　237

カ
ガス交換　90, 92, 107, 108, 127
カスケード（連鎖）反応　42, 74, 145
カタボリック　46, 53
カタボリックホルモン　46
カタラーゼ　244
カテコールアミン　40, 43, 50, 51, 53, 54, 201, 249
カリウムイオン（K$^+$）　5, 118, 125
カリクレイン・キニン系　158
カルシウムイオン（Ca^{2+}）　48, 49, 62, 64, 85, 159
カルシウム　136, 173, 195, 198, 211, 212, 219, 222, 237, 258
カルシトニン　41, 48, 49
カルバミノ化合物　138

キ
ギプス固定　74
キラーT細胞　138, 139

ク
クエン酸回路　66, 200, 201
クリアランス比　160
グリコーゲン　46, 50, 65, 66, 67, 83, 193, 199, 200, 201, 204, 208, 210
グループIa線維　10, 11
グループIb線維　10
グルカゴン　39, 40, 50, 201
グルコース　50, 66, 67, 136, 193, 199, 200, 201, 202
グルコース輸送体　49
グルココルチコイド（GC）　40, 45, 46, 47, 53, 54, 248
クレアチニンクリアランス　159
クレアチンキナーゼ　66, 85
クレアチンリン酸（PCr）　65, 147
クレアチンリン酸酵素（CK）　147, 148
クロスブリッジ　73
グロブリン　136, 138, 146, 147

ケ
ケトン体　160, 203, 204, 210

コ
ゴルジの腱器管　12
コルチゾル　45
コレステロール　40, 193, 245, 254
コロトコフ音　119
コンセントリック・コントラクション　70
コンプライアンス　117, 126, 128, 129, 243, 250, 254, 257

サ
サイズの原理　20
サイトカイン　85, 138, 146, 228
サイレントピリオド　26
サイロキシン　41, 47
サテライト細胞　74, 85
サプリメント　196, 211, 212, 213
サルコペニア　248, 249
サルコメア　60, 64, 71, 73

シ
シナプス　5, 7, 8, 9, 10, 11, 12, 24, 29, 43, 44, 62, 81, 82
シナプス間隙　7, 62
シナプス後電位　7, 8, 11
シナプス小胞　7, 62

索　引　269

シナプス伝達　7, 43, 81
シナプス反射　11, 12

ス
スーパーオキシドジスムターゼ（SOD）　244
スキル　24, 25, 28, 29, 182, 224
ステロイドホルモン　40, 258
ストリーミングポテンシャル　228
ストレス　40, 47, 49, 53, 54, 75, 124, 140, 158, 194, 198, 227, 231, 233, 247, 254, 257
ストレスホルモン　53, 54
ストレッチ運動　27
スパイロメーター　94
スポーツ障害　210, 234, 237
スポーツ心臓　126, 127, 131
スポーツ選手　26, 75, 77, 84, 102, 106, 121, 122, 124, 144, 158, 197, 198, 208, 210, 211, 212, 213, 214, 231, 232
スポーツ選手の栄養・食事　197, 198, 208, 212

セ
セットポイント　170, 177, 178, 231
セレクチン　40

タ
ダグラスバッグ　94, 95

テ
ディトレーニング　74, 130
テストステロン　41, 46, 47, 228, 230
テロメア　244

ト
ドーピング　161, 162
トライアド　62
トランスフェリン　144
トリグリセリド　192, 193, 199, 201, 202
トロポニン　64

ナ
ナチュラルキラー（NK）細胞　138, 146, 147
ナトリウムイオン（Na^+）　5, 7, 10, 148, 154, 157, 158, 160
ナトリウム利尿ホルモン　49

ニ
ニューロン　4, 5, 6, 7, 11, 29

ネ
ネクローシス　244

ネフロン　153, 160, 242

ノ
ノルアドレナリン　40, 43, 45, 56, 116, 118, 124, 174

ハ
バゾプレッシン　40, 45, 118, 154, 157, 158, 174
パターンジェネレータ　17
パラクリン　44
パラトルモン　40, 48, 49, 258
バランス能力　26
パルスオキシメーター　94
パルミチン酸　202
パワー（瞬発力）　23, 78, 230, 247

ヒ
ピークボーンマス（最大骨量）　222, 227, 236, 259
ビタミン　47, 153, 154, 190, 194, 198, 210, 211, 218
ビタミンB_1　194
ビタミンC　194, 212
ピルビン酸　66, 67, 147, 194, 199, 200, 201, 204

フ
フィードバック調節　108
フィブリノーゲン　136, 145
プライオメトリックトレーニング　23
ブラジキニン　157, 158
フランク・スターリングの法則　114, 116
フーリエ変換　32
フリーラジカル　244
プリン体　211
プルキンエ線維　113
プログラム説　244, 245
プロゲステロン　41, 231

ヘ
ベインブリッジ反射　117
ヘーリング・ブロイエル反射　92
ペプチドホルモン　40, 162
ヘマトクリット値（Ht%）　136, 142, 143, 146, 162
ヘモグロビン　92, 93, 97, 104, 137, 140, 141, 143, 144, 145, 149, 160, 177, 183, 212
ヘモグロビン尿　160
ヘモグロビン量　137, 140, 141, 143, 144, 145
ベル・マジャンディの法則　4
ヘルパーT細胞　138

ヘンレ係蹄　153, 154

ホ
ボーア効果　93
ボーマン嚢　153, 154, 159
ホメオスタシス（動的平衡状態）　12, 26
ポリモーダル　54
ホルモンとは　38

マ
マクロファージ　85, 138, 147
マスターズ陸上競技　252
マラソン　103, 148, 178, 182
マラソン選手　75, 76, 102

ミ
ミオグロビン　67, 160
ミオグロビン尿　160, 161
ミオシンATPase　69
ミオシンフィラメント　60, 62, 64, 73
ミトコンドリア　5, 47, 66, 75, 76, 77, 80, 83, 104, 150, 200, 201, 244
ミネラル　48, 173, 179, 190, 194, 213, 219, 222
ミルキングアクション　116, 122, 126, 224

メ
メカニカルストレス　49, 74, 211, 227, 228, 237
メッツ（Mets）　207

モ
モノカルボン酸輸送担体　83

ラ
ランビエの絞輪　6

リ
リン酸（H_3PO_4）　48, 66, 68, 83, 149, 159, 202
リンパ球　136, 138

レ
レジスタンストレーニング　76, 127
レジスタンス運動　256, 257
レニン　49, 56, 118, 153, 157
レニン・アンギオテンシン・アルドステロン系　49, 56, 118, 157
レプチン　53
レベリングオフ　101, 103

ロ
ローマン反応　66, 85
ロコモティブシンドローム　249

五十音順索引

あ
悪性新生物　254
圧受容器　116, 117, 118
圧受容器反射　117
安静時代謝量　207

い
異化　46, 53, 54
閾値電位　5, 7
萎縮　46, 53, 74, 75, 131, 162, 242, 243, 244, 245, 247, 248, 250, 253
遺伝子（DNA）　40, 74, 75, 162, 244
遺伝子ドーピング　162
1回換気量　94, 95, 107
1回拍出量　114, 121, 122, 123, 126, 128, 131, 172, 224, 250
一酸化窒素（NO）　44, 49, 118, 124, 125, 129, 147
逸脱酵素　85, 147, 148

う
羽状筋　72
宇宙飛行士　130
運動記憶　18, 24
運動強度　45, 77, 81, 86, 95, 96, 98, 100, 101, 102, 103, 105, 106, 108, 121, 122, 123, 124, 125, 140, 145, 146, 148, 150, 158, 159, 176, 177, 178, 179, 185, 197, 200, 202, 207, 228, 251, 255
運動後過剰酸素消費量（EPOC）　101
運動指令　3, 13, 14, 19, 24, 26, 31
運動性たんぱく尿　160
運動性徐脈　127
運動性貧血　136, 144, 145, 212
運動性無月経症　47, 232, 233
運動前野　14, 18, 24, 29, 31
運動単位　19, 20, 22, 23, 24, 31, 32, 33
運動単位の活動交代　24
運動ニューロン　3, 4, 6, 8, 10, 11, 12, 14, 15, 19, 20, 26, 76, 81, 82, 92, 118, 243, 248

運動能力　102, 104, 161, 214, 230, 234, 236, 246, 247, 251, 252, 253
運動の発動欲求　17, 18
運動プラン　17, 18
運動プログラム　18, 19, 29, 260
運動野　13, 14, 18, 19, 24, 29, 31, 81, 82
運動療法　257
運動連合野　18

え
栄養　49, 53, 95, 112, 114, 121, 136, 144, 145, 147, 155, 190, 192, 194, 195, 196, 198, 205, 207, 208, 210, 211, 212, 227, 245, 249
栄養アセスメント　213
腋窩温　166
延髄　2, 14, 19, 90, 92, 116, 118, 149
遠位尿細管　154, 157
遠心性心肥大　127
塩素イオン（Cl^-）　8, 154, 159, 160

お
横隔膜（筋）　43, 90, 92, 113
横行小管（T管）　62
黄体期　231, 232
黄体形成ホルモン　41
欧米型食事　195
横紋筋　60, 161
温感受性ニューロン　169, 173
温熱性発汗　173

か
外殻温度　166
解糖系　65, 66, 67, 69, 77, 81, 83, 98, 101, 199, 200, 225
灰白質　3
海綿骨　221, 222
化学的調節域　171
核心温度（深部温）　166, 167, 169, 170, 171, 173, 177, 178, 179, 182, 183, 185
拡張期血圧→最低血圧

確率事象説　245
かけ声（shout）効果　22, 83
過剰症　145, 194
下垂体　38, 46, 56
活性型ビタミンD_3　47
活動電位　5, 6, 7, 8, 9, 10, 11, 19, 20, 31, 32, 62, 74, 82, 92, 118
顆粒球　138
加齢　47, 85, 102, 121, 242, 243, 246, 247, 248, 251, 253, 254, 257, 258
がん　254
寒冷環境　56, 185
感覚ニューロン　3, 4, 8, 10, 14, 169, 243, 250
感覚入力　17, 19
感覚野　9, 13, 29
換気性閾値（ＶＴ）　98, 108
感染防御機能　147
環境因子説　245
汗腺数　185
汗腺疲労　178
管内液　148
還流血液量　114, 122, 123, 154, 157, 172
間脳　2, 14, 19

き
気化熱　171, 172, 173, 176, 185
器官系　2
気管支　90
基礎代謝量　56, 205, 206, 207, 208, 213
拮抗筋　10, 15, 19, 23, 27, 224
気道　90, 92
起動電位　10
機能局在　13
機能残存率　243
稀発性月経　233
吸息中枢　92
求心性心肥大　127
強縮　20
橋　2, 14
局所電流　6, 10
虚血性心疾患　254

索引―――――271

筋萎縮　46, 53, 74, 75, 243, 247, 248

近位尿細管　153, 154, 157

筋音図　33

筋核　74

筋グリコーゲン　199, 200, 208, 210

筋サテライト（衛星）細胞　74, 85

筋原線維　60, 62, 73, 75

筋細胞内膜系　62

筋収縮時間　25, 26, 224

筋収縮速度　23, 26, 69

筋収縮のエネルギー　64, 79, 202

筋収縮の3様式　70

筋収縮のメカニズム　62

筋節（サルコメア）　60, 64, 71, 73

筋線維タイプ　46, 67, 75, 76, 77

筋線維タイプ別構成比率　69, 75, 76, 77

筋線維の横断面積　72, 78, 130

筋損傷　146, 210

緊張性頸反射　17

筋電図　22, 26, 31, 32

筋肉痛　84, 85, 86

筋肥大　46, 47, 54, 70, 73, 74, 78, 79, 204, 210, 230

筋疲労　23, 32, 81, 82

筋紡錘　9, 10, 11, 12, 15, 16, 176

筋ポンプ作用　116, 122, 126, 224

筋力　19, 22, 23, 24, 26, 27, 71, 72, 73, 75, 77, 78, 81, 82, 98, 210, 224, 226, 230, 232, 243, 246, 247, 250, 251, 252

筋力トレーニング　23, 74, 78, 79, 81, 204, 210, 224, 230, 256

く

屈曲反射　11, 12, 15

け

頸動脈小体　13, 92, 116

頸動脈洞　116

血圧　40, 45, 49, 55, 56, 98, 114, 115, 116, 117, 118, 119, 120, 121, 124, 126, 128, 152, 153, 156, 157, 158, 184, 195, 243, 250, 254, 257

血液凝固因子　139

血液循環　99, 112

血液成分　136, 140, 159, 162

血液粘度　136, 142, 143, 146, 152, 172, 179, 180

血液配分　125, 157, 172, 174, 175

血管　14, 38, 43, 44, 98, 112, 113, 114, 115, 116, 117, 118, 119, 124, 125, 127, 130,

血管運動中枢　116, 118, 125

血管内皮細胞　139, 157

血管の弾性（コンプライアンス）　115, 117, 128, 129, 243, 250, 254, 257

血管内皮細胞増殖因子　129

血球成分　136, 140

月経　47, 212, 231, 232, 233, 258

月経異常　162, 232

血漿　136, 137, 142, 148, 153, 157, 159, 160

血小板　136, 139, 145, 146

血清　136, 147

血清フェリチン　144

血清逸脱酵素　147

血清鉄　144

血栓　145, 162

血糖値　39, 40, 43, 45, 49, 50, 54, 201, 205, 254, 257

血尿　160

血流再配分　124

健康寿命　262

限外濾過　154

腱反射　8, 9, 11, 15, 16

減量　162, 198, 213

こ

高温環境　54, 56, 171, 177, 185, 195

光学顕微鏡　60, 129

効果器　8, 9, 11, 15

交感神経　3, 43, 45, 47, 50, 53, 54, 56, 116, 118, 124, 125, 127, 157, 171, 249

高強度運動　104, 200, 259, 260

高血糖症　257

交叉性神経支配　76

交叉性伸展反射　11

好酸球　138

高次運動野　14

高脂血症　211, 254

抗重力筋　259

甲状腺ホルモン　39, 40, 47, 56, 76, 174, 211, 222, 248

高地トレーニング　143, 144

好中球　138, 146, 147

行動体力　246

後頭連合野　18

高尿酸血症　211

興奮収縮連関　23, 62, 81

興奮剤　162

興奮性シナプス後電位（EPSP）　7, 8, 11

抗利尿ホルモン　40, 45, 118, 154, 157, 158, 174

呼吸　3, 12, 14, 17, 24, 67, 90, 92, 95, 97, 98, 99, 100, 102, 103, 105, 107, 108, 112, 117, 121, 143, 149, 167, 178, 224, 231, 232, 250

呼吸器　90, 97, 103, 107, 121, 250

呼吸機能の測定　93

呼吸筋　90, 92, 103, 107, 108, 243, 250

呼吸数　94, 95, 107, 143, 173, 184

呼吸のフィードバック調節　108

呼吸中枢　92, 95, 117, 143, 149, 231

骨格筋の構造　60

骨芽細胞　48, 49, 221, 228

骨吸収機能　49, 228

骨髄　136, 137, 138, 139, 144

骨折　211, 227, 234, 236, 237, 259

骨粗鬆症　49, 198, 227, 232, 234, 236, 249, 258, 259, 260

骨端軟骨　222

骨端板　221

骨年齢　220

骨密度　49, 211, 219, , 222, 227, 228, 255, 258, 259, 260

骨梁　221, 222

骨量　49, 222, 227, 228, 237, 258,

259

鼓膜温　175

固有受容器神経筋促通法(PNF)
　27

固有心筋　113

高齢者の運動　98, 251, 252, 255,
　256, 259, 262

混合食　205, 210

献立　192, 198

さ

最高血圧(収縮期血圧)　114,
　115, 119, 120, 124, 250, 257

最高身長増加年(PHV)　218

最大強度　103, 105, 124, 232

最大筋力　22, 23, 71, 72, 73, 78,
　80, 226, 232, 246

最大骨量　222, 227, 236, 259

最大酸素借　99, 104, 105

最大酸素摂取量　25, 99, 101,
　102, 103, 104, 105, 106, 107,
　108, 121, 122, 124, 126, 140,
　144, 231, 247, 250, 251, 255

最大酸素負債　231

最大心拍数(HRmax)　121, 122,
　249, 250, 255

最大心拍出量　104, 124, 126,
　250

最大随意筋力　82

最大反復法(RM法)　256

最低血圧(拡張期血圧)　114,
　115, 120, 124, 250

細胞　2, 3, 5, 6, 7, 38

細胞外液　5, 44, 84, 148, 149, 156

細胞間質液　148

細胞死　244, 245

細胞内液　5, 148, 149, 156, 242

酸塩基平衡　83, 137, 149, 155

酸化系酵素活性　67, 69, 80, 104

酸化ヘモグロビン　92, 137

三尖弁　113

酸素運搬能力　141, 144, 162

酸素解離曲線　92, 93, 144, 177

酸素供給機構　95, 101, 121

酸素借　99, 101, 104, 225

酸素需要量　100

酸素摂取量　95, 97, 98, 99, 100,
　101, 102, 106, 108, 121, 177,
　205, 206, 225, 232, 250

酸素負債　99, 101

酸素分圧　92, 104, 118, 140, 143

酸素飽和度　92, 94, 97, 137

3大栄養素　190, 195

し

糸球体　56, 153, 154, 157, 158,
　160, 243

糸球体濾過量　153, 154, 156,
　158, 159

持久的運動　122, 129, 148, 254,
　255, 257

持久的トレーニング　24, 76, 79,
　80, 81, 101, 102, 107, 108, 126,
　127, 128, 129, 130, 131, 136,
　140, 141, 143, 144, 148

軸索　5, 6, 7, 10, 62, 74

刺激　5, 6, 8, 9, 11, 12, 17, 25, 27,
　38, 40, 42, 43, 46, 49, 50, 53, 54,
　56, 74, 75, 76, 77, 82, 92, 95,
　105, 107, 113, 116, 117, 118,
　124, 173, 175, 176, 185, 205,
　211, 224, 227, 231

刺激伝導系　113, 118

自己分泌　44

自己抑制(Ib抑制)反射　11, 12,
　27

脂質　40, 47, 160, 190, 192, 193,
　195, 196, 198, 204, 205, 208,
　211, 257

思春期　145, 218, 222, 223, 224,
　226, 227, 230, 231, 232

姿勢　11, 16, 24, 26, 27, 117, 118,
　206, 250

姿勢反射　14, 16, 27, 29

膝蓋腱反射　9, 10, 11, 15, 16

自動運動　17, 31

児童期　224, 226

脂肪　50, 51, 53, 102, 136, 192,
　193, 198, 199, 201, 202, 204,
　208, 210, 211, 222, 223, 233,
　254, 257

脂肪酸組成　193

脂肪分解　50, 51, 53, 202

脂肪代謝　50, 202

収縮期血圧→最高血圧

重炭酸イオン(HCO₃⁻)　83, 93,
　137

柔軟性　27, 28, 29, 246, 251

周波数解析　32

周辺抑制　9, 23

樹状突起　5, 7

寿命　137, 139, 144, 244, 245,
　260, 261, 262

馴化　185

循環器　12, 103, 112, 121, 126,
　130, 131, 162, 180, 231, 232,
　243, 249, 250

循環器系疾患　254, 255, 257

瞬発的トレーニング　76, 77, 78

準備運動(ウォーミングアップ)
　176, 182

消化器官　38

小循環(肺循環)　98, 112, 113

脂溶性ビタミン　194, 213

女性ホルモン　40, 47, 49, 211,
　222, 233

小脳　2, 14, 18, 19, 25, 29, 31, 242

蒸発　167, 168, 171, 172, 173, 178

静脈　92, 112, 114, 116, 117, 122,
　153, 171

静脈還流量　114, 122, 123, 224

静脈血　92, 137

食教育　214

食事　145, 190, 192, 195, 197,
　198, 202, 204, 205, 208, 213,
　214, 222, 232, 254

食事摂取基準　195, 196, 206,
　208, 213

食事バランスガイド　191

食品成分表　190, 213

食物繊維　190, 192

初経　232

除脂肪体重(LBM)　102, 198,
　208, 223

暑熱下　178

除脈　127

自律神経　3, 4, 6, 8, 12, 42, 43,

44, 54, 113, 116, 118, 119, 126, 169

自律(神経)反射　8, 12

侵害受容反射　11

心筋　104, 113, 116, 118, 119, 126, 127, 131, 162, 199, 202

心筋梗塞　162, 257, 262

心筋症　257

神経栄養因子　74

神経回路中枢　17

神経筋接合部　62, 81, 248

神経系　2, 3, 5, 8, 15, 22, 23, 24, 25, 26, 27, 31, 44, 49, 79, 81, 82, 90, 193, 224, 247, 251

神経性調節　118

神経伝達物質　43

腎血漿流量　153

腎血流量　157, 158, 174, 243

腎小体　153

新生児　220

腎臓　38, 47, 48, 55, 56, 118, 137, 149, 152, 153, 154, 155, 156, 158, 162, 174, 211, 242, 243, 257

心臓・血管系　112, 136, 143

心臓中枢　116, 117, 125

心臓のポンプ作用　115, 121

身体活動レベル　206, 207, 227, 252

新体力テスト　234, 246

身長　93, 218, 221, 222, 223, 226, 227, 230, 232, 242

伸張性収縮　70, 71, 84

伸張反射　9, 11, 15, 16, 17, 23, 27, 28

伸展受容器　116

心電図　118, 119, 257

心肺圧受容器　118

心拍出量　103, 104, 114, 115, 116, 117, 118, 121, 123, 124, 128, 152, 157, 174, 179, 249

心拍数　43, 45, 54, 56, 103, 105, 114, 116, 117, 119, 121, 122, 124, 126, 131, 158, 172, 174, 224, 232, 249, 255

心房性ナトリウム利尿ホルモン

49, 154, 158

疾病予防　254

す

随意運動　14, 15, 17, 19, 23, 27, 29

水酸化リン酸カルシウム (Ca$_{10}$(PO$_4$)$_6$(OH)$_2$)　219, 222

髄鞘　6

水素イオン(H$^+$)　66, 83, 93, 96, 98, 125, 137, 149, 155, 200

膵臓α細胞　50

膵臓β細胞　49

錐体外路　19

錐体路　19

錘内筋線維　9, 15, 16

水分調節　54, 136

水分補給　160, 179

水溶性ビタミン　194

せ

生活習慣病　122, 196, 254, 261

生検(バイオプシー)　129

静止電位　5

生殖器官　47

精神性発汗　173

成人病　254

性腺刺激ホルモン　233

生体アミンホルモン　40

成長因子　46, 47, 74, 85, 129

成長端　221

成長板　49, 221, 222, 237

成長ホルモン　40, 45, 46, 47, 49, 50, 51, 74, 222, 248

生物学的年齢　220

性ホルモン　40, 47, 49, 162, 211, 222, 228, 230, 233, 248, 258, 260

生理学的横断面　72

生理的退縮　253

脊髄　2, 3, 8, 10, 11, 12, 13, 14, 15, 17, 19, 29, 31, 62, 81, 152, 248

脊髄神経　3, 5

脊髄反射　11

絶縁性伝導　7

赤筋　67

赤血球　92, 93, 97, 136, 137, 138, 140, 141, 142, 143, 144, 145, 146, 153, 162, 212, 245

絶対筋力　72, 78

線維芽細胞成長因子　74, 129

全か無かの法則　5

戦術の選択と形成　18

全身反応時間　25, 224

前頭連合野　18

そ

相対的心拍数(%HR)　122

相反抑制　11, 15, 23, 27

側頭連合野　18

側方抑制　9

組織　2

速筋　47, 67, 69, 75, 76, 77, 78, 83, 162, 248

損傷　44, 54, 74, 84, 85, 86, 145, 146, 210, 237, 245

臓器の萎縮　242

僧房弁　113

た

体位血圧反射　118

体液性調節　118

体液量　40, 42, 45, 55, 136, 152, 153, 156

体温　3, 14, 42, 56, 90, 93, 101, 114, 136, 166, 167, 168, 169, 170, 171, 172, 173, 174, 175, 176, 177, 178, 179, 180, 182, 183, 184, 185, 231, 243, 247

体温調節中枢　166, 169, 170, 176, 177, 178, 179, 185, 231

体温調節域　171

体感温度　168, 169

体脂肪　193, 198, 202, 208, 211, 223, 233, 254

体重　25, 26, 53, 93, 136, 152, 162, 178, 179, 197, 198, 208, 210, 211, 218, 219, 222, 223, 251, 257

体重階級制スポーツ　162, 198

体循環(大循環)　99, 112, 113, 114

体性感覚野　13

体性神経　3

体性反射　8, 9, 14

大動脈　112, 113, 114, 115, 116, 117, 118, 127, 128, 157, 257

大動脈弓　116

大動脈コンプライアンス　117, 128

大動脈小体　13, 92, 116

体熱平衡　167

大脳基底核　2, 14, 18, 25, 29

大脳-小脳連関ループ　29, 31

大脳皮質　2, 13, 14, 18, 19, 29, 31, 53, 81, 82, 92, 118

大脳皮質運動野　29, 81, 82

大脳皮質連合野　18

大脳辺縁系　2, 14, 18, 53, 92

対流　167, 168, 171, 172, 174, 185

体力　22, 28, 122, 230, 234, 236, 237, 246, 247, 251, 252, 253, 262

体力低下　234, 236, 253

多シナプス反射　12

脱抑制　23

脱トレーニング　130

多糖類　193

多能性幹細胞　136

単シナプス反射　11

単球　138

短距離選手　75

炭酸（H_2CO_3）　137, 149

単収縮　19

短縮性収縮　70, 71

単純反応時間　224

炭水化物　47, 66, 190, 192, 193, 195, 196, 198, 199, 200, 204, 208, 210

単糖類　193

たんぱく質　5, 38, 46, 47, 49, 60, 64, 67, 74, 75, 81, 83, 85, 136, 137, 144, 149, 158, 160, 190, 192, 195, 196, 198, 199, 204, 205, 210, 211, 212, 237, 244, 245

たんぱく質エネルギー比（P比率）　196, 197, 198

たんぱく同化剤　162

たんぱく尿　158, 160

ち

力の調節　19, 20

遅筋　67, 69, 75, 76, 77, 81, 83, 199, 226, 247

遅発性筋肉痛　84, 85

緻密骨　221, 222

中枢神経系　2, 3, 17, 18, 49, 82, 193, 224

中枢性疲労　24, 82

中性温度域　171

中性脂肪（トリグリセリド）　192, 193, 199, 201, 202

中脳　2, 14

長育　221, 222, 226, 237

超音波エコー　128

長距離選手　140, 146, 147

超最大強度　103, 105

長寿　244, 260, 261, 262

調整力　246, 251

跳躍伝導　6

調理　192, 214

つ

痛風　211

て

定位　9

低温環境　173, 182

定型運動　15, 17

定常状態　95, 100, 101, 121

低水温　183

低体温　183

適刺激　9

適正体重　251

鉄　67, 136, 137, 144, 145, 195, 198, 212, 213

鉄欠乏性貧血　144, 145, 212

鉄摂取過剰症　145

電解質バランス　195

電子伝達系　66, 150, 200, 201

転写　40, 74, 137

伝導　6, 7, 8, 10, 31, 32, 62, 82, 113, 118, 119, 167, 168, 171, 172, 177, 183, 185, 222, 243

と

同化　46, 47, 53, 162, 210

同期　20, 22, 23, 26, 32

投射　9

等尺性収縮　70, 71

凍傷　185

糖新生　50, 53, 83, 199, 201, 202, 204

等速性収縮　71

動体視力　29

等張性収縮　71

頭頂連合野　18

動的平衡状態（ホメオスタシス）　12, 26

糖尿病　257

逃避反射　11

動物性たんぱく質　192

洞房結節　113, 116, 127

動脈血　90, 92, 93, 94, 97, 108, 137, 149

動脈血酸素飽和度　94, 97

動脈硬化　115, 162, 193, 195, 250, 257

動脈コンプライアンス　117, 129, 254, 257

動脈ポンプ作用　115, 116

特殊心筋　113

努力性肺活量　107

な

内臓脂肪　50, 223, 257

内皮細胞　44, 49, 113, 114, 118, 125, 129, 139, 157

内部環境　43, 152, 169

内分泌（器官・腺）　2, 12, 14, 38, 39, 42, 55, 74, 116, 153, 169, 198, 232, 233, 245, 260

軟骨細胞　221, 222

に

二酸化炭素（CO_2）　83, 90, 92, 93, 95, 108, 112, 114, 116, 118, 125, 130, 137, 149, 155, 200

二次性徴　47, 226

日常活動量　248, 261

日本型食事　192, 195, 198

乳酸　12, 45, 66, 67, 83, 96, 98, 103, 105, 118, 125, 147, 160, 199, 200, 232

乳酸性作業閾値（LT）　98

尿　152, 154, 155, 156, 157, 158, 159, 160, 161, 162, 174, 194, 257
尿細管　49, 56, 137, 153, 154, 156, 157, 158, 160, 243
尿成分　158, 159, 160
尿素　154, 159, 160, 203, 204

ね
熱産生　167, 169, 173, 174, 175, 178
熱痙攣　179
熱源栄養素　190, 199, 205
熱失神　179
熱射病　179
熱中症　179
熱疲労　179
熱放散　167, 168, 169, 171, 172, 173, 174, 175, 177, 178, 179, 185

の
脳幹　2, 14, 17, 19, 54
脳血流量　175
脳梗塞　257
脳神経　3, 248
脳卒中　254
脳内温　173, 175
脳波　34

は
肺活量　93, 94, 107, 250
肺循環（小循環）　99, 112, 113
肺静脈　92, 112
排泄　14, 83, 149, 152, 153, 154, 155, 160, 162, 168, 171, 177, 194, 195, 204, 211, 232
肺胞　90, 92, 97, 107, 108, 112, 250
肺胞-毛細血管関門　107
白質　2
破骨細胞　48, 49, 228, 258
発育　40, 210, 218, 219, 220, 221, 222, 223, 224, 226, 227, 230, 231, 236, 237, 244
発芽　29
発汗　54, 56, 136, 140, 152, 156, 157, 168, 171, 172, 173, 176, 178, 179, 185, 195, 198, 243
白筋　67

白血球　85, 136, 138
発散　8
発達　29, 42, 45, 46, 47, 54, 80, 101, 108, 185, 218, 222, 224, 226, 230, 231, 236, 237
発動欲求　17, 18
反射運動　15, 17, 23, 27, 28
反射弓　8, 15
反射中枢　8, 9, 15, 17
反応開始時間　25, 26, 224
反応時間　25, 26, 27, 224, 232

ひ
皮下脂肪組織　50, 223
非侵襲　29, 31, 33, 94
必須アミノ酸　192
皮膚温　166, 167, 171, 173, 175, 176
皮膚血管　166, 167, 171, 172, 173, 174, 176, 179
皮膚血流　114, 167, 171, 172, 174
皮膚節　4
肥満　53, 195, 202, 254, 255, 257
表面筋電図　31, 32
微量栄養素　190, 192, 198
疲労骨折　211, 236
疲労困憊　80, 83, 101, 103, 200
疲労物質　23, 79, 81, 82, 83
貧血　136, 144, 145, 198, 210, 212, 214
敏捷性　25, 26, 246, 251
敏捷性のトレーニング　26
頻度変調　20, 22

ふ
不活動　74, 75, 130, 131
不感蒸泄　168, 172
副甲状腺ホルモン　48, 49, 258
副交感神経（迷走神経）　3, 43, 92, 116, 117, 124, 125, 127
輻射　168, 171, 172, 185
副腎髄質　50, 53, 54, 56, 116, 118, 125, 194
副腎皮質刺激ホルモン（ACTH）　41, 53, 54
副腎皮質ホルモン　39, 154
不減衰伝導　7

不随意運動　15, 19
不整脈　118, 162
物理的調節域　171
ふるえ　171, 173, 174, 184,
分岐鎖アミノ酸　204
分時換気量　94, 95, 98, 107
分時呼吸数　94, 95, 107

へ
平均血圧　115, 124
平均寿命　137, 260
平均赤血球容積（MCV）　140, 141
平均ヘモグロビン濃度（MCHC）　140
平均ヘモグロビン量（MCH）　140, 141, 144
閉経　258
平衡器官　17
平衡能　26

ほ
防衛体力　246, 247
房室結節（田原結節）　113
傍分泌　44
歩行速度　249, 251
補足運動野　14, 18, 24, 29, 31
骨の形成　211, 222
骨の発育　210, 219, 220, 223

ま
膜電位　5, 7, 79
末梢神経（系）　2, 3, 4
末梢性疲労　82
末梢抵抗　115, 124
麻薬性鎮痛剤　162

み
味覚性発汗　173
脈圧　115, 119, 125

む
無機質　48, 173, 179, ,190, 194, 195, 213, 219, 222
無月経　47, 232, 233
無効発汗　173, 179
無酸素性エネルギー　98, 99, 101, 103, 105, 199
無酸素性作業閾値（AT）　98, 107, 145

無髄神経線維　6
無排卵周期症　233

め
迷走神経　92, 116, 117
迷走神経反射　117
免疫機能　136, 138, 146, 147, 210
免疫グロブリン　138, 146, 147

も
毛細血管　38, 80, 90, 97, 107,
　112, 113, 114, 118, 127, 129,
　130, 137, 144, 153, 154, 158,
　160, 167

や
野球肘　237

ゆ
有酸素運動　202
有酸素性エネルギー　98, 99,
　101, 199, 200, 201
有髄神経線維　6, 248
遊離脂肪酸　199, 202
輸出細動脈　153, 158

よ
溶血　144, 160
幼児期　218, 219, 220, 224
余暇身体活動　252
抑制性シナプス後電位（IPSP）
　8, 11
予測　18, 26, 27, 29
予測性調節　27

ら
卵胞期　232
卵胞刺激ホルモン　39, 41, 231

り
立位体前屈　27
利尿剤　162
流動電位　228
両側性筋力発揮　23
両側性伝導　6

れ
冷感受性ニューロン　169
連鎖反応（カスケード反応）　42,
　74, 145

ろ
老化　74, 242, 243, 244, 245
老廃物　112, 114, 136, 140, 153,

177
肋間筋　90, 92

電子書籍版
「運動生理学の基礎と発展・3訂版」
定価　2,600円（税込）
シナノブックドットコム（shinanobook.com）

書籍刊行のお勧め
●長年の研究成果を本にまとめたい　●講義用のテキストを作りたい
●研究分野の啓蒙書を出版したい　●健康やスポーツの正しい知識を広めたい
●海外の優れた書籍を紹介したい……

良書出版のお手伝いをさせていただきます。お気軽にご相談ください。

3訂版
運動生理学の基礎と発展

ISBN　978-4-434-25023-1　C3075　Y2600E

2002年4月10日初版　第1刷
2006年4月15日改訂版第1刷
2017年4月1日改訂版第12刷
2018年9月1日3訂版第1刷
2019年4月1日3訂版第2刷

編　著　春日規克
発行人　岩切謙蔵

発行所　有限会社　フリースペース
〒169-0075　東京都新宿区高田馬場4-22-46
TEL：03(3360)6473／FAX：03(3360)6496

販　売　株式会社　星雲社
〒112-0012　東京都文京区水道1-3-30
TEL：03(3868)3275／FAX：03(3868)6588

印刷・製本　株式会社 シナノ パブリッシング プレス

Ⓒ 2002, 2018, in Japan by Free space
乱丁・落丁の際はお取り替えいたします。本書の無断複写・複製・
転写は禁じられています。